# QUESTÕES INDELÉVEIS DA MORTE

Editora Appris Ltda.
1.ª Edição - Copyright© 2022 do autor
Direitos de Edição Reservados à Editora Appris Ltda.

Nenhuma parte desta obra poderá ser utilizada indevidamente, sem estar de acordo com a Lei nº
9.610/98. Se incorreções forem encontradas, serão de exclusiva responsabilidade de seus organi-
zadores. Foi realizado o Depósito Legal na Fundação Biblioteca Nacional, de acordo com as Leis n.os
10.994, de 14/12/2004, e 12.192, de 14/01/2010.

Catalogação na Fonte
Elaborado por: Josefina A. S. Guedes
Bibliotecária CRB 9/870

| | |
|---|---|
| G635q<br>2022 | Gonçalves, Aguinaldo J.<br>Questões indeléveis da morte / Aguinaldo J. Gonçalves.<br>- 1. ed. - Curitiba : Appris, 2022.<br>232 p. ; 23 cm. – (Artera).<br><br>Inclui bibliografia.<br>ISBN 978-65-250-2261-1<br><br>1. Morte. 2. Luto. 3. Vida. I. Título. II. Série.<br><br>CDD – 155.937 |

Livro de acordo com a normalização técnica da ABNT

**Appris**
*editora*

Editora e Livraria Appris Ltda.
Av. Manoel Ribas, 2265 – Mercês
Curitiba/PR – CEP: 80810-002
Tel. (41) 3156 - 4731
www.editoraappris.com.br

Printed in Brazil
Impresso no Brasil

Aguinaldo J. Gonçalves

# QUESTÕES INDELÉVEIS DA MORTE

## FICHA TÉCNICA

| | |
|---|---|
| EDITORIAL | Augusto V. de A. Coelho |
| | Marli Caetano |
| | Sara C. de Andrade Coelho |
| COMITÊ EDITORIAL | Andréa Barbosa Gouveia (UFPR) |
| | Jacques de Lima Ferreira (UP) |
| | Marilda Aparecida Behrens (PUCPR) |
| | Ana El Achkar (UNIVERSO/RJ) |
| | Conrado Moreira Mendes (PUC-MG) |
| | Eliete Correia dos Santos (UEPB) |
| | Fabiano Santos (UERJ/IESP) |
| | Francinete Fernandes de Sousa (UEPB) |
| | Francisco Carlos Duarte (PUCPR) |
| | Francisco de Assis (Fiam-Faam, SP, Brasil) |
| | Juliana Reichert Assunção Tonelli (UEL) |
| | Maria Aparecida Barbosa (USP) |
| | Maria Helena Zamora (PUC-Rio) |
| | Maria Margarida de Andrade (Umack) |
| | Roque Ismael da Costa Güllich (UFFS) |
| | Toni Reis (UFPR) |
| | Valdomiro de Oliveira (UFPR) |
| | Valério Brusamolin (IFPR) |
| ASSESSORIA EDITORIAL | Manuella Marquetti |
| REVISÃO | José A. Ramos Junior |
| PRODUÇÃO EDITORIAL | Romão Matheus Neto |
| DIAGRAMAÇÃO | Juliana Adami |
| CAPA | Eneo Lage |
| COMUNICAÇÃO | Carlos Eduardo Pereira |
| | Karla Pipolo Olegário |
| LIVRARIAS E EVENTOS | Estevão Misael |
| GERÊNCIA DE FINANÇAS | Selma Maria Fernandes do Valle |

# SUMÁRIO

INTRODUÇÃO ................................................................. 7

CAPÍTULO I
A IMPLACABILIDADE DA MORTE E A NATURALIDADE DA MORTE...13
    1.1. A IMPLACABILIDADE DA MORTE ......................................13
    1.2 A "NATURALIDADE" DA MORTE.........................................18
    1.3 MORTE E ESPIRITUALIDADE ...........................................22

CAPÍTULO II
O LUTO........................................................................ 35

CAPÍTULO III
TERCEIRA INSTÂNCIA DA MORTE...................................... 69
    3.1 A MORTE SIMBÓLICA ..................................................69

CAPÍTULO IV
A TRAVESSIA................................................................ 101
    4.1 QUARTA INSTÂNCIA DA MORTE ......................................101

CAPÍTULO V
O ESTIGMA PARADOXAL DA MORTE................................... 139

CAPÍTULO VI
SEXTA INSTÂNCIA DA MORTE – VIVIFICAÇÃO DO PRESENTE ....171

CAPÍTULO VII
A ETERNA LUTA ENTRE CHAOS E THANATOS: NÃO HÁ
NEM HAVERÁ UMA INSTÂNCIA FINAL................................. 209

CONSIDERAÇÕES FINAIS ................................................ 229

REFERÊNCIAS .............................................................. 231

# INTRODUÇÃO

Este exercício crítico propõe-se a refletir sobre alguns aspectos da morte, querendo com isso se voltar para alguns filamentos da vida em sua magnitude e em sua pequenez. Convivendo com Literatura e Artes durante uma existência que já vai longe e, ao mesmo tempo, vivendo, vivenciando, olhando e se assustando a cada dia com o que se vive, com o que se morre, com o que se negaceia no ato de viver e de dizer que se vive, com os discursos sobre a morte e com os desesperos diante da vida, tornou-se impossível a mim não pensar sobre tudo isso e começar a "ensaiar" uma reflexão sobre viver e morrer. Portanto, ao querer denominar este texto de *A sétima instância da morte*, entendi que poderia ser lido no seu avesso: "A primeira instância da vida". Por fim, chegamos à conclusão que este livro deveria ser chamado pelo nome que ora se apresenta a vocês – *Questões indeléveis da morte*. Para aquecer discussão tão tênue e ao mesmo tempo tão ácida, algumas obras da Literatura e doCinema serão convocadas para nos auxiliar nessa trajetória. Entre elas, duas obras serão focalizadas ao longo do texto e outras serão convidadas no devido momento: a novela *A Morte de Ivan Ilitch*, de Liev Tolstói (1886) e o filme *O Sétimo Selo,* de Ingmar Bergman (1957). Creio que para tratar desse tipo de assunto é interessante que se busque luz em obras que consigam sustentar a ideia sem que se perca a intensidade do sentido. Entendo que procurar fazer isso com obras pertencentes a sistemas distintos ainda causa mais relevo, uma vez que esse procedimento de homologias acaba criando o que denominamos com Ulrich Weinstein de a "mútua iluminação das artes", que acaba por refletir na melhor compreensão de tema tão complexo. Nesse sentido, temos que ser fiéis àqueles que pela primeira vez, há muitos anos, nos alertaram para a questão:

> Está fora de dúvida que é perigoso estabelecer simples analogias; mas é igualmente perigoso recusar a individualizar certas relações por uma injustificada fobia às analogias, própria dos espíritos simples ou das inteligências conservadoras. (WEINSTEIN, 1973, p. 40)

Gostaríamos de lembrar uma frase de Roman Jakobson: "Àqueles que se amedrontam facilmente com as analogias arriscadas, responderei que também detesto fazer analogias perigosas: mas adoro as analogias fecundas" (JAKOBSON, 1963, p. 38). Uma analogia deixa de ser indevida quando é colocada como ponto de partida para uma verificação ulterior: o problema agora consiste em reduzir os diversos fenômenos (estéticos e não) a *modelos estruturais* mais rigorosos para neles individuar não mais analogias, mas *homologias* de estrutura, similaridades estruturais. Estamos cônscios do fato que as pesquisas deste livro ainda estão aquém de uma formalização de tal gênero, que requer um método mais rigoroso, a renúncia a numerosos níveis da obra e a coragem de empobrecer ulteriormente os fenômenos para deles obter um modelo mais manuseável. Continuamos pensando nestes ensaios como em uma introdução geral a um trabalho assim.

A Literatura tem sua natureza singular de negacear a linguagem por meio de formatos inescrupulosos que conseguem driblar o mais arguto leitor na sua expectativa com o texto. O curioso é que, quando estamos quase achando que entendemos sua natureza, que estamos com conceitos até claros sobre seu modo de ser, ela, a Literatura, impõe-se com outro desenho e ficamos estatelados, olhando suas chispas vibrantes, sua fisionomia de águas paradas, à espera de um grito ou de uma consternação ou não sei de quê que nos coloque na mira do imponderável. Mais surpreendente ainda é quando a Literatura não pediu para ser desvendada e pairava no universo do que se convencionou chamar de "clássica", no sentido canônico de que estava já tudo resolvido com o seu autor fazendo parte da prateleira dos imortais. Nesses tempos de pós-modernidade, tantos experimentos artísticos surgem e pululam até nos deixarem muitas vezes com dificuldade de respirar. São tantas vozes que nos perguntam: você já leu? E quase sempre somos obrigados a balançar negativamente a cabeça um pouco acabrunhado com certo sentimento de culpa. Há muitos anos havia lido a novela *A Morte de Ivan Ilitch*, de Liev Tolstói, ficou em meu espírito riscos temáticos de uma morte realista. Relendo a novela *Metamorfose*, de Kafka, e respeitando a sugestão de um aluno, decidi reler a novela de Tolstói, um pouco ensimesmado, confesso. Minha memória registrava uma linearidade que não correspondia à verdade. A aparente linearidade que determinava seus cinco primeiros capítulos dava-me uma impressão de constatação realista, no seu sentido estrito de objetividade referencial. Entretanto sua motivação composicional era outra. Conduzia-me com maior determinação para as realizações cinematográficas. Por falta dessa linguagem no seu tempo, parece que o escritor russo quis se valer de técnicas muito próximas daquilo que só a linguagem fílmica sabe realizar. O tema da novela se explicita desde o início, isto é, a morte e seus sortilégios. Entre eles, dois se destacam na novela do escritor russo: o terrível medo da aproximação da morte e o aprendizado pelo sofrimento. O primeiro capítulo apresenta-se claro como o sol: a notícia de morte da personagem Ivan Ilitch emerge no seio da repartição pública em que trabalhava na Rússia do final do século XIX. Também se apresentam claramente os efeitos dessa morte na mente e nas falas dos colegas. Torna-se menos relevante a morte literal do homem e bem mais a morte de seu cargo, que implicará a mudança nos cargos dos demais funcionários. Portanto fica claro desde o início que não se trata da questão da morte como fato consumado, mas as questões em torno da morte. Na verdade, parece-nos uma questão de vida. A partir do momento que se tem a notícia da morte, iniciam-se os jogos da preterição e da ironia em que a relação entre o verdadeiro e o falso se mostram claramente. As perguntas sobre o morto, sobre as circunstâncias da morte, são falsamente retóricas e evasivas, a existência do velório incomoda, o sentido da obrigatoriedade da visita torna-se um fardo mesmo para aqueles mais próximos do falecido. A morte se apresenta no texto de Tolstói com essa "pálida fisionomia" que faz da condição humana essa máscara da ignomínia e quase de desesperança. Não entendermos a morte no seu mistério e ao mesmo tempo no seu fascínio não justifica fazermos dela o pretexto para revelar nossa cegueira e o mais baixo estado de nossa condição. Isso é aterrador. As perguntas, nessas circunstâncias e em especial na novela em questão, são evasivas e certeiras. A novela é composta de 12 capítulos e sua macroestrutura se faz revelar nos termos da ciência do conjunto da narrativa. Interessante que os procedimentos não fogem daqueles conhecidos pela tradição narrativa, pois se diria tratar-se de uma narrativa realista que se vale dos esquemas propícios para se contar uma história. Entretanto é nisso que reside o brilho e o espanto dessa novela. Tem-se a sensação de que Tolstói conseguiu narrar, por meio da temática da morte, a vida como ela é.

O primeiro capítulo se apresenta apressando os acontecimentos já nas primeiras linhas. A notícia de morte de Ivan Ilitch vem pelos jornais e chega à repartição em que o protagonista trabalhava por meio do jornal que ao acaso era lido por Piotre Ivanovitch, que não intervinha na palestra dos demais colegas e o folheava. O jornal "cheirava a tinta fresca", diz o narrador. O morto era colega daqueles senhores e todos o apreciavam muito. A notícia tomou conta dos pensamentos de vários colegas que poderiam ocupar o lugar de Ivan Ilitch na repartição. Há algumas semanas estava enfermo e todos aguardavam a mal bem-fadada notícia. Nas falas sobre a morte, o morto emerge da maneira mais sórdida, "tinha fortuna?" é uma das perguntas que surgiram. Pesaram também sobre os colegas mais próximos os entediantes deveres junto ao funeral, sobretudo Pietro Ivanovitch, que fora colega do morto na Escola de Jurisprudência. Ao chegar ao velório, ele se deparou com Schwartz, seu amigo de claros traços de expressão mundana que lhe piscou um dos olhos em feição de ironia amarga e de desdém para a morte. Ambos estavam trocando olhares para combinarem quando poderiam se safar do velório para irem jogar com os outros amigos algumas partidas de *whist*. Os cerimoniais do velório correram arrastados como todos os cerimoniais de velórios. Todas as personagens, sobretudo as consideradas mais próximas do morto (amigos íntimos, esposa e filhos) têm que desempenhar os seus papéis que tendem entre a dor da perda e a vontade de voltar à realidade da vida. A partir do segundo capítulo, valendo-se do recurso da figura da *prolepse*, a narrativa recua no tempo e passa a "contar a história" de vida de Ivan Ilitch. Sua história reproduz muitas e muitas vidas que conhecemos sem tirar nem acrescentar nada. E nisso é exemplar Tolstói, apresentando como se fosse uma vida original. Vida imitativa do pai e da tradição de empregos burocráticos da Rússia anterior à revolução. Filho do meio mais simpático, mais dócil, mais nada. Vivia se espelhando nas ações dos outros. Mediocridade existencial. Muito apreciado como bom funcionário. Dezessete anos de vida comum, depois do casamento. Apenas evolução de cargos e de esperas. Máximo da superficialidade mundana. O perfil de vida de Ivan Ilitch assim se apresenta na novela:

> Ivan Ilitch passava as manhãs no Palácio da Justiça e voltava a casa para almoçar. Durante a primeira época, costumava estar de bom humor, embora sua nova instalação o fizesse sofrer um pouco. Qualquer manchazinha numa toalha ou numa tapeçaria ou uma borla rota o irritava. Havia tomado tanto trabalho com o arranjo da casa que a menor imperfeição o magoava. Mas em geral, sua existência decorria de acordo com suas crenças; era fácil, agradável e correta.

> Todos gozavam de boa saúde, pois não se podia considerar como enfermidade o fato de Ivan Ilitch sentir por vezes um gosto ruim na boca e uma sensação desagradável no lado esquerdo da barriga.

> As alegrias pessoais eram as do amor-próprio; as sociais eram as da vaidade; mas as verdadeiras alegrias de Ivan Ilitch eram as propiciadas pelo jogo do *whist*. Confessava que, depois de qualquer contrariedade em sua vida, sua maior satisfação como uma vela acesa diante de todas as demais alegrias, era

> sentar-se à mesa com bons jogadores tranqüilos e organizar uma partida entre quatro (entre cinco já lhe agradava, embora fingisse ficar muito satisfeito), jogar de maneira inteligente com cartas favoráveis e, depois, cear e tomar um copo de vinho. (TOLSTÓI, 2019, p. 30)

É a partir do capítulo cinco que se iniciam os índices da doença de Ivan Ilitch que vão se desencadear paulatinamente, conduzindo a personagem à degenerescência física e moral e levando-o ao total desespero. O medo da morte distante ainda de sua razão, mas possível em seu espírito, denuncia o grande drama do ser humano alienado de suas próprias condições como ser mortal. A visão extremamente superficial da vida assegurada por certezas sobre pequenas coisas e toda presa a limites restringiu demais as possibilidades de compreensão da própria vida e certeiramente da morte. Ivan (no fundo de sua alma) sabia que ia morrer, mas não se acostumava com essa ideia. Ele deu as costas para a morte a vida inteira. Paradoxalmente, dar as costas para a morte significa ficar apenas com metade da vida. É também não chegar a compreender o sentido da vida. A visão da personagem era maniqueísta, que não tem muita diferença entre ausência de visão: "[…] em geral, sua existência decorria de acordo com suas crenças; era fácil, agradável e correta" (TOLSTÓI, 2019, p. 32).

# CAPÍTULO I

# A IMPLACABILIDADE DA MORTE
# E A NATURALIDADE DA MORTE

## 1.1. A implacabilidade da Morte

> *Consoada*
> *Quando a Indesejada das gentes chegar*
> *(Não sei se dura ou caroável),*
> *Talvez eu tenha medo.*
> *Talvez sorria, ou diga:*
> *— Alô, iniludível!*
> *O meu dia foi bom, pode a noite descer.*
> *(A noite com os seus sortilégios.)*
> *Encontrará lavrado o campo, a casa limpa,*
> *A mesa posta,*
> *Com cada coisa em seu lugar.*
> *(Manuel Bandeira)*

O poema de Manuel Bandeira traz os ingredientes básicos para o início de um tratamento do tema da Morte. Tratamento este que nos dá calafrios pela coragem de assumir. Antes de tudo, portanto, nossos devidos respeitos à misteriosa e fascinante esfera da Morte e é exatamente por ser assim que humildemente tentaremos nos aproximar de seus torneios. Como se trata de um discurso por imagens, nelas encontramos o que quase sempre o discurso argumentativo não consegue explicitar. É fundamental que atentemos para cada passo dessa expressão para que possamos nela elucidar determinadas nuanças de uma temática, a mais singular e ao mesmo tempo a mais indigesta possível. Mais do que uma epígrafe, o poema passa ser o fio de prumo para a abordagem desse assunto tão precioso para todo ser humano e, especialmente, para as ciências da saúde. Na economia das palavras e no gesto da linguagem, a Morte vai se apresentando a nós tangenciada por todos os elementos que a constituem. A primeira imagem do poema, o próprio título, consiste em uma metáfora do restante e nos chama a atenção para o seu sentido. "Consoada", entendida como pequena ceia de Natal realizada em família, resume o que é determinado em todo o poema: a noção do se alimentar em situação especial, do alimentar-se em aconchego, em proteção. Já de início, portanto, o poema nos afasta da ideia negativa da morte em si. Não falamos, por enquanto, das mais variadas formas de morte, das mais variadas circunstâncias da morte. Falamos da morte em si, da morte descarnada. E o retrato da Morte se estampa no rosto do poema de Bandeira. Sua fisionomia se mostra contraditoriamente serena. O recurso antropofágico é inevitável. Não se sabe, nessa ceia, quem é quem. Para procedimento tão natural da vida humana, a morte envolve um sem-número de aspectos que a tornam complexa. Portanto a complexidade da morte não está nela, mas nos procedimentos de vida. A não ser por algum tipo de distúrbio que impulsiona o indivíduo para a morte, enquanto resta um fio de vida, o ser humano quer viver. Por mais que os pensadores demonstrem e denunciem a trágica condição de viver, por mais que antropólogos mostrem as condições sub-humanas de certos povos, prefere-se viver a morrer. A tensa relação de euforia/disforia no gesto de viver reside na manutenção do sistema caótico do ser humano e não no pairar da linearidade estável da condição da morte. Quando em momentos de desequilíbrio se blasfema e se evoca nervosamente a morte, sempre depois se acalma e se arrepende. Ninguém quer morrer. Morrer é estagnação e desfalecimento e não temos certeza dos destinos de nossa alma. Isso evidentemente gera desconforto e medo mesmo para os que se dizem melhor preparados para acolhê-la:

> Quando a Indesejada das gentes chegar
>
> (Não sei se dura ou caroável),
>
> Talvez eu tenha medo.
>
> Talvez sorria, ou diga:
>
> — Alô, iniludível!

A chegada da Morte é implacável. E é como se o processo de existência nos fizesse fingir que estamos sempre ocupados sem tempo para atendê--la. Mas ela é paciente e imponderável. É uma emissária insistente e nada a demove de sua decisão ao chegar a hora. O "quando", primeira palavra do poema de Manuel Bandeira, nos conduz a essa inexorável condição de chegada, a esse pontual estado de interrupção da dinâmica do tempo, a essa condição factual e pontual dentro da linha da vida. E ela, a Morte, é nomeada, com muita pertinência, de "Indesejada das gentes". E é com ela, ou contra ela, que travamos todas as batalhas, em busca de um pouco mais de vida. Além de todas as reflexões filosóficas que se produziram sobre a Morte ao longo da história, é na arte em todas as suas formas de manifestação que encontramos as melhores e mais verdadeiras manifestações expressivas das várias fisionomias da Morte manifestadas em seu único e sempre singular rosto. A seguir, veremos essa manifestação do caráter implacável da morte e de suas implicações naqueles que vivem em duas obras de grandezas similares.

Cremos que essa relação essencial entre vida e morte não encontra na arte do cinema melhor exemplo do que nas obras do diretor sueco Ingmar Bergman, em especial no filme *O Sétimo Selo,* de 1957. O filme é uma das mais realistas e belas alegorizações da Morte e seus veios dialéticos na tensa relação com a vida. A propósito, para a abordagem com mais intensidade sobre o assunto, torna-se impossível isolar cada parte do binômio. Quão maior for o tom evasivo e superficial dele, mais fácil se torna analisar cada uma de suas partes. Ingmar Bergman tem a fina ressonância dos sentidos que se movimentam no mundo interior do ser humano e trabalha nos seus filmes esse ir e vir do evoluir vital e do desfalecer permanentes na luta do insondável marcado pelas dissensões existenciais. Em *O Sétimo Selo*, essas questões são acentuadas e reúnem várias das indagações que estão sendo tratadas neste ensaio. O filme consegue ser dramaticamente de aventura em que se trava um duelo com a Morte, no qual ela sempre vence. A fábula é de um cavaleiro medieval com seu escudeiro, voltando das Cruzadas e viajando por uma Europa devastada pela peste e pela crença religiosa transformada em medo. Além do mais, a Idade Média representa para os europeus o que a colonização do oeste selvagem é para os norte-americanos, tempo mítico de origem. É fundamental que Bergman tenha mesclado os gêneros na composição do filme. O cineasta consegue metaforizar de modo muito realista (eis um paradoxo) exatamente a condição humana de um modo encantatório como sói ocorrer com as pessoas que vivem se sentindo eternas. Nesse sentido, o filme consegue reunir a condição dramática da morte, por meio da epidemia da peste, e do medo iconizado pela religiosidade, a comédia, por meio de várias cenas de vida posta na condição do riso (traições amorosas e arrependimentos falsos) e da participação irônica (metalinguística) do escudeiro, que parece assistir jocosamente às cenas do cotidiano. Relações disjuntivas em aparentes conjunções de personagens, como é o caso do escudeiro que na verdade atua como contraponto do cavaleiro. Enquanto Block, o cavaleiro, busca respostas sobre o sentido da vida e de Deus, o escudeiro não apresenta nenhuma perspectiva existencial, mas é o que mais sente mediante de atitudes de horror manifestadas no filme.

Ingmar Bergman é o diretor mais famoso da Suécia. Realizou muitos filmes conhecidos, entre eles *Morangos silvestres* (1957), *A fonte da donzela* (1959), *Através de um espelho* (1961), *Persona – quando duas mulheres pecam* (1966), *Gritos e sussurros* (1973), *Sonata de outono* (1978) e *Fanny e Alexander* (1982). Acabou consagrado como diretor (já era reconhecido como excelente roteirista) exatamente por *O Sétimo Selo*, quando ganhou o Prêmio especial do Juri do Festival de Cannes de 1957.

A escolha para narrar a saga do cavaleiro Antonius Block e seus companheiros, perseguidos pelo espectro da Morte, em uma Europa medieval assolada pela peste bubônica, foi na contracorrente daquilo que estava sendo realizado na década de 1950 pelos cineastas do mundo todo. Em vez de dispor da fotografia tecnicolor e de uma direção de arte e figurinos suntuosos, Bergman escolheu retratar o período de uma maneira mais árida, fotografando em preto e branco e percorrendo vastos campos vazios, onde havia, perdidos nesse ambiente, algumas moradias castigadas por aquele período terrível, regado pela fome, doença, guerra e fervor religioso que amedrontavam a população, tomando conta de seus sentidos e da razão, criando um aspecto de loucura generalizada. O que nos impressiona nessa arte de Bergman é que, ao escolher um determinado período da história, ele se valeu de elementos renascentistas para o trabalho de montagem e de enquadramento, como se fossem os empregados pela pintura da época de um Leonardo da Vinci e mesmo depois de um Rembrandt. A escolha do sétimo selo como situação aparente da realidade toma-se exatamente por aquela terra já estar sendo assolada pelos outros "selos" abertos anteriormente e em que havia se revelado, em meio a terremotos, os quatro cavaleiros do Apocalipse, exatamente os agentes da guerra e destruição, doença e peste, fome e desespero, além da Morte, sempre presente e criadora do paradoxo entre certeza e incerteza quanto ao futuro de todos nós.

As escolhas do cineasta são poeticamente marcadas, fazendo-nos perceber a função de cada procedimento do código complexo que tem o cinema. Ao congelarmos as cenas do filme, todas elas nos reportam a verdadeiros quadros com feições teatrais ou plásticas, como se o tempo todo o diretor realizasse tomadas significativas, construindo-as como se fundissem o belo e o dramático, como ocorre com a própria condição do ser humano mediante o fenômeno *Mors-Amors*. Bergman se vale de procedimentos de outras artes próprias do Renascimento para criar a mais crua realidade que consegue produzir o cinema. Essa utilização de técnicas renascentistas que centralizam cenas no centro da tela, com geometrização triangular, favorece as intenções do diretor que nos revelam: certo ajustamento da simetria com tons da alta Idade Média, em que se acentua a natureza de religiosidade das condições da Morte no filme. Mas isso que no filme é alegorizado de forma intencional e explícita é cuidadosamente soterrado na novela de Tolstói, que também se valeu da morte gradativa de um homem, para que fosse possível discutir sobre a existência e os desígnios de nossa vida.

Chamo atenção ao belo plano em que se sentam, frente a frente, de perfil para o espectador, o cavaleiro e a Morte, iniciando a disputa estratégica, tendo no centro o tabuleiro com as peças pretas e brancas, e no fundo aquele céu tenebroso e escuro.

A partir desse momento que Antonius está face a face com a Morte, iniciam nele questionamentos a respeito de sua própria existência e, na verdade, sobre Deus. Percebendo a dificuldade que seria o encontro com o Senhor, há momentos que procura o contato com o Demônio, achando que este seria o maior possuidor de informações sobre o primeiro, devido à proximidade entre eles. O temor da morte e as incertezas causadas pela sua presença estão atuantes durante todo o filme, seja em Antonius, seja no saltimbanco, que acaba morrendo na floresta de maneira curiosa, ou na população que está encarando a Peste, sendo acusada pelos sacerdotes de ser a culpada por sua sina, graças à sua descrença e ao seu mundanismo.

A religião é um alento, uma castração ou uma realidade? Bergman discute por meio de diversas situações, retratando a suposta bruxa que deve ser sacrificada em um auto-de-fé, fazendo os cavaleiros se questionarem sobre quem cuidará de sua alma: Deus, o Demônio, os anjos ou o Vazio? Há os momentos que a Morte está presente no plano físico, sempre como uma figura eclesiástica, como um padre que escuta as confissões do cavaleiro e acaba induzindo-o a contar-lhe a estratégia de jogo para derrotá-la sobre o tabuleiro. Também há o saltimbanco, que seduz uma mulher casada, após vê-la através de um pequeno espelho, imagem esta que podemos vislumbrar, mesmo a grande distância, em um belíssimo plano. É exatamente aquele que acaba como cadáver na floresta pelas mãos da Morte.

Os questionamentos religiosos e existencialistas estão sempre presentes. O cavaleiro está perturbado com a possibilidade de morrer, chegando ao ponto de considerar que aquele vazio que sente dentro de si é causado pela falta de significado da própria vida e de sua religiosidade. Antonius considera que sua vida fora em vão, mas espera, com esse tempo que conquistara ao desafiar a Morte, adquirir a maior quantidade de conhecimento possível, desejo expresso também na lenda do Fausto, que vende a alma ao Diabo em troca dessa realização – a coincidência entre o caso dessas duas personagens merece certa reflexão. O Cristo que aparece alternadamente aos planos feitos do cavaleiro nos dá a ideia da menção de uma plena discussão sobre o real estado de espírito de Jesus quando descobriu que seu sacrifício era iminente. Será que absorvera sereno, ou discutiu sua sanidade, destino e o futuro que lhe era desenhado e que estaria sendo usurpado por seus juízes?

Há também a cena em que a trupe de artistas faz uma apresentação pública, cantando canções que imitam bichos, que trocam seus balidos originais em função da chegada do Diabo. É um show em tom divertido, interrompido pela vinda de uma procissão de flagelados, chicoteados por figuras vestidas de preto. Aqui, em contraposição à arte despretensiosa e lúdica, representada pelos saltimbancos, entra em cena uma gente atormentada por uma visão negativa da vida, típica dos tempos em que o medo imperava; nesse caso, uma Europa assolada pela peste e pela previsão de que estaria próximo o fim do mundo, época que pode estar associada ao período da Guerra Fria, sempre ameaçado por um conflito nuclear.

Em *A morte de Ivan Ilitch*, temos uma excelente representação da morte situada no contexto psicossocial.

## 1.2 A "naturalidade" da Morte

Antes de mais nada, é fundamental que se examine o valor semântico do vocábulo "natural". Do latim *naturale* da ou referente à natureza; produzido pela natureza; em que não há trabalho ou intervenção do homem; que segue a ordem regular das coisas; espontâneo etc. Partindo desses princípios semânticos, torna-se completamente impossível falar da "naturalidade da morte" sem falar da "naturalidade da vida". O ato de conferir vida implica o ato de se conferir morte.

A abordagem desse item implica uma relação de tensões entre dois eixos semânticos que se opõem e se implicam: a dimensão *eufórica* dos sentidos e sua dimensão *disfórica*. Convivemos com essas duas categorias desde que nascemos e, ironicamente, quem anuncia a vitalidade do nascer (euforia) é a expressão do choro (disforia). E o corpo que se põe ao mundo é completo e complexo – um universo de múltiplas relações interligadas. O corpo humano é feito para o movimento.

Conceito de entropia (alta ou baixa) associada à relação entre saúde e doença. Para poder refletir a questão da *naturalidade* da morte, valer--me-ei do artigo denominado *A Teoria do Caos e a Medicina*, de Moacir Fernandes Godoy (2004).

O procedimento analítico trouxe enormes contribuições ao conhecimento científico atual. Porém o problema da abordagem clássica mecanicista é considerar uma determinada entidade como simples somatória de suas partes individuais. Além disso, a aplicação desses princípios clássicos depende da aceitação de que não haja interação entre as partes, ou que ela seja tão fraca a ponto de ser negligenciada.

Depende também de que as relações que descrevem o comportamento das partes sejam lineares, com aproximações e correções numéricas para explicar as discrepâncias. Essas condições quase nunca são satisfeitas nas entidades chamadas sistemas, compostas de partes em interação.

Assim, a maioria dos sistemas apresenta comportamento não linear. Isso tudo sinaliza que o organismo humano, ao funcionar como um sistema, tem comportamento não linear.

Os sistemas complexos não lineares obedecem ao que se convencionou chamar Teoria do Caos, a qual estuda o comportamento dos sistemas que, apesar de serem aparentemente aleatórios, apresentam uma ordem oculta que os torna potencialmente previsíveis. O termo caos não deve ser entendido no seu sentido popular, com conotação negativa de confusão, desordem, desorganização, desarrumação, balbúrdia, escuridão, trevas, entre outros, conforme consta na definição vernácula, mas sim no seu sentido filosófico-científico moderno, como interação entre ordem e desordem, entre desintegração e organização, que segue permanentemente em uma espiral evolutiva, mas sob a vigilância implacável da entropia.

Considera-se que nos sistemas complexos haja apenas uma quantidade desprezível de aleatoriedade. Assim, o comportamento desses sistemas é considerado determinístico. Além disso, um aspecto fundamental é a sensível dependência das condições iniciais pelas quais as mínimas diferenças, no início de um processo, podem levar a situações completamente opostas ao longo do tempo, o que é conhecido como Efeito Borboleta.

A Medicina, por lidar com a interação de grande quantidade de fatores, deveria ser focalizada sob o aspecto da não, linearidade, sendo este uma de suas principais características.

As doenças ou os mecanismos fisiopatológicos em geral comportam-se como parte de um sistema complexo dinâmico não linear determinístico, comandados pela Teoria do Caos. Até o momento, os que se ocupam da Medicina concentram-se preferencialmente em uma abordagem linear, na qual os fenômenos quase sempre são tratados de forma estática e os efeitos são diretamente proporcionais à causa, pouco valorizando o comportamento dinâmico e não linear. Mas, nas situações clínicas, há uma assombrosa variabilidade nas condições finais com sensível dependência da condição inicial. Assim, as pequenas disfunções em órgãos isolados levam, paulatinamente, a certos graus de disfunção à distância, que vão se associando e, de acordo com as variáveis dependentes ou não de cada indivíduo, culminam, às vezes, em situações catastróficas, como a morte.

Na vivência médica diária observa-se com frequência que pacientes com os mesmos fatores de risco, em condições ambientais similares e com hábitos parecidos evoluem com manifestações clínicas de comportamento totalmente diverso e com respostas terapêuticas dispares. Obviamente, o comportamento de massa é razoavelmente uniforme, mas em termos individuais as diferenças se tornam marcantes. Como do ponto de vista clínico é com o indivíduo que devemos nos preocupar, torna-se clara a necessidade de maior entendimento da questão.

No organismo humano já foram detectados vários componentes com padrão caótico, todos eles relacionados com o estado fisiológico, enquanto que as doenças se associam com o comportamento linear ou então aleatório, criando-se, com isso, a implicação de que os conceitos relacionados à Teoria do Caos podem ser estendidos aos binômios saúde-doença em "senso estrito" e a vida-morte, em "senso lato". Nesse sentido, o caos teria conotação positiva refletindo a situação de Saúde, ou seja, o organismo preparado para responder favoravelmente às agressões do meio, dispondo para tanto de toda sua potencialidade. Uma vez perdida a situação de caos, a alteração progressiva da fisiologia levaria aos estados de doença pela entropia, até a ocorrência do equilíbrio e consequentemente da morte.

A aceitação e a aplicação desses conceitos na Medicina permitem prever algumas implicações futuras. Novas linhas de pesquisa altamente produtivas deverão ser desenvolvidas procurando extrair desse terreno, ainda pouco explorado, conhecimentos que venham auxiliar no entendimento do organismo humano em toda sua complexidade.

Como corolário, as habilidades no terreno da Matemática, o conhecimento do comportamento dos sistemas dinâmicos e das funções não lineares e a aplicação de técnicas no domínio do caos, entre outras, deverão ser estimuladas em vista da necessidade de entender mais completamente a fisiologia dos sistemas orgânicos.

Do ponto de vista clínico, em face da ação da dinâmica não linear, será imprudente atribuir uma causa específica a um determinado efeito, sabendo que nos sistemas dinâmicos determinísticos não lineares as influências são sempre multifatoriais. Isso trará também implicações referentes aos métodos estatísticos utilizados, fazendo com que a análise multivariável ganhe preponderância nos trabalhos científicos.

É provável que, no futuro, as intervenções terapêuticas sejam dirigidas à redução das interações múltiplas não lineares, esperando-se que apenas mínimas alterações, muitas vezes, já sejam suficientes para grandes resultados benéficos.

Medicamentos, dispositivos e equipamentos deverão sofrer um processo de reengenharia, visando adaptá-los ao comportamento caótico. Drogas com absorção ou distribuição não linear permitirão concentrações variáveis em vez de níveis fixos; respiradores ou aparelhos de marca-passo atendendo às leis do caos, entre outros, seriam algumas das consequências previsíveis.

A Medicina baseada em evidências deverá receber um redirecionamento com enfoque muito maior no indivíduo do que na população, reforçando a prática médica como arte e ciência.

Outras implicações certamente surgirão. Espero que este ensaio contribua para uma mudança de conceitos, quando a caoplexidade, neologismo criado por John Horgan em *O fim da ciência* (2004), virá a ser o novo paradigma do pensamento científico.

## 1.3 Morte e espiritualidade

Bergman e *O Sétimo Selo*

*O Sétimo Selo* de Ingmar Bergman consiste em uma exemplar alegoria sobre a Morte. Pelo fato de se tratar de linguagem fílmica, em que o senso de realidade é tão intenso, o diretor sueco realiza uma verdadeira "trança" dialética entre os componentes da tessitura da Morte, que na verdade recupera o sentido manifestado pela concepção latina da poesia de Horácio em *Mors-Amors*; juntos criam um uníssono na concepção de *Vitae*. O filme é realizado na dimensão que não perde em nenhum momento os parâmetros de seu significado, tentando resolver a enigmática condição de morrer.

O que mais nos atrai nessa aproximação entre a novela de Tolstói e o filme de Bergman é o movimento dialético entre o a solidão do sujeito diante da morte e a visão coletiva da mesma questão. Na novela, o movimento se dá de uma ilusória condição de felicidade social e vai se enfraquecendo mediante a aproximação da doença que vai conduzindo paulatinamente a personagem para a tomada de consciência de sua morte.

No filme, por meio da montagem, o diretor consegue produzir cenas coletivas que parecem verdadeiras pinturas e a todo instante sentimos vontade de congelar a imagem para vislumbrar verdadeiras epifanias tomadas por pequenos ou grandes grupos unidos em torno da vida/morte. São certas composições que em si denunciam todo o fusionismo em relação à questão famigerada questão. Além de escolher certas fusões em determinados momentos, no intuito de dilatar o tempo e nos passar a sensação de solidão do período, também constrói sequências que manipulam nossos sentidos, como quando coloca sucessivamente vários rostos na tela, testemunhas da procissão, em meio ao incenso que vai cobrindo a paisagem, reagindo de maneiras similares ao terror da religião, culminando no plano próximo do Cristo crucificado, carregado pelos penitentes de joelhos lacerados.

A questão da inexorabilidade da morte, na verdade, implica a inexorabilidade da vida. Na concepção antiga de vida, não podemos nos esquecer do conceito latino *Mors-Amors*, que compõe a síntese essencial *Vitae*. Portanto não podemos olhar para a vida entendendo-a como o oposto (ou o outro lado) da morte. A relação é, valendo-nos da antiga metáfora, entre a pele e a carne indissolúveis que constituem a sofreguidão de nosso teor existencial.

Mais do que sentirmos para muitos o terrível desconhecimento e por isso medo da morte, a vida vivida em que nossos pés sentem a terra molhada, nossos corpos sentem a água do mar ou a brisa, ou o vento a tocar nossos rostos, essa sensação de vida é definida pelo nossa condição de vivenciar, ouvir, ver e tocar tudo o que nos envolve, e captar, de tudo isso, as sensações e nelas incluir o outro lado da moeda, isto é, morrer.

O essencial dessa condição é que entendamos, desde o nosso nascimento, a nossa morte. No mundo pulsam formas de vida em todos os reinos, mas a conexão entre um ser vivente e outro está em tudo e ressoa em tudo. Por isso o mundo é um complexo ressoar em que a existência de um mínimo ser está em conexão com outro e outros seres com os quais se relaciona.

> Nenhum homem é uma ilha isolada; cada homem é uma partícula do continente, uma parte da terra; se um torrão é arrastado para o mar, a Europa fica diminuída, como se fosse um promontório, como se fosse a casa dos teus amigos ou a tua própria; a morte de qualquer homem diminui-me, porque sou parte do gênero humano. E por isso não perguntes por quem os sinos dobram; eles dobram por ti. (DONNE, 1996, p. 20)

Esse texto antológico do poeta pertencente ao Barroco e metafísico inglês se mantém vivo por tantos e tantos anos devido à sua vitalidade e à sua competência de tangenciar a verdade tão rara. Nele, a Teoria do Caos, proposta pelos nossos tempos, apresenta-se de maneira decisiva; primeiramente por declarar a condição relacional do homem e a impossibilidade de o homem viver isolado como se fosse uma ilha; depois, a parte também relevante do poema está no momento que a imagem diz que a morte de um ser ressoa na vida de um outro, distante espacialmente, mas presente mediante a realidade energética entre os seres.

O poema de John Donne nos demove a uma condição muito boa, confortável até, pois nos sentimos mais acalorados do que somos, e sentimos mais presentificados da condição de vida e da condição de morte. Minha morte se torna vida ao me sentir embalado não por uma pessoa específica, mas pela humanidade. Essa condição é fundamental para que aquela natureza considerada fria, isenta, até cortante da própria morte, perca essa dimensão para adquirir a sua verdadeira natureza. É essa realidade que devemos desenvolver e tentar transmitir ao outro, sem os pseudosentimentos fugidios que acabam sendo romantizados pelas pessoas; mas não podemos negar que a morte, sendo inexorável e pondo fim a um fluxo existencial, acaba gerando um desconforto, sobretudo por sabermos que dela não podemos nos livrar.

Não temos outra saída senão aquela de sabermos viver para podermos nos dirigir e nos preparar para a morte de uma maneira mais profunda e sabendo que, ao morrer, continuaremos vivos seja pelo fundamento energético material que nos tornamos, seja pelo legado espiritual que transmitimos àqueles que ficam vivos. O último trecho do texto de John Donne é muito bonito e transmite um não sei quê de comunhão entre os seres. Entender que "os sinos dobram por ti" é demonstrar uma profunda compreensão das relações humanas e de uma proximidade inigualável que nos une.

Todos os exemplos apresentados pela Literatura e pelas artes em geral tocam, com mais ou menos profundidade, essa unicidade entre vida e morte. Na obra *A montanha mágica*, de Thomas Mann, a alegoria composta por ele é uma das melhores que podemos citar no que diz respeito à relação dialética sobre a questão da morte. Uma vez que se trata de um espaço de tratamento, principalmente da tuberculose, Thomas Mann consegue criar um universo tensivo que se transforma em uma esfera de elevação e de enlevação da condição humana. Durante o dia a dia, as personagens vão praticamente se esquecendo de sua condição de saúde frágil e vão procurando outras instâncias da vida. Elas não estão na denominada esfera salutar, de jovialidade, de prazeres imediatos, de vivências das ilusões; elas se encontram no universo de tratamento, todas com problemas de saúde. Entretanto elas vivenciam ali, por uma carência humana, estratégias de vivificação do tempo, que na verdade se move de psicológico a mítico dentro do convívio entre as pessoas.

Thomas Mann não procurou driblar a realidade, mas mostrar os fios iluminados de vida entremeados pelos entrefios da morte. Uma coisa é nos valermos de um corpo exposto na praia, de uma euforia dominadora de uma situação vital; outra coisa é a busca de vida conquistada em uma situação que pode ser pré-mortal. O exemplo de Thomas Mann que voltará ainda neste capítulo é apenas um pequeno exemplo, porque na relação vida-morte, o sombreio de uma dimensão invade o desenho de uma outra dimensão. Gostaríamos de dizer que não podemos negar que a vida, em sua dimensão existencial, é triste. Essa tristeza é o que determina os pontos fulcrais da existência.

Devemos afirmar que essa tristeza que determina a síntese da existência parece estar imediatamente ligada à condição do não entendimento que temos da existência, e isso faz com que a obra de arte jamais seja apresentada de maneira eufórica, mas de maneira disfórica. Esse fenômeno está presente em qualquer obra de excelência, seja na Literatura, seja nas obras de outros sistemas artísticos. Mesmo nas obras do gênero comédia, a disforia se mantém e a graça construída para levar o público ao riso, se bem compreendida, o levaria ao choro.

É muito difícil ser possível encontrar um trabalho artístico de excelência que tenha como fundamento a euforia propriamente dita, isso porque o ato de existir é extremamente disfórico. Na verdade, não temos condições de compreender a causa do existir. A impressão que se tem é que ficamos a vida toda esperando o momento de compreender o fluxo de nossa existência e não conseguimos alcançar essa compreensão.

O interessante é que existir nos lembra, por analogia, a reta do eixo cartesiano matemático que é acompanhada por uma linha assintótica que nunca a toca. Ao longo disso, linhas verticais interceptam a linha reta e a linha assintótica; no encontro dessas linhas, surgem os pontos de tensão que vão determinar aspectos essenciais de nossa existência. São eles que desenham nossos nós verticalizantes, em que a vida é tida como profunda. São esses nós que caracterizam a razão de ser do ato de existir e que dão os verdadeiros motivos para estarmos no mundo. Isso ocorrendo, temos cumprido nossa função no mundo.

Agora devemos considerar que, em muitos casos, o ser apenas existe vivenciando, em raros casos, os nós das suas verticalizações. Assim sendo, quem tem consciência desse processo passa a ver a vida com mais sentido e vislumbra a relevância de sua compleição, isto é, da morte.

Por outro lado, quem vivencia isso ou vivencia raramente são os que querem a longevidade, querem agarrar com sofreguidão alguma coisa de vida que não compreendem e não admitem temer a chegada da morte. A esse fenômeno consideramos a dialética da natureza da vida e da morte.

Não podemos definir quem estaria predestinado ou não para vivenciar essa condição de "inadimplência" com a morte. A falta de desenvolvimento do seu ser interior acarretará, evidentemente, na inócua condição de vazio, mas não na fundamental condição de silêncio.

> A morte é a curva da estrada,
>
> Morrer é só não ser visto.
>
> Se escuto, eu te ouço a passada
>
> Existir como eu existo.

A terra é feita de céu.

A mentira não tem ninho.

Nunca ninguém se perdeu.

Tudo é verdade e caminho.

(PESSOA, 1997, p. 50)

Nesse sentido que vimos comentando, não existe uma forma de hierarquizarmos os espíritos humanos dependurados naquela linha assintótica da analogia que estabelecemos com a matemática. Pessoas de extremos quanto à sua condição social ou intelectual reagem de modos completamente distintos e surpreendentes na aceitação e na recepção da inexorável morte. Podemos, assim, assistir a um lavrador que lida com o arado na terra fértil, que trabalha de sol a sol com a terra, receber a morte de uma forma serena sem as vociferações de quem vive "voltado para a vida"; por outro lado, como sabemos, o grande filósofo Friedrich Nietzsche tinha manifestações nervosas e tristes chegando a ter medo diante da morte, por isso o critério não é social ou intelectual, mas de uma outra ordem de coisas. Olhando para o poema de Fernando Pessoa, encontramos nos seus versos elementos que dão continuidade ao que vimos desenvolvendo sobre o tema da morte.

Sendo uma logopeia, o movimento dos versos cria o debuxo de uma sintaxe de retratação singela da vida e da morte que só a poesia consegue realizar. Ao dizer "A morte é a curva da estrada", Fernando Pessoa cria uma metáfora icônica que consegue conjugar nosso olhar e o nosso sentimento de existência. Ao realizá-la, ele funde as marcas da vida encrustadas na sombra da morte. Estrada significa caminho, percurso, e nesse caminho a concretização do movimento da existência. Até vislumbramos ao longe a curva e a silhueta do corpo que nela penetra e para quem de longe olha, sabe que o corpo lá penetrou e que continua depois, mas os olhos daqui não veem nada. Sem dizer nada, o eu lírico sugere uma continuidade, que algumas religiões propõem; mas, no poema, ficam apenas os índices. A gente chega a ver um sombreado de arvoredos, fantasias da nossa mente, mas que a curva da estrada suscita e, assim, a morte se transforma em uma metáfora e a sensação que se tem é de prazer, na sombra.

Essa sensação prazerosa do poema é complementada pelo verso dois, ao dizer "Morrer é só não ser visto", em que as coisas se completam em um outro momento de metaforização, deixando o ato de morrer para os olhos de quem quer ou não quer ver. Dentro dessa ambiguidade metafórica em que vida e morte se tornam um plenilúnio dos olhos e da sombra, o poema instaura o privilégio para duas palavras-chave: a inexorabilidade, desenhada pelo signo "verdade", e a continuidade, pelo signo "caminho".

A Morte

I

Pode a morte ser sono, se a vida não é mais que sonho,

E se as cenas de êxtase passam qual espectros?

Os prazeres transitórios semelham visões,

Mas pensamos a morte como a grande dor.

II

Como é estranho o vagar do homem na terra

Em sua vida maldita não pode desvencilhar

O rude caminho; nem ousa sozinho entrever

Seu augúrio futuro que não é senão despertar.

(KEATS, 1994, p. 45)

Como dissemos anteriormente, as obras de excelência abordam questões sérias, como morte e vida, de maneira dialética, e elas criam um fluxo de coerência, mesmo uma não tendo consciência da outra. Rompendo a ordem cronológica, depois de comentarmos o poema de Fernando Pessoa, incluímos aqui esse pequeno texto do poeta do romantismo inglês John Keats, pela conexão semântica entre os dois poemas. Enquanto tivemos no poema de Pessoa a metaforização da morte como "curva da estrada" e a ideia de caminhar pareceu de maneira calma e sombria, John Keats criara também a metaforização para a morte, mas trabalhando uma dimensão menos serena que a do poeta português.

"Sono" e "sonho" amalgamam dois eixos de contensão semântica na dialética entre morte e vida. A conjunção das imagens mantém aquilo que vimos analisando na tensa, mas necessária relação entre morte e vida; interessante que, independentemente da época, existe uma convergência de pensamentos que acaba sendo iconizada na metáfora do poema que corrobora com a concepção de Eisenstein, para quem o poema é o pensamento por imagem. As duas metáforas morte/sono e vida/sonho conferem uma veracidade fundamental à questão da morte e da vida, como se tudo o que se vive não passasse de uma fantasia permanente, até uma realidade que conduz o homem, muitas vezes, a uma surpresa que ele não queria ter. O homem desperta diante da realidade da morte e, muitas vezes, sem a mínima preparação para ela.

Passaremos agora a uma reflexão decisiva por meio da relação entre o signo reflexivo e o signo refratário (Bakhtin, *Marxismo e filosofia da linguagem*), seja da linguagem verbal, seja da linguagem icônica, para darmos continuidade a essa questão da inexorabilidade da morte, eu complementaria agora com a inexorabilidade da vida. Para tratarmos de questão tão delicada, escolhemos uma das obras de arte que mais nos atrai e atua em nossa dimensão intelectual, sensível e emocional. Trata-se de alguns comentários sobre o filme *Morte em Veneza* (1971), do cineasta italiano Luchino Visconti, inspirado na obra de Mann de mesmo nome. Antes, porém, devemos elucidar que se trata de uma realização e modulação conjuntivas de três grandes obras resultantes de uma perspicácia sensível e inteligente do cineasta italiano. Do que sabemos, Thomas Mann era amigo do compositor Gustav Mahler, e Luchino Visconti realizou a seguinte peregrinação estético-semiótica, produzindo uma sinestesia fílmica das mais apaixonantes, trágicas e tristes que conhecemos. O livro *Morte em Veneza* (1912) vale por si só como forma expressiva e inteligente de figurativizar o imaginário da arte literária e filosófica. Em um exercício de transcriação, Visconti conduziu a obra para o cinema e injetou nela recursos inquestionáveis da música, elevando a função poética ao seu último grau e, para isso, o terceiro movimento da *Quinta sinfonia* (1901-1902), de Mahler, valeu como a poção mágica desse espetáculo semiótico, e o resultado foi a obra-prima *Morte em Veneza*, de Luchino Visconti.

Tentaremos agora entrever pontos da obra em que a vida, a morte e a arte são moduladas em uma conjunção estética e inviolável. A trajetória trágica é realizada por meio da personagem Achenbach, escritor famoso que reflete permanentemente sobre o belo com seus pares. Indo passar seu veraneio em Veneza, no hotel em que se hospeda, defronta-se com Tadzio, um efebo de beleza rara, ainda púbere, ingênuo e puro, que vai imobilizar o ser inteiro do escritor idoso.

O filme mostrará a permanente tensão entre esse escritor e o que encontra no imaginário da realidade sensível sobre o púbere. O encontro com o belo o levará a profundas transformações, como a busca do rejuvenescimento, permitindo que um cabeleireiro o maquie. O jovem não tem consciência do que está acontecendo, mas o movimento pendular da obra é a obsessão do escritor com medo dos perigos que o belo correria de uma possível morte, pois a cólera domina Veneza, e ele não sabe como proteger o jovem.

Em uma cena final, na praia, vendo o jovem ao longe brincando com amigos, Achenbach, recostado em uma cadeira de praia, morre de cólera. No seu rosto, derrete a maquiagem.

Levantamos aqui apenas alguns pontos da conhecida obra de Visconti para mostrar o ir e vir dos movimentos da vida e da morte, tendo a arte como a âncora de suas manifestações. O filme trabalha o tempo todo no fio tenso entre o grotesco e o sublime.

Aconselhamos o leitor deste livro a realizar dois trabalhos, se possível: em primeiro lugar, a leitura da novela *Morte em Veneza*, de Thomas Mann, pois ela fornecerá a base fundamental para o segundo exercício, que é assistir ao filme, com cuidados especiais. O fusionismo semiótico entre três códigos consiste na resultante exemplar de Luchino Visconti. No filme, a cor é muito relevante. Essa cor, fundida às imagens, na composição das personagens fala por si só. Como dissemos anteriormente, a ideia do grotesco se contrapõe à leveza, tais como da personagem Tadzio, e à elevação do espírito de Achenbach e de seu pensamento estético.

O filme estabelece de maneira indubitável uma espécie de ironia amarga sobre os desígnios da morte. Ao ver Veneza ser higienizada por causa da epidemia de cólera, mais se acentua no espírito de Achenbach o desespero em querer salvaguardar a beleza vivificada na figura do jovem.

Note-se que a concepção do belo, que se realiza nas grandes obras de arte, ganha sua eternidade, entretanto a instância mais elevada da beleza, para ele, está na figura do jovem, e ele, com a morte, seria eliminado. Mas o que acontece no filme é a ironia encrustada no grotesco: em sua idade, a morte inexoravelmente vem buscar a Achenbach.

Como vimos, as instâncias da morte não se separam das instâncias da vida, e durante todo o percurso dessa obra procuramos manter essa dialética, e ela se estampa de maneira perfeita no último quadro fílmico do grande cineasta Visconti, que mais parece um pintura impressionista de Édouard Manet de marina. Ao fundo, a vida delineada com imagens da jovialidade e beleza dos adolescentes que brincam na água e com a imagem escultórica de Tadzio. No primeiro plano, a imagem de Achenbach, serenamente morto, com o delineio do amor mostrado pela maquiagem que desce de seu rosto; no conjunto da composição, temos a beleza enriquecida pela música de Mahler no terceiro movimento da *Quinta sinfonia*. Pode-se dizer de uma integração perene em que a morte, o amor e a natureza do belo encontram a harmonia profunda nessa composição que Immanuel Kant aprovaria na captação do que é substancial na obra de arte.

Essa ideia é continuada, pois revela um só fundamento que, em si, é coerente com o princípio de consciência entre morte e vida. Assim, passemos a alguns pequenos poemas de Fernando Pessoa sob o heterônimo de Alberto Caeiro:

Quando vier a Primavera,

Se eu já estiver morto,

As flores florirão da mesma maneira

E as árvores não serão menos verdes que na Primavera passada.

A realidade não precisa de mim.

Sinto uma alegria enorme

Ao pensar que a minha morte não tem importância nenhuma.

Se soubesse que amanhã morria

E a Primavera era depois de amanhã,

Morreria contente, porque ela era depois de amanhã.

Se esse é o seu tempo, quando havia ela de vir senão no seu tempo?

Gosto que tudo seja real e que tudo esteja certo;

E gosto porque assim seria, mesmo que eu não gostasse.

Por isso, se morrer agora, morro contente,

Porque tudo é real e tudo está certo.

Podem rezar latim sobre o meu caixão, se quiserem.

QUESTÕES INDELÉVEIS DA MORTE

Se quiserem, podem dançar e cantar à roda dele.

Não tenho preferências para quando já não puder ter preferências.

O que for, quando for, é que será o que é.

(CAEIRO, 1993, p. 29)

Como expressou o poema anterior de Caeiro, a inexorabilidade da morte se manifesta na própria morte e o que podemos, como seres que vivem, é metaforizarmos a própria condição da morte. Por isso, retomando o poema já mencionado, de Fernando Pessoa:

A terra é feita de céu.

A mentira não tem ninho.

Nunca ninguém se perdeu.

Tudo é verdade e caminho.

(PESSOA, 1997, p. 40)

Nessas imagens a impossibilidade de retorno à vida fica belamente registrada e corroborada pelo fusionismo entre céu e terra e pela certeza que temos de que nessa caminhada, por mais que haja desvios, é inexorável o encontro com o destino final.

O poema de Caeiro é, sem dúvidas, uma das mais belas e representativas formas de captação do essencial da morte, tanto que temos a impressão de qualquer explicação sobre ela atrapalha o seu fluxo normal e tão bem articulado pelas imagens. Apesar de termos a impressão de certo jogo retórico, o movimento das imagens aguça a notabilidade do que podemos sentir e compreender dos mais recônditos caminhos de desenho da própria noção de morte. Estar em primeira pessoa parece fincar os passos de uma premissa que acaba se tornando certeza dentro do que é tão incerto. O poema nos dá a sensação de querermos tomar carona nessa viagem que o poema sob Fernando Pessoa, ele mesmo, também metaforizou. A sensação de morte acaba passando, aqui, por um agradável sentimento de amor. O poema foi muito feliz (e aqui nos lembramos das reflexões poéticas de T.S. Eliot) ao eleger a imagem da primavera como seu mote no seu tratamento da morte, pois essa estação (aqui penso na bela composição de Vivaldi) é aquela em que a vida pulsa visualmente sem que possamos colocar os agouros do outono ou a mortífera forma do inverno. Gostamos muito de o verão não ter sido escolhido, pois a sua natureza eufórica destituiria o essencial e equilibrado jeito de se apresentar a primavera, estação de alto grau de equilíbrio e beleza, em que as flores prenunciam tudo o que há de desdobramento vital na condição da vida. Não podemos deixar, aqui, de aludir aos maravilhosos quadros do artista plástico Vincent Van Gogh, ao plasmar nas formas, nas cores, nas linhas e nos movimentos de rupturas, as quatro estações do ano, na série *Girassóis*. Assim, todos os elementos da primavera são corroborados e convergentes na arte de excelência: Eliot, Vivaldi, Van Gogh, para citar apenas três de alto grau de captação das estações do ano, e captá-las na dinâmica da morte e da vida no ciclo existencial, na verdade, reflete a condição humana.

O sujeito lírico, no poema, coloca-se às margens da primavera e delimita-a para mostrar a sua forma de visão ainda na vida com os ditames da morte. O ciclo vital é mostrado de maneira elevada e enlevada, pois entender que, se morro hoje, a primavera se inicia amanhã e que todas as cores das folhas e flores continuarão sendo as mesmas cores, formas que haviam sido ontem, dá-nos um alento e um prazer grandiosos, pois toda a fertilidade traz, em si, os tênues fios da morte, que nos alivia, nos descansa de maneira desejável. O poema finca, como dissemos, suas pilastras na verdade essencial, na condição real das coisas, e é nesse sentido que dizemos ser a relação do estar do sujeito lírico à margem da morte, tendo como primazia a consciência de uma travessia tranquila.

> Se, depois de eu morrer, quiserem escrever a minha biografia,
>
> Não há nada mais simples.
>
> Tem só duas datas—a da minha nascença e a da minha morte.
>
> Entre uma e outra coisa todos os dias são meus.
>
> Sou fácil de definir.
>
> Vi como um danado.
>
> Amei as coisas sem sentimentalidade nenhuma.

QUESTÕES INDELÉVEIS DA MORTE

> Nunca tive um desejo que não pudesse realizar,
> porque nunca ceguei.
>
> Mesmo ouvir nunca foi para mim senão um acompanhamento de ver.
>
> Compreendi que as coisas são reais e todas diferentes umas das outras;
>
> Compreendi isto com os olhos, nunca com o pensamento.
>
> Compreender isto com o pensamento seria achá-las todas iguais.
>
> Um dia deu-me o sono como a qualquer criança.
>
> Fechei os olhos e dormi.
>
> Além disso, fui o único poeta da Natureza.
>
> (CAEIRO, 1993, p. 50)

Para encerrarmos essa primeira instância das sete que compõem este livro, valer-nos-emos desse poema tão relevante de Alberto Caeiro. Percebemos a demarcação de dois eus na forma de articulação dos versos. O primeiro seria o "eu histórico", que possui uma biografia do nascimento à morte; o segundo "eu" é o que preenche a lacuna da vivência do eu lírico e, nessa vivência, o que domina é o universo das sensações. Essas sensações criam uma impressão real de estar aqui estando aqui, no fluxo incomensurável do tempo e do espaço, em uma dimensão mítica *in illo tempore*, daí os olhos serem o néctar do espírito. Fechar os olhos é deixar de ver, que também pode significar a própria morte. Para James Joyce, em *Ulisses*, as sensações permeiam a evocação do pensamento, "feche os olhos e ouça"; já para Caeiro, o pensamento é o obstáculo. Viver e morrer devem ser confundidos com aquela água cristalina que tentamos pegar da correnteza, mas que escapa pelos vãos de nossos dedos, e só resta em nós a fluência perdida do frescor da existência.

Para finalizar este capítulo, gostaria de sugerir ao leitor aficionado pelo tema da morte algumas obras fílmicas que julgo do maior interesse. Venho trabalhando com elas para buscar alguns fundamentos de Tanatologia, como parte de nossos estudos na Faculdade de Medicina de São José do Rio Preto (Famerp). Assinalo, portanto, dois filmes que têm se tornado alvos de nossas perquirições, cada um elegendo um recorte de mais relevância para a tentativa de aproximação desse tema tão complexo que é a morte. São eles: *Wit*, dirigido por Michel Nichols e estrelado por Emma Thompson; e o filme japonês *A Partida*, de Tojiro Takita. Interessante que as abordagens conferidas aos filmes reúnem todos os ingredientes que vimos discutindo até aqui a partir das obras escolhidas. Sintetizando o máximo possível as três linhas isotópicas respectivas, temos primeiramente, no filme italiano, a questão das quatro fases do luto mediante a morte de um ente querido: a quase presença, a ausência, a perda e a falta, e como os problemas pessoais de cada personagem vão refletir no modo de conviver com essas fases. No filme protagonizado por Emma Thompson, temos a dramática condição de Vivian Bearing, professora doutora, especialista em poesia metafísica de John Donne, nos seus oito meses finais de vida, tratando de um câncer no ovário. Nesse caso, temos a paulatina tomada de consciência pelo sofrimento da racionalíssima paciente diante da morte que se aproxima.

Já no filme japonês *A Partida*, de Tojiro Takita, a personagem Daigo Kobayashi, ex-violoncelista de uma grande orquestra, torna-se por necessidade de emprego um *nokanshi*, mestre em lavar e vestir cadáveres. Essa função advém de uma antiga tradição japonesa de deixar o morto limpo, belo e bem tratado para seu último momento, função antes exercida pelas famílias dos mortos, mas já meio esquecida e agora deixada por conta de profissionais. Completamente assustado no início, Daigo passa a se entregar à profissão e dela passa a extrair o verdadeiro sentido da própria vida.

# CAPÍTULO II

## O LUTO

Começamos aqui com reflexões a respeito da temática da morte para depois separarmos os vieses de aspectos distintivos desse fenômeno vital. Gostaríamos neste início de ressaltar alguns sentimentos que surgem a partir da morte ou que o fenômeno da morte acaba provocando, levando o indivíduo a determinados sentimentos inevitáveis, são eles: o sentimento de impotência, que talvez seja o primeiro, que vem ligado ao sentimento de dor inviolável, inquestionável. Depois também vem o sentimento de medo, por incrível que pareça, a morte provoca um sentimento de medo para quaisquer pessoas, mesmo para aqueles muito próximos do morto. Então, esses são alguns, talvez os três sentimentos fulcrais diante da morte. Afora que a morte chega no ser humano quase sempre em forma de impacto, a morte em si, mesmo que se espere a chegada dela, mesmo que a pessoa esteja prestes a morrer, quando é avisado o fato, quando se anuncia (a morte se anuncia, é o que se tem a fazer com ela, anunciar sua chegada), ocorre que causa algum sentimento ligado a um impacto, o impacto que traz os sentimentos aludidos.

Diante da morte tem-se pouquíssimo para se falar. Em geral as tais palavras de conforto das pessoas devem ser cautelosamente utilizadas, porque elas não auxiliam, na verdade, elas prolongam o desatino. Essa palavra é própria (desatino), se a pessoa for muito próxima, conforme a situação, da pessoa morta, na verdade ela perde a gradação dos sentimentos, é difícil falar em gradação dos sentimentos diante do fenômeno da morte, muitos entram em desatino. Esse "i" da palavra desatino depois da linguodental "t" é muito sugestivo do sentimento de desassossego e dor, e o não saber como sair da situação, e não conseguir devolver a pessoa à vida normal, tudo isso é um sentimento inexplicável, e não são palavras que vão arrefecer tal sentimento. Nós estamos falando desses sentimentos, mas na verdade o que vai se desenvolver neste capítulo é o sentimento da morte diante dos que ficam, dos vivos, das pessoas ditas queridas em relação ao morto, um parente, um grande amigo, pessoas afeiçoadas porque há vários universos, pelo menos (são muitos), mas destacaremos alguns que são reações do ser humano diante da morte. Existem alguns sentimentos como a negligência total, o grande distanciamento da pessoa que fica sabendo de uma morte, isso depende conforme a pessoa que recebe a notícia, alguns levam o sentimento do medo ao grau máximo e não querem nem que se fale a respeito do assunto *morte*. Nós temos esses sentimentos, a toda hora no mundo estão morrendo muitos, a morte vira nada, vira número. É muito difícil sair dessa relação de isenção perante a morte para uma relação mais profunda, de envolvimento em relação à morte. Em geral isso ocorre quando a relação entre o morto e o vivo é muito grande, tem que existir uma relação enorme de intimidade para que o vivo se condoa e tenha os tais sentimentos a que aludir. Existe desde esse sentimento de isenção, de completo distanciamento, dependendo da relação com o morto, até uma sofreguidão do espírito (chamei de desatino) que não encontra forma de consolo. Sentimentos dessa natureza (inquietação profunda, desatino, desassossego), como uma autodilaceração diante do morto, levam a um desequilíbrio total, e esse desequilíbrio gera um mal-estar geral de não apoio. Os dois extremos são questionáveis, não se questiona da morte, mas são questionáveis no sentido da total isenção, uma falta de consciência que pode complicar os dias que virão, para o que a pessoa vivenciará no futuro; por outro lado esse sentimento de sofreguidão, de inquietação e de desatino também não auxilia em nada, pelo contrário, ele incomoda as pessoas que estão em volta e a situação em si, o desequilíbrio não é bom, nunca foi bom. Diante disso, temos várias formas de relação com o estado de morte.

Estamos começando a comentar a relação do indivíduo diante da morte, não é bem a situação da morte, é o que a morte promove nas pessoas que estão próximas a ela. Muitas vezes a relação de medo é como se fosse "a morte passou tão próxima, mas atingiu o outro", como diria Dostoiévski, mas não adianta fugirmos da morte, um conto em que a morte sai à procura das pessoas, na hora certa à procura de sua caça. Quando se tenta muito esconder a caça da morte, ela pode ser mais cruel, atingindo um outro ser que não tinha nada com o caso, fazendo doer mais ainda naquele que tentou esconder da morte. A Literatura é um campo que trabalha com bastante profundidade a questão da morte (ela é profunda), por isso nos apegamos a ela mais do que nos textos psiquiátricos, mais do que nos textos teóricos em relação à morte, é muito importante que partamos de situações mais humanizadas, e a Literatura é humanizada. Já o fizemos no primeiro capítulo sobre a inexorabilidade da morte e agora, neste capítulo, que nomeamos *O luto*, este será vagarosamente trabalhado por meio de várias relações associativas. Antes de tudo nós temos que analisar essa relação do sujeito com a morte por meio de arquétipos que sempre estão relacionados a essa ideia.

Existe uma relação de dependência entre o luto e uma ligação verdadeira ou falsa do indivíduo que fica (amigo, parente). Há um luto social, proforma, icônico, que não conduz a nada – a viúva vestida de preto não tendo qualquer sentimento maior pelo marido morto –, um luto falso, mas a relação de profundidade entre o luto e o morto pode vir de qualquer lado, um grande amigo pode se sentir enlutado diante da morte de um grande amigo, os sentimentos das pessoas não são mensuráveis, não podemos avaliar o que vai dentro de cada pessoa, agora, dependendo de cada pessoa, do grau de envolvimento que existiria entre o morto e a pessoa, haverá um grau maior de sentimento de perda, ou não; se a pessoa tiver uma relação extremamente profunda, de muitos detalhes, de dependência afetiva em relação à pessoa que morreu, claro que ela vai sentir mais. E quando essa relação entre a pessoa e o morto for de extrema dependência, de modo que não conseguimos ver a pessoa sem a pessoa que morreu (e a pessoa morreu)? Muitas vezes a pessoa que ficou viva não saberia dar o nó na gravata, não saberia escolher uma roupa, uma vestimenta sem a opinião do outro, o signo da outra era dominante e eles tinham uma relação próxima demais. O que fazer nesses casos em que até para um nó na gravata ou para a escolha de uma vestimenta, o indivíduo precisava, e agora a pessoa está morta? Uma pessoa em extrema dependência da outra tem essa outra no seu dia a dia, para contar coisas, confidências maiores, chegar ao fim da tarde em casa, se morarem juntas e contar sua vida naquele dia: as pessoas com quem conversou, as pessoas que gostaria de comentar, como era de costume, toda essa relação é o interlocutor máximo, uma espécie de interlocutor de *si mesmo*, é o meu *eu* conversando com o meu *mim*, mas eu tenho uma pessoa para quem eu abro meu coração, minhas ideias. Imagine essa pessoa tendo a outra morta! Claro que haverá uma série de consequências. Precisamos analisar psicanaliticamente que é um profundo luto, um luto total, tudo dependerá da pessoa que ficou, da sua estrutura psíquica, das formas de resolução que ela tem diante de si mesma, dos graus de autocompreensão de si, a sua identidade é muito importante, sua identidade deve estar com uma compreensão desenvolvida, quanto mais ela conhecer a si mesmo melhor será para essa relação de superação da pessoa com quem ela dialogava. Qualquer um de nós tem um sentimento de ausência muito grande quando, por exemplo, viajamos, e ao chegar no destino ou no retorno, temos a carência natural, humana, de ligar para o outro e dizer que nós chegamos.

Ao chegar em casa, a sensação é boa porque é humana, de dependência, de dizer ao outro por onde eu andava, como foi a viagem, se atrasei ou não, o terno que esqueci de levar, coisas dessa natureza, é um hábito entre mim e a pessoa que morreu, mas sem ela a sensação é inexplicável: o gesto que não foi dado, a mão que se levantou no espaço, o vazio do meu ser procurando a mim mesmo ao procurar a outra pessoa, tentar mostrar que estou na vida, que sou existente e que, portanto, eu não tenho aquele diálogo que ficou no vazio. Isso é a ausência profunda, é o sentimento de perda profunda, fora outros detalhes muito mais intensos, menores, mas que são fundamentais para mostrar uma relação humana entre $x$ e $y$.

Diante disso, falávamos de uma estrutura psicológica, uma pessoa de identidade mais ou menos constituída, quanto mais frágil a pessoa for na sua identidade, pior será a sua relação com a morte e, sobretudo, com a morte da pessoa querida, de que ela dependia muito, porque ela não sabe como se completar agora, ela perdeu todo esse lado e às vezes nem admitia antes, e era assim. Então nós temos que analisar aqui os graus de envolvimento e os graus da compreensão da identidade de cada um, o que é difícil. Dependendo do caso, se a pessoa for muito frágil, ela vai tomar consciência dessa fragilidade só com a morte da outra, aí as coisas são complexas, pois ela não conseguirá se superar, haverá alguma consequência fatal, uma crise de depressão em maior ou menor grau, que pode atingi-la de maneira mais profunda, quiçá até conduzi-la antes do momento para uma morte. Ela pode começar com uma morte psicológica, que trataremos em outro capítulo, mas depois ela pode psicossomatizar e gerar uma morte física. Essa parte de nossas considerações é muito relevante, pois agora falaremos do contrário desse estado. Uma pessoa, um ser com perfil de identidade constituída, com uma intensidade interior muito grande, que tivesse **consciência da possibilidade da falta do outra**, não se sentirá completamente sem chão se o outro não existir. É a condição de cada ser vivenciar sua própria experiência, quanto maior for o grau de consciência da pessoa em relação a ela mesma, mais ela superará paulatinamente a perda da outra pessoa, porque ela já terá compreendido a morte como impossível de ser superada, não se supera a morte, tem que se conviver com a morte como se convive com a vida. Assim, o luto de uma pessoa, dependendo do seu grau de vivência, consciência na construção da sua identidade, será o grau de fortalecimento dessa pessoa para que ela supere a perda da outra pessoa, apesar da dor, há coisas que não se perdem, mas é importante a consciência da inexorabilidade da morte e da possibilidade de que a vida seja eterna. Diante disso, ou a pessoa sucumbe, ou ela vai se elevar, saber escolher a gravata sozinho, saber escolher a abotoadura, saber arrumar sua mala de viagem, decidir em situações pequenas do dia a dia, aprender a não erguer a mão para o telefone para ligar à outra e dormir sossegadamente, perceber que ela é um ser só, porque o ser humano é só, temos que ter consciência disso, não camuflar essa realidade. A pessoa vai se tornar muito mais forte, sua identidade ficará mais intensa, mais completa, e ela terá mais força não só para compreender a morte, mas para conseguir ajudar o outro, se ela era ajudada, agora ela poderá, estando assim, ajudar o outro, dar a mão ao outro, trocar consciência psicológica com o outro que está fragilizado naquele momento, o ser humano é frágil, é extremamente frágil.

Este livro não tem o propósito de estudar a morte ou de tentar resolver uma questão tão impossível como é entender esse fenômeno de morrer, mas, por vivências, por experiências próprias, nós sabemos que alguns comentários, algumas considerações sobre tema tão complexo são importantes para que tentemos vivenciar melhor causas complexas. Nós temos, antes de tudo, que assumir determinadas coisas. Primeiramente devemos entender o grau de fragilidade que nos constitui, o ser humano é um ser extremamente frágil, quanto mais compreendemos essa afirmação, que somos frágeis, menos fracos seremos. Observe que dissemos *nós somos seres frágeis* porque está na fragilidade da condição humana sua essência, sua natureza essencial, quero dizer, sinta o pulso e o pulsar de uma pessoa qualquer quando for possível para verificar quão frágil ela é, pode ser o braço mais fino ou o mais forte, sinta a palma da mão de uma pessoa, ou a observe enquanto está dormindo, qualquer pessoa. Suponhamos uma pessoa considerada criminosa, em um presídio enquanto dorme. Tudo aquilo que parecia ameaçar o outro na sua condição de criminoso deixa de existir e ela se torna frágil porque ela **é** frágil. Enquanto não perdermos a mania de achar que a fragilidade é negativa, a gente não evolui porque um olho que brilha ao perceber-se observado por outro olho que brilha é uma espécie de êxtase interno, contido, não existe êxtase contido, mas é como se fosse uma contenção do êxtase na condição humano, é um momento que ele se encontra.

Às vezes a fragilidade é exposta na Literatura em vários planos e nós não consideramos, mesmo sendo de extrema importância. Não é na relação de olho com outro olho humano, mas vou citar um conto de Clarice Lispector em que a fragilidade vem incorporada na figura de uma menina, uma adolescente ruiva que às duas horas da tarde está sozinha, sentada em um banco de pedra quente em uma terra de morenos, Grajaú é uma terra de morenos, lá está a menina sentada olhando para a avenida. Além de ela ser sozinha, frágil, em uma terra de morenos, ela é ruiva, parece que o sol encandece mais na relação *sol-menina*, segurando uma "bolsa de tia velha" nos braços, naquele estado, como se nada bastasse, ela soluça. Soluçar, ser ruiva, duas horas da tarde, sol a pino em uma terra de morenos, isso torna tudo muito intenso, é a fragilidade figurativizada, e ao mesmo jamais vi figura tão linda na condição humana nua e crua na sua imprecisão volátil de existente. De repente surge na esquina uma dama limpa, bonita, sob uma sombrinha, vem em sua direção e passa por ela, acompanhando a senhora vem um cão, impressionantemente um basset ruivo. Esse é o momento de epifania, porque ali se dá o encontro do mais profundo amor entre os dois. Esse olhar profundo inteirado entre um e outro dura segundos, mas é impressionante, vai para além do infinito, mas, logo depois, a senhora segue e o cão a acompanha, como diz a narradora, o cão foi mais forte que a menina ao vê-lo indo embora e ela fica em sua profunda solidão ruiva. Vemos um grande exemplo de humanidade na relação entre um ser humano e um cão. A Literatura é fundamental, ainda mais nas mãos de uma escritora como Clarice Lispector, para trazer à baila determinados filetes sensoriais do homem no mundo. Estamos falando da morte, mas cautelosamente tratando devagar a questão do luto, e nesse trabalho com o luto já comentamos sobre o luto reverso, o luto que deixa o indivíduo mais forte, dependendo da sua relação anterior com o morto e agora da forma de ele se relacionar com a perda, com a morte de seu ente querido. Como dizíamos, superar e crescer diante de uma situação de morte, naquela relação de dependência, não tem nada a ver com os sentimentos (amor, dor) que a pessoa terá com quem morre. Nós falamos de crescimento interior, superior, de superar esses sentimentos que todos temos com a morte, seria negativo se não os tivéssemos.

Vamos tentar analisar o luto, continuar nessa reflexão, mostrando sempre a relação do homem com o morto. Para isso faremos uma primeira leitura literária, novamente um texto de Manuel Bandeira, pois esse poeta é particularmente delicado e interessante no tratamento da temática da morte, no primeiro capítulo abrimos com um poema de Bandeira (*A consoada*), agora vamos trazer aqui *Momento num café* para abordar essa questão, continuando sempre no mesmo processo:

Momento num café

Quando o enterro passou

QUESTÕES INDELÉVEIS DA MORTE

Os homens que se achavam no café

Tiraram o chapéu maquinalmente

Saudavam o morto distraídos

Estavam todos voltados para a vida

Absortos na vida

Confiantes na vida.

Um no entanto se descobriu num gesto largo
e demorado

Olhando o esquife longamente

Este sabia que a vida é uma agitação feroz e sem
finalidade

Que a vida é traição

E saudava a matéria que passava

Liberta para sempre da alma extinta.

(BANDEIRA, 2009, p. 40)

O poema de Manuel Bandeira registra e aprofunda fundamentos decisivos sobre a morte e a vida e também a relação do indivíduo com a morte. O poeta elegeu a morte como se fosse um eventual ocorrido em um determinado momento em que as pessoas se encontram em um café, uma reunião normal de amigos, uma reunião normal em um café que desvela a noção da completa vivência cotidiana e da alienação com coisas mais. A noção de relaxamento é fundamental no poema e podemos estendê-la à vida, aos relaxamentos vitais, o homem a vivencia muito relaxadamente, a tal ausência de consciência em relação a coisas mais sérias como a relação *amor-morte* é muito própria da vida. Ninguém vai questionar a falsa dimensão da jovialidade, um momento bonito da vida, mas há um preconceito da jovialidade em relação à idade madura, que é um ledo engano, eles confundem a jovialidade com uma dimensão de irresponsabilidade, de desleixo em relação ao tempo, à vida e à morte consequentemente, a concepção de que a morte fica distante é muito própria da jovialidade e nós temos aí o enterro passando, típico da época, que o poema mostra muito bem.

Primeiramente há uma estaticidade dos homens que estão no café, uma posição de relaxamento, de distanciamento, prazer momentâneo, e nós temos a horizontalidade do enterro em um movimento que traz o elemento estático (o morto), e o outro lado traz toda uma noção estática do movimento interno das pessoas que vivem, mas vivem, como disse Machado de Assis, como vivem as magnólias e os gatos, essa é a condição, sem a mínima condição de reflexão, mesmo sendo o homem um animal pensante. Temos no poema o retrato dessa vivência *Laissez-faire*, esses homens estavam no café, onde se encontravam na verdade como pessoas. É importante notar que os homens tiram o chapéu mecanicamente, em respeito, próprio da época, tirando maquinalmente (mentes maquinais), sem pensar, função fática do gesto, sem nenhum envolvimento mais profundo com o sentimento alheio, ou com o sentimento do enterro, que está levando a pessoa morta acompanhada de pessoas que realmente sentiram, talvez, aquela morte. O poema registra três versos em que a palavra *vida* aparece, esses homens se achavam e maquinalmente (socialmente) e tiram o chapéu, todos estavam voltados para a vida, absortos na vida, confiantes na vida, uma gradação poética que gera uma grande significação nesse processo de gradação entre os três versos, a primeira coisa que se nota é vida/vida/vida, isso significa desconfiar da imagem, é uma *não vida*, o que seria vida para aqueles homens é uma morte interna, é um alienar-se, é um não viver com profundidade. A palavra *vida* é precedida de palavras fundamentais, eles estão *voltados* para a vida, voltar-se para a vida significa não ver o outro lado, pode significar estar de costas para a morte, mas não tem fundamento, estar voltados para a vida é estarem voltados para a vida no café, uma vida falsa, uma vida maquiada, fica meia vida visto que não existe meia vida, a vida é a conjunção amor- -morte, *mors (morte)*, do latim, que é o contrário de *vita*. Assim sendo, o ser humano nesse voltar-se para a vida muito comum, fica absorto, o que leva à condição de envolvimento cego, não vê mais nada, naquela pseudovida ele fica inebriante para ver além, e finalmente acredita que apenas essa visão de vida existe, fica *confiante na vida*. É um poema fantástico nesse sentido, pois apresenta o que estamos dimensionando para falar sobre a morte, para entendermos um pouco mais dessa relação do *Homo sapiens* com a morte. Essa primeira parte do poema apresenta a dimensão de limitação do vivente em relação à morte, para este, se houver uma necessidade de luto, será mais complicada uma tentativa de composição, como falamos antes.

O poema continua, mas não nos propusemos aqui a fazer análise literária, mas a elucidar aspectos que temos considerado, como na segunda estrofe "Um no entanto se descobriu num gesto largo e demorado/Olhando o esquife longamente", a imagem cheia de consoantes nasais dá impressão de que o poema se alonga na performance do gesto, "olhando longamente", o oposto do "maquinalmente". Em um discurso que poderia ser o nosso, um discurso dissertativo diz "Este sabia que a vida é uma agitação feroz e sem finalidade/Que a vida é traição/E saudava a matéria que passava/Liberta para sempre da alma extinta.", a alma que o poema se refere é a alma dos homens no café, libertar-se dessa alma é começar a confrontar-se com uma vivência verticalizante, a grande questão é essa vivência, tomar consciência do todo que é a vida e a morte, o amor e a morte, sabemos que a vida é traição, no sentido de que ela pode ser interceptada a qualquer momento. Se existe negligência em relação à percepção morte não pode existir negligência em relação ao rompimento da vida que nos deixa sem palavras.

Quando há intercepção da vida de uma pessoa de maiores dimensões, não sociais, mas de espírito superior, de competência superior, de uma missão mais detida em relação à vida que teve, uma pessoa mais sublime em relação à vida e às pessoas, ao modo de vivenciar e ser para fazer de sua existência diária um viver denso e frutífero sem descobrir-se em um café, a morte da pessoa atinge de maneira mais profícua um número maior de pessoas, um número maior de existentes porque ela plantou, semeou, fortificou-se no fluxo da existência, pois a vida da pessoa tem mais sentido, ela deixará mais pessoas que terão que aprender a lição deixada, aprender a viver sem o olhar complacente de quem se foi. Assim sendo, o poema de Manuel Bandeira é icônico porque os versos são ritmados, mostrando o movimento do esquife e do enterro na sequência e na mobilidade entre os versos, mostrando um ritmo também inexorável, os passos de um enterro que levam o corpo para ser enterrado. A devolução do ser para a terra de onde veio é uma imagem incomum, mas é muito relevante para todos nós.

Denominamos interceptação da vida em um sentido estrito e em um sentido amplo. Acabamos de dizer que determinados seres, ao morrer, provocam essa interceptação devido ao choque que provocam naquele que assiste a tal fenômeno sem fazer nada, pois a morte é silenciosa e age de maneira ímpar, até abrupta. Tudo cessa, como um combustível que acabava em uma avenida, e o carro para. Logo, a morte tem esse elemento que não pode ser olvidado, que não pode ser visto dessa forma metafórica – embora muitos a coloquem assim –, ela é uma realidade dessa natureza. É interessante que a arte trabalha a morte em seus vários caminhos e descaminhos do homem. As consequências são aquelas que já vimos apontando, e todas dependem, como já dito, da forma de estar no mundo e o modo de pensar, com maior ou menor profundidade, sua relação com a vida e a morte. O poema de Bandeira cria uma relação de distanciamento dos homens do café em relação ao morto, ao luto, porque foi apenas um respeito retórico, tendo o chapéu como metonímia da elegância e do respeito retóricos diante disso.

Quando ocorre uma morte significativa para alguém, há uma tendência humana – não salutar – em que muitos passam a não aceitar a morte, às vezes rebelde, como no frenesi de alguém diante do corpo morto no caixão. Os seus demônios internos se externalizam e não há palavras que possam confortar alguém ou fazê-lo compreender a situação. Nesses casos, é importante notar que essas pessoas transmitem a impressão de que julgavam a pessoa imortal, por tão grande ser a sua falsa consciência ante a vida. Parece que a pessoa nunca imaginou existir a morte, pelo menos não a morte de um dos seus. Há uma isenção, parece-me, das pessoas em relação à existência da morte, que não é apenas existência, senão um fato. Então, dependendo do grau de incompreensibilidade, maior será a negação. São inúmeros os casos, inclusive, de pessoas que mudam de religião em função da morte de um ente querido. Isso mostra, pois, que também era falsa sua relação com a religião, pois não se trocaria de uma apenas pela morte de alguém a quem ser bem. Desse modo, se houve tempo, ela provavelmente orara, rezara, pedira em nome da vida de seu ente; com o falecimento da pessoa, ela se coloca contra tudo que jurava acreditar, como se a religião fosse responsável pela morte. Diante disso, não se livra das religiões, mas busca-se outra na qual ela possa acreditar mais, como se essa outra pudesse livrá-la de um "mal" no futuro. Esses são fenômenos muito equivocados (e a que assistimos) nas relações humanas.

A morte provoca três sentimentos que se acoplam e que se desenvolvem no tempo gradativamente. Refiro-me, aqui, à morte para aquele que a sente profundamente. Para este, a morte atuará de maneira imperdoável em três níveis, tudo em uma concepção psicológica e até mesmo filosófica, que invade naturalmente o ser que perde alguém. O primeiro sentimento é a ausência. Por mais que lutemos contra esse sentimento, ele vem e se impregna no mundo interior da pessoa. É por isso que muitos dizem não querer ver o corpo morto estendido no caixão, mas isso é uma fuga que não se pode solucionar, pois a morte – variando de pessoa para pessoa – representa essa ausência e ela provoca na pessoa a impressão de que a morte só está ausente. É lógico que isso é um refúgio psicológico. Sabe-se que o outro morreu, mas a impressão fica e, na ausência, tenta-se convencer-se apenas de um distanciamento momentâneo. Aliás, usa-se muito esse escapismo para contar a uma criança o falecimento de alguém: virou uma estrela, foi visitar o papai do céu e afins. De fato, o que temos é a inexorável morte. No entanto, quando menos se espera, existe o tropeçar de uma vestimenta da pessoa morta ou algum objeto que tangenciava sua existência, mesmo que indiretamente. A partir daí travamos a diferença entre lembrar e recordar de alguém. Lembrar é muito mais concreto, enquanto recordar é uma memória mais volátil e sentimental. A ausência, porém, é muito viva, pois ela quer impregnar os seres que continuam vivos mesmo quando se há o corpo ali no caixão. É como se se aludisse ao corpo com noções e conotações de pessoa vívida. Tenta-se arrumar o cabelo, ajeitar a gola do terno, ou até mesmo faz-se alusão verbal em torno do caixão ou quando se chega à casa, como "ela parecia estar dormindo, serenamente". Elas surgem como índices da ausência daqueles que demoram um pouco mais para introjetar o fato de a pessoa ter morrido.

A ausência está, pois, nas variadas sensações. Parece que se ouve a voz do morto, sente-se o seu cheiro, e indiretamente é como se se revivesse a pessoa. Essa ausência dura por certo tempo e leva ao segundo sentimento, mas depois de um período nessa dimensão da ausência, imaginando (ou não) o que se passa com o corpo putrefato depois de uma semana, um mês, vem um sentimento um pouco mais realista, consciente de que não é só ausência, mas *perda*. Assinalei a palavra porque ela é fundamental nesse contexto da morte. Quando vem a consciência da perda, e para alguns pode vir com mais ou menos clareza, ela integra a pessoa viva à realidade, e esse é um caminho importante para tirá-la da dimensão fantasiosa da morte e conduzi-la a uma relação realista com a morte. A perda é um estado mais elevado, ainda que similar, em certos pontos, à perda de um objeto que lhe é caro. Assim como se perde (ou lhe é roubado) um objeto de valor, perde-se também um objeto humano, próximo, querido. A morte tem um rosto tão severo por ser inexorável, a inexorabilidade da morte, então, leva a uma frieza aparente, a um corte sem recuperação e sem explicações. A morte não se explica, não é retórica. Ela é a morte. Então, variando de pessoa a pessoa que tenha perdido alguém, a falsa ausência é a primeira grande sensação, uma presentificação psicológica figurativizada nas imagens associativas a que nos referimos anteriormente, como o prato predileto do morto que parece trazê-lo à mesa novamente sempre que o prepararam, uma vestimenta ou um objeto. Esses elementos suscitam a figura do morto, e essa dimensão da ausência é sutil e ao mesmo tempo intensa, pois o morto volta ao espaço dos vivos por meio de um canal invisível. Quando menos se percebe, ele está ali, ocupando o espaço do desejo, do gosto, da opinião, por meio de um universo de sensorialidade. É quando, pois, atenua-se a esfera da ausência que se emerge a consciência de perda, uma espécie de afastamento da presentificação pela ausência. Nota-se, no entanto, que essa perda dói até mais, e a dor é inquestionável; ela não provoca o morto, mas atinge profundamente quem a sente, em variadas nuanças de dor – fina, leve, aguda, crônica. Não conseguimos avaliar essas diferenças, mas elas existem, como se fossem diferentes matizes de azul. Além da cromaticidade do azul, podemos concebê-la dentro do aspecto rubro, que vem desde o rosa-claro, passando pelo salmão e chegando ao vermelho espesso. A dor também pode ser associada dessa maneira, dependendo do temperamento de quem a sente. Essa dor é mais visceral, mais palpável, pode-se dizer, e vem junto à consciência de uma dor quase amorosa "e dói não sei porquê", diria Camões.

A terceira etapa, na escala desses sentimentos que a morte suscita, é a falta, sendo a mais abstrata sensação. A falta gera consequências sensíveis, sentimentos variados advêm dela, porque ela é silenciosa, não tem guarita, é mais profunda. É um estar em si, desolado, que pode ser lidado de forma melhor caso a pessoa tome consciência de seu luto, porque assim a pessoa conseguirá transformar a noção de morte em noção de vida, pois compreenderá que por meio da memória, o legado do outro pôde-se manter vivo. A falta, portanto, dói menos e, às vezes, é capaz de provocar risos, uma troca de ideia com o morto. Pensa-se sobre algo e como o ente partido reagiria a isso e opinaria a respeito, mas já que ele não mais existe, a pessoa se projeta naquilo que ele faria e passa a agir em função dessa presentificação pela lembrança, por ter tido convívio com uma pessoa por quem se nutria tanto amor. Passa-se então de um sofrimento atroz para um convívio *dialógico* com o morto. Mas se essa falta for mal resolvida, haverá tantas consequências tristes, pois os saudosistas terão lembranças que atraem dor e obsessão da lembrança como o quadro *A persistência da memória*, de Salvador Dali, pela presença física.

Essa gradação chega a ser didática, como veremos no texto de Dalton Trevisan, *Apelo*. Na crônica, ou narrativa curta, o que acabamos de considerar em relação à ausência, à perda e à falta, aparece de maneira literária magistralmente manifestada por meio de imagens que ilustram com intensidade e brilho o mesmo assunto dentro da mesma opinião que desenvolvemos até aqui. A crônica foi lapidarmente construída e modulada de modo que ela possui três parágrafos e cada um deles figurativiza uma das dimensões a que aludimos e comentamos. O primeiro parágrafo vai mostrar de maneira imagética a questão da ausência diante da morte, o texto não fala diretamente da morte, esse não-dizer é fugir da referencialidade, para que ela seja literária cria-se ambiguidade, o que temos é o afastamento total da personagem aludida denominada de *Senhora* no primeiro parágrafo:

> Amanhã faz um mês que a Senhora está longe de casa. Primeiros dias, para dizer a verdade, não senti falta, bom chegar tarde, esquecido na conversa de esquina. Não foi ausência por uma semana: o batom ainda no lenço, o prato na mesa por engano, a imagem de relance no espelho. (TREVISAN, 2000, p. 30).

O texto traz as características próprias da dimensão de ausência, a ausência é cronometrada, cronologizada, essa relação de intimidade "longe de casa", proximidade familiar, vai denunciar uma ausência relativa, nos primeiros dias a personagem confessa que não sentiu muita falta, é uma busca comum de uma espécie de liberdade que não havia com a presença da Senhora, alimenta-se a ilusão de soltura da personagem que não sabemos se é um filho, um marido, e isso faz diferença, pois se trata de um marido libertino, que gosta de sair, passar o fim de tarde e a noite com amigos e voltar a hora que quiser para casa, habituado ao vício sem perceber o mal que faz para a pessoa amada, para a pessoa que fica em casa. Com a ausência da Senhora ocorre essa posição de respeito repentino advindo do desaparecimento, e o texto ainda diz que fora se sentir bem com os amigos nos primeiros dias, a ausência se configura em determinados elementos. No final do primeiro parágrafo nós temos três elementos que são completamente indiciais da configuração da ausência. Nós temos a imagem do batom ainda no lenço, a imagem do prato colocado na mesa por engano e também a imagem de relance no espelho, notemos que são três imagens metonímicas e que mostram a presentificação do ser ausente, são três elementos fortes, intensos, até o cheiro do batom pode ser sentido, a presença do cheiro da pessoa é muito intenso diante das condições de ausência, sobretudo se se trata de morte, porque são esses elementos que doem, o prato na mesa é uma imagem violenta, ele mostra o sentimento de ausência da pessoa, a pessoa nunca se fez tão presente como quando colocamos o prato por engano, é, como dissemos antes, um esquecer aliado ao recordar, é muito concreto o verbo esquecer porque é o engano fálico, um sentimento de presentificação e dificuldade de assumir a ausência da Senhora e, mais ainda, tudo se intensifica quando se tem a imagem de relance no espelho, como se fosse possível visualizar a pessoa. Temos, portanto, a representação do primeiro plano de configuração da relação entre o sobrevivente e o morto, entre a pessoa viva em relação ao seu ente querido, o que nos interessa aqui, abstraindo, é buscar essa essencialidade, independentemente da relação entre o vivo e o morto. Vamos passar para a segunda dimensão no texto de Trevisan, o segundo parágrafo:

> Com os dias, Senhora, o leite pela primeira vez coalhou. A notícia de sua perda veio aos poucos: a pilha de jornais ali no chão, ninguém os guardou debaixo da escada. Toda a casa era um corredor deserto, até o canário ficou mudo. Não dar parte de fraco, ah, Senhora, fui beber com os amigos. Uma hora da noite eles se iam. Ficava só, sem o perdão de sua presença, última luz na varanda, a todas as aflições do dia. (TREVISAN, 2000, p. 31).

O segundo parágrafo desse texto merece ser lido cuidadosamente, pois capta o segundo momento nessa relação entre a pessoa viva e seu ente querido morto, ou ausente. O conto não diz *morto*, mas é como se fosse a apresentação da morte, é a figurativização da perda e a perda tem um tom, uma cor, um jeito, um teor de abstração materializado nos elementos que nos circundam, ela é um grito calado, ela vem um tempo depois. Note que o segundo parágrafo começa com a expressão "Com os dias, Senhora, o leite pela primeira vez coalhou.", como Literatura é Literatura, digo isso para os leitores não literatos, *com os dias* é uma imagem temporal, o tempo é tudo nessa relação vida-morte, quando se enterra alguém ouve-se expressões como "Temos que continuar vivendo!", "Sejamos fortes!", as expressões cadaverizadas, conhecidas "Vida é assim mesmo.", expressões desse tipo, lugares comuns que no fundo desvelam de certa verdade. É importante tomarmos a imagem temporal *com os dias*, que é diferente de *faz um mês*, o mês é mensuravelmente cronológico, *com os dias* é cronológico, mas é embaçado, nós só temos a impressão de *com os dias* com um embaçamento temporal, em uma relação em que o tempo se enrola e nós perdemos a noção de um dia e outro dia, pensando que cada dia é um dia ou muitos dias concentrado em um só dia, dependendo da nossa relação com o tempo, com a vida, com as coisas mundanas, mas diante da morte, ou da ausência da Senhora, nós temos a expressão *com os dias* como os dias se passaram e eu entrei em profusão de consciência da perda. A consciência da perda vem depois de um tempo, não sendo possível mensurar esse tempo, a morte continua verticalizada no interior do ente querido, daí o desastre ocorre, algum fenômeno externo atua nesse meu modo de estar agora no tempo, que vai se tornar espaço também, um passo adiante da imagem espacial no primeiro parágrafo, "o leite pela primeira vez coalhou", imagine essa cena, ela é mítica, simbólica. Temos a tradição do leite, proliferador, frutífero, alimento fundamental da infância, a mãe que dá o leite, toda a noção que envolve o leite desde a Antiguidade, temos aqui magistralmente mostrada a imagem do leite coalhar, a imagem se basta para mostrar a dimensão do estrago da ausência que agora perdura. Não é apenas ausência, a pessoa sente que perdeu o ser amado, é a consciência da perda, isso serve para todas as relações dos arquétipos de perda e nas dimensões da morte, na relação do ente querido com a morte. Outras duas imagens nesse parágrafo denunciam esse fiapo azul da dor verdadeira da perda que está no corredor vazio, a casa se orna em um corredor mudo e vazio, o lar, o ninho, o nicho adquire uma dimensão do vazio que não é preenchido com nada, não adianta, como bem diz o narrador, sair de casa para tentar conversar, nada respondia, como na imagem final na varanda, o silêncio profundo, a perda. Temos que entender a perda como essa relação crucial, decisiva para que se questione ou que chacoalhe o ser vivente para que tome ciência da morte como fato e não da morte como prenúncio ou anúncio, da morte como fato que representa uma perda **inquestionável, inexorável**. Essas palavras são fundamentais na compreensão do que viemos e estamos discutindo. Outra imagem ligada ao corredor vazio é que até o canário ficou mudo, é essa a sensação do sem voz, do sem palavras, da dimensão do estanque, e os objetos todos que a pessoa resolvia, recolhia os jornais, coisas que irão determinar a relevância dessa noção de perda, que não é resolúvel diante da morte, ela tem que ser introjetada e vagarosamente consumida, e depois expandida em resoluções que o ser vivente passa a tentar ter, tudo dependendo daquela identidade que nos referimos anteriormente para que se solucione dentro da questão do luto, pois estamos aqui no capítulo do luto, são as reações das pessoas diante da perda.

Finalmente, passemos para o terceiro parágrafo, que é a *falta*. Se até aqui foi intensa, vemos a perda figurativizada em objetos como nos jornais embaixo da escada, agora no terceiro parágrafo temos a consequência disso. Na terceira parte, como adiante, indo além da perda, o último grau de sensorialidade daquele que fica em relação ao morto é o sentimento de falta, parece um engolir a seco. A pessoa morta vivifica nos mínimos detalhes, ela vai figurativizar pelas imagens do texto na presentificação mais uma vez, mas também nas ações durante a vida. A falta já é sair se debatendo em busca dos elementos que mostram a minha relação com a outra pessoa, calçar a meia agora furada, todas essas coisas aparentemente pequenas mostram um profundo sentimento de falta que a pessoa faz e mais uma vez voltamos àquela ideia da necessidade dessas relações pra quem fica, o que acaba definindo a condição de falta.

A morte que tem identidade, a morte esperada em um leito de hospital, a morte como final natural de um procedimento de vida já é recebida da maneira como é, como todos os percalços por causa da sensibilização do ente querido, isso em uma relação normal entre o morto e as pessoas que ficam. Agora, imagine se isso ocorre com essa forma de morte, imaginemos a morte abrupta, a morte acidental, morte com pessoas muito jovens, na flor da idade, aos 20 anos, ou a morte infantil, faz com que as pessoas que estão representando a morte sejam frutas para ser colhidas, frutas, mesmo ainda verdes, ou frutas já machadas de amarelo, pós-chuva, com entimemas d'água salpicando na sua face. Como fica a recepção desse tipo de morte? Claro que chama atenção até mesmo daqueles que não estão próximos da pessoa que morreu, a curiosidade aguça os espíritos das pessoas mediante esse tipo de morte, não só pelo susto por acreditarem que nessa idade não se morre. E para as pessoas próximas da pessoa morta nessas etapas *pré*, que pulsa a vida, é aquele se voltar para a vida que líamos no poema de Manuel Bandeira, são as nuanças em relação ao estatuto da morte.

Agora, em contrapartida, existe aquela morte que tem um rosto marrom, um rosto sem rosto, como a vida sem sentido, é uma vida se impondo por sobrevida, pessoas que vivem em estado de sobrevivência social, ou psicossocial, o operário, o homem maduro, mas ainda jovem, que para sobreviver se submete a salários baixíssimos, a condições precárias de existência no trabalho e em casa, na vida, é uma existência empobrecida pelas condições sociais e de trabalho, são pessoas que vivas costumam ser anônimas, anonimadas, como se falássemos de um lixeiro, uma pessoa que trabalha e não é percebida no trabalho. Imaginemos o gari, ele é um ser humano, claro, mas socialmente ele só é uma pessoa vestida com macacão de trabalho, em geral cor de laranja nas cidades brasileiras, ele varre, ele limpa a rua, mas ao olho do outro, ao olho do que cruza com ele de automóvel, é uma relação muito diferente. Primeiramente o gari não será percebido pelo outro, ele é um ser que se move, um processo de reificação do homem na sociedade, mas de uma certa maneira, temos outras tantas funções em que as pessoas se tornam a função que exercem e perdem sua identidade aos olhos do outro mesmo que nela a identidade se mantenha, pulsando nela a vida, para o que a pessoa se serve, ela é apenas aquela função. O garçom é um protótipo, parece absurdo falar isso, mas é como se o garçom tivesse nascido com aquele uniforme e não fosse outra pessoa. Imagine o garçom ao chegar à sua casa e, ao se despir, tomar banho, higienizar-se, tirar aquele uniforme que costuma trazer o cheiro do trabalho, nasce naquele ser um corpo vívido, é um outro ser.

Isso também corrobora com o processo de reificação, a palavra chave de nossas reflexões sobre a morte, se um gari morre na rua, no trabalho, não será notado, se o for, será desconsiderado, no máximo se procura um recurso imediato que o leva para ser enterrado. É importante essa condição de número porque, se necessário for, outro gari toma imediatamente a vassoura e o lugar daquele que faleceu, e aquele não será lembrado a não ser nas relações interpessoais dos colegas de profissão, o que já não compete a nossa interpretação, mas aos olhos das pessoas que o reificam, o gari não será notado. Para estes, a morte, na sua natureza social, fica muito mais doída para alguém que tenha consciência social, pois se trata de uma morte anônima, sem o direito de uma relação anterior das pessoas com o morto. Muitas vezes a pessoa nem tem família na cidade, veio de outros estados, mas as pessoas que o conhecem já se predispõem a esquecê-lo rapidamente, pois deixou de ocupar um lugar que inclusive poderá ser ocupado por outro. Assim sendo, estamos agora envolvidos com a missão de reflexão sobre esse tipo anônimo de morte, um tipo plural de compreensão, de representação social, se tivermos um engajamento crítico em relação a esse fenômeno.

A morte anônima, a forma dessa morte, atinge dimensões de quase crueldade, porque cada ser humano tem o direito de ter sua morte consumada, assim como o nascimento, já que a morte é uma condição importantíssima do ser humano e ele não pode ser lançado, estirado, violentado de forma abrupta, sobretudo a morte das pessoas de baixa classe social quando recebem a sofreguidão da morte sem ter opção alguma. Passaremos aqui a nos valer da Literatura mais uma vez, ela sempre reforça nossas reflexões, a morte, como diria Mario Quintana em uma frase, não gosta de curva, ela é uma linha reta como uma boca fechada. Essa linha metaforiza a máquina que registra o pulsar do coração, quando fica horizontal e reta, a pessoa morreu. Nessa linha de considerações, analisamos a seguir trechos de uma crônica que considero decisiva para compreendermos uma série de aspectos que envolvem a morte. Trata-se da crônica *Morte na obra*, de Carlos Drummond de Andrade. Estamos diante de um texto que fotografa a morte que já referi e nas condições que referi, trata-se da morte de Sebastião Raimundo. Na crônica ele é um operário que trabalha em uma construtora e cai do sétimo andar da construção que fabrica. O título *Morte na obra*, agora tomado interpretativamente, serve para observarmos a morte em duas faces: a morte como aquela que intercepta a vida no momento da existência e a morte da obra fabricada, construída, a morte interceptando a continuidade, ao menos por enquanto, daquele processo de construção. Trata-se da morte anônima de um ser reificado pela sociedade, trabalhador de uma construção civil, que caiu e estatelou-se no chão. É bem a representação de uma composição musical de João Bosco "Tá lá o corpo estendido no chão". Drummond vai longe demais, elege simbolicamente o sétimo andar dentro dos prenúncios míticos, até religiosos, de todo um contexto em torno do número sete. Nesse número cabalístico está uma profunda ironia, uma ironia amarga, diz o texto "Junto ao tapume da construção" está morto Sebastião Raimundo, tapume faz ressoar a linguodental "t" e o oclusivo "p", que geram onomatopaicamente o ruído de reiteradas vezes de um determinado instrumento escavador do chão e endurecedor da terra, e o tapume é o símbolo do cerceado, esconde das vistas o que acontece dentro do trabalho, o dentro passa a representar um sistema de fechamento social, os homens todos, que são vários, trabalhadores, vivenciam o silêncio, havendo apenas o ruído da construção, os ruídos naturais, o dia a dia é assim, construído por um trabalho quase escravo em que ninguém é ninguém, mas o prédio se levanta com ostensividade e, depois de pronta a construção, esses homens dela se afastam, pois eles não têm condições sociais para adentrar um espaço dessa natureza, espaço que ele ajudou a construir, essa é a realidade, e a morte nesse caso tem sede, ela não tem por onde sair, é uma veemência do silêncio e da realidade. Do tapume, daquele silêncio provocado por um instante, daquele núcleo do silêncio de língua seca, de lábios sedentos, ouvem-se ruídos, mas são de outras construções que nada têm a ver com o caso.

> Mas, das imediações, vinha o mesmo ruído de serra e de elevador transportando material, em outras obras que nada tinham com. O caso era de Sebastião Raimundo (como informou em três linhas, na manhã seguinte, o jornal).

Um nome bem característico de sua classe social e de sua dimensão, quase de indigente, trabalhando na construção civil.

QUESTÕES INDELÉVEIS DA MORTE

Não é nosso objetivo fazer a análise literária do texto, mas apontar algumas farpas, alguns estalidos que o texto provoca em nós, entre eles, a relação de distanciamento, de alienação, na mesma ladainha do ruído, da serra, das coisas cortantes em outras obras que não tinham nada a ver com o caso, quer dizer, teriam tudo a ver com o caso se fosse em um projeto de consciência social, porque ele morreu por falta de cinto de segurança, o motivo é dado pela narrativa, mas não questionado, apenas sub-repticiamente, quem vai tomar a causa de um trabalhador dessa natureza? Um outro fenômeno que temos nesse texto é a reação dos transeuntes, das pessoas nesse bairro de classe alta ou média em que o prédio se eleva, mais um edifício fora os outros do qual se ouve o barulho. Temos aqui uma condição plural de reações. Aquilo que eu dissera antes, pela curiosidade, muitos transeuntes se aproximam ou alguns nem param, mas os olhos se fixam no incidente da morte, Sebastião Raimundo já está coberto com um lençol branco tirado lá das condições de moradia dos trabalhadores, dentro da própria construção. Assim sendo, a morte de Sebastião Raimundo se estende à morte símbolo da qual trataremos mais tarde, retomaremos esse caso, pois os outros trabalhadores também morreram à sua maneira, eles nem tiveram tempo de passar por aquelas dimensões da morte, tais como: indignação, sentimento de piedade; impotência e medo sim, quem são eles para reagirem de maneira mais viva diante do fenômeno dessa morte? Temos aí um exemplo raro dessa morte tão indignante, o importante é analisarmos a reação dos parceiros, que só têm no silêncio a sua forma de indignação, no silêncio e no medo, pela impossibilidade de reação. Esta morte é interessante para se analisar, ela não confere aos colegas do morto o direito de uma ação, de confraternização, compartilhamento, pois só se compartilhará a morte, e ela, simbolicamente, eles já têm. Assim segue o transitar dessa crônica de Drummond apontando sequelas diante da morte, são verdadeiras sequelas sociais, pois a obra parou de se movimentar por algum tempo. Imagine a indignação dos mestres de obra diante da morte de Sebastião Raimundo, na verdade ele acaba sendo réu mediante o andamento da obra, pois, como diz o texto, a obra não podia ficar parada. O que vai acontecer é que os mortos-vivos, os mortos simbolicamente, são obrigados a tomar tino e voltar ao trabalho, deixando lá no chão o colega, reificação sobre reificação, isto é, engolir calados a condição de morte que eles estão vivenciando. Eles vão passando um após o outro diante do corpo coberto pelo lençol que saiu do seu barraco, seguem para dar continuidade ao trabalho que não podia parar, Sebastião Raimundo foi obrigado a parar, mas o prédio não podia ficar parado e eles seguem para o trabalho. Olhe a dimensão político-social, a condição humana que ainda é frequente em nossa realidade, temos isso acontecendo em vários estados do Brasil, uma condição tão questionável, mas muda perante a imposição do autoritarismo e do poder econômico, financeiro dos mandantes, das empresas e da sociedade. Deve-se notar um momento que a crônica mostra os transeuntes passando curiosamente olhando para o incidente, pela frincha do tapume se enxergava trechos do cadáver, é tudo fragmentado, metonímico do metonímico, isso é muito bem trabalhado pela crônica e é espelhado na realidade, olhada por frinchas e trechos, não encarada de frente, não demovida de sua condição social ordinária. Alguns queriam parar, queriam sofrer, mas a vida os convidava a viver, casais de namorados queriam ver, entender, mas antes de tudo, querem viver.

Voltamos ao poema de Bandeira, *Momento num café*, em que discutimos essa questão, pela mão eu te puxo, e os namorados insofridos seguem seu destino em direção à praia, a imagem diz tudo, é o voltar-se para a vida em detrimento da morte e em detrimento de qualquer elemento complicador que tire essa condição imediatista, horizontal, linear, que é a própria vida completa amor e morte.

Essas são algumas condições apontadas pela crônica. Veremos que *A morte na obra* é uma profunda forma de Carlos Drummond de Andrade desenhar essa condição tão terrível que vai além da morte.

Vamos discutir uma questão de personificação ou pessoalização. Dentro desse jogo de reificação social, em que os insofridos nem percebem a dimensão da existência de um trabalhador de construção, como apresentei no caso do gari anteriormente, quando tiram o lençol que cobria o morto e ele é tirado do barracão dos trabalhadores, temos uma relação dual do homem no mundo, homem se divide, é um *Eu*, mas esse *Eu* se divide em dois planos, o *eu* e o *mim*. O eu seria a dimensão racional do ser, a dimensão cognitiva que leva o indivíduo a agir, andar, passear, comer, e também a lavar o corpo, a higienizar-se. É muito interessante quando observamos um trabalhador de construção civil, por exemplo, quando, no final da tarde, com um pequeno short e uma toalha surrada jogada nas costas, segue para o banheirinho no fundo da construção onde todos vão tomar banho. É de se questionar quem leva quem, esse gesto de ir ao banho consiste no eu cognitivo que vai conduzindo dentro de si o mim; o mim é o ser que sente, são as suas dimensões mais profundas, a relação que se trava é essa. Agora, quanta chance há no *mim* de se libertar de ser, de sentir, de experimentar a sua sensibilidade enquanto o eu que o conduz também não tem grandes condições de exercitar suas ações em um sentido de cidadão, de condição normal no mundo, gostaríamos de apontar esse lado. Na hora da morte o *mim* se manifesta, o que deve durar pouco ao se expor diante daquela tragédia em que houve uma interceptação da obra de vida de Sebastião Raimundo.

Essa segunda instância da morte, que é o luto e suas ressonâncias no mundo daquele que vive com o sentimento de perda e sentimento de falta, é uma das instâncias mais relevantes da nossa vida, porque ela atinge de maneira mais ou menos intensa todos os seres humanos. Mesmo que ela esteja praticamente sozinha, haverá uma relação de luto, em relação a alguma outra instância, uma dimensão social da perda. Nós devemos entender bem essa instância, pois é nela que nós podemos absorver um grau de crescimento pessoal, um grau de superação, e não deixar que a sensação de perda e falta, a falta principalmente, nos abata. Não se dá aqui nenhum conselho, mas não nos abata porque não vai resolver nada. Se o ser humano se abater mediante de tais situações, não leva a nada e ainda é negativo para ele, porque, e eu volto sempre na primeira instância, a morte é inexorável, então nós temos que exercitar nosso espírito a cada dia, esperando conquistar aspiração da própria morte que virá. Existem, como nós mostramos até agora, graus de luto diferentes, por exemplo, naquela morte súbita, e terrível, o acidente terrível que levou à morte do operário da construção civil na crônica de Drummond, um procedimento em que o luto é coletivo, pois é de todos os trabalhadores, e ainda partilhado, a morte é partilhada, como veremos na terceira instância, se torna a morte simbólica, quase literalmente mortal, porque eu não assisto à cena de morte, eu não posso me esgueirar dizendo que o inferno é o outro, como diria Jean Paul Sartre. E nós temos uma condição literal no compartilhamento da própria morte sem que meu corpo morra, não será uma morte física, mas será uma morte psicológica. A imagem que denuncia eu tomar em fila, o movimento de voltar ao trabalho com o meu olho desviando-se lentamente e com medo do corpo no chão, é um olhar, um movimento declarado para uma morte simbólica, é uma morte muito próxima. Então há situações mais difíceis que o homem social vivencia.

Além de tudo nessa crônica sobre a qual nós comentamos alguns aspectos, o leitor deve observar que, ao acontecer a morte de Sebastião Raimundo, não chegou nenhuma pessoa de ordem superior, uma pessoa literal, declarada, que viesse verificar o corpo, Drummond usa imagens incríveis para mostrar isso. O telefone chamou a ambulância, a ambulância veio para levar o corpo, todos os elementos eram de objetos corroborando com aquela ideia de reificação, eram objetos, materiais, não havia gente por trás desses elementos que levariam o corpo, restou apenas no caso um nome a ser dado e esquecido rapidamente. O nome do operário, então quer dizer, esse distanciamento profundo é que cedeu lugar aos objetos: telefone, ambulância e outros para remover o corpo. É interessante que se observe no verbo remover uma atitude também coisa, é como se ele não pudesse ficar ali, atrapalhando a noção que se tinha da obra, a imagem da obra. O corpo acaba atrapalhando a visão que se tinha da obra. Então, nesse caso, não é a morte em si, sobre a morte, nós estamos comentando desde o começo deste livro, e como eu já disse a morte é inexorável, mas forma de morrer e que varia muito de um caso para outro. E nisso nós devemos nos deter sem sombra de dúvidas. Assim, a morte na obra de Carlos Drummond de Andrade cria uma espécie de melancolia. Há uma atitude melancólica e, ao mesmo tempo, silenciosa, indignante. Do homem em relação à morte.

Então nós temos aí uma noção, passaremos desse texto de Drummond até Dalton Trevisan, Drummond, Manuel Bandeira. Esses três artistas já nos deram uma noção tricotante da morte e cortante em relação ao não morto, ao vivo. Note-se que a grande questão é em relação aos vivos no ato de sua relação com a morte e não prática positivamente com a própria morte que em si já tem elementos bastantes para que nós tenhamos que a trabalhar em nosso corpo, em nossa aula.

É chegado o momento de definirmos ou pelo menos conceituarmos de uma certa maneira, uma melhor forma, o luto. Luto na verdade consiste em uma série de reações integradas e de maneiras significativas em função da perda de alguém, em geral mais especificamente de um ente querido. Então nós devemos perceber que o luto é inevitável. E o interessante é que ele tem maior ou menor intensidade. São reações inesperadas em pessoas inesperadas. Diante da perda de um ente querido, um ente familiar, por exemplo, os vários integrantes da família vão reagir de maneiras diferentes e muitas vezes o universo interior de um parente do morto surpreende a todos, porque não se esperava que ele tivesse aquela reação diante da pessoa que morreu. Da mesma maneira pode ser o contrário, nós podemos ter uma pessoa com muitas reações intensas, fortíssimas, assustadoras até. Enquanto outras da mesma família têm reações impassivas e, em um determinado momento, se fala: "ainda não caiu nessa pessoa a realidade desta morte". E não, ela não vai mudar, vai continuar naturalmente nos dias que se seguem e se autojustificar racionalmente perante as suas atitudes e suas reações. O ser humano é uma caixa de segredos, não dá para definirmos ou apontarmos com expectativas as reações de luto em uma ou noutra pessoa. Agora, temos que tomar como elemento arquetípico o luto clássico, o luto paradigmático. O sentimento verdadeiro de uma pessoa em relação à perda de outra pessoa. É aí que comporta o que dizíamos antes, no início deste capítulo, que dependerá do modo que ela se relacionava com o morto e do modo como ela vai resolver essas relações que ela tinha com o morto.

O luto propriamente dito tem uma expressão de cor cinza chumbo em degradê. Eu diria que, apesar de o negro revestir pessoas de luto, às vezes, não é negro o estado em si no luto. O luto tem esse rosto de tons de cinza, que depois, com o passar dessas reações, com a superação de reflexão, até orações por parte da pessoa, vai clareando e pode se tornar um cinza bem claro e pode até chegar a um azul. Em geral se chega a esse azul, no nosso modo de entender, é quando o cinza vai deixando de ser uma profunda tristeza para se tornar uma saudade. Você sabe que a saudade só é saudade conforme passa o tempo. Saudade para nós é um veio longo azulado, com uma terminaçãozinha cinzenta. É um filete longamente cinza-claro com uma terminação azul. Penso assim porque nós temos por observação, por captação sensorial desse sentimento de saudade, ela só pode ser demonstrada como a estamos demonstrando.

Este livro e as reflexões nele contidas tentam ser verticalizantes sobre a morte e as suas vertentes, seus reflexos, suas refrações e sobre tudo aquilo que envolve esse fenômeno do homem, que é morrer, e que o coloca declaradamente findo nesse processo existencial, nesse ato existencial de viver. Nós nos valemos e nos valeremos em todo o livro da arte como o grande canal em que a complexa dimensão da morte se manifesta de maneiras fulcrais, *sui generis*, incorruptíveis. Por isso, nosso critério é perseguir os destinos da arte, as ilhas que a arte cria para nos conduzir à essência da morte, estamos na tentativa de demiurgos, aquele que tentará compreender e, criticamente, deslindar os meandros da morte, suas formas intermitentes de manifestação, de surpresas e de outros sentimentos que a morte nutre ou é nutrida. Ingmar Bergman volta à minha fala, ele já está no primeiro capítulo, mas naquela brilhante postura de sua imaginação, valendo-se de imagens simbólicas contundentes que figurativizam a morte, não é só em *O sétimo selo*, não é só na imagem do cavaleiro desafiando a morte, que não pode ser desafiada, mas em outros filmes, Bergman sugere a grandeza da dimensão da morte, as linhas de conduta da vivência da morte no plano existencial. Fora *O sétimo selo*, nós temos *Morangos silvestres*, em que a morte contracena com o frescor dos autores, com o frescor dos saltimbancos e dos morangos na vivificação mítica da vida em detrimento ou em tensão com a veredicção da morte, a inefabilidade da morte, a morte é soberana e, dependendo da forma que vemos, ela parece ser cruel, como já disse aqui com a fala de Mário Quintana, uma boca fechada. Estou justificando os caminhos da arte que estamos trilhando para irmos nos aproximando do fenômeno da morte.

Neste capítulo sobre luto, lembramo-nos aqui que Manuel Bandeira voltou a ser o poeta de que valemos para ilustrar, para apontar para questões seríssimas do fenômeno da morte, mas juntamente a ele tivemos a mininarrativa de Dalton Trevisan denominada *Apelo*, em que as três dimensões da morte aparecem: ausência, perda e falta. Já comentamos devidamente esses três passos. Depois de *Apelo* viajamos um pouco por questões da crônica de Carlos Drummond de Andrade chamada *Morte na obra*, ela mostrou a morte do anônimo, o processo de reificação de um ser humano posto como coisa, negligenciado, ignorado em sua solidão mortal. Temos até aqui esses exemplos dos quais pudemos extrair elementos que possam nortear nossa cavalgadura perante o fenômeno da morte.

Neste momento nós passamos, nesta última parte do capítulo, a uma reflexão sobre o papel do cinema para nos ajudar na compreensão da morte, para isso nos valeremos de um filme que já anuncio. O cinema é uma arte já refletida, discutida por semiólogos, grandes críticos de cinema, pois é uma linguagem plural, a linguagem fílmica apresenta uma viva sintaxe à luz da sintaxe de uma língua em outro nível, ela mimetiza a linguagem verbal comum ao mobilizar, ao se movimentar, ou por um mero processo de montagem em que o jogo das imagens se coloca, o que se pode chamar de parataxe fílmica, ou uma linguagem fílmica realizada por hipotaxe em que os movimentos são mais febris. Enquanto a parataxe é mais flébil, a hipotaxe é mais febril no modo de articulação e de sintagmatização das cenas. O cinema é, por um lado, a arte de mostrar imagens, de mostrar as coisas e, ao mesmo tempo, essa amostragem ocorre em um tempo, no tempo de duração. Em *Sonata de outono*, de Bergman, duas personagens femininas, mãe e filha, vividas por Ingrid Bergman e Liv Ullman, se contrapõem em um ambiente pequeno e no tempo de uma noite tudo acontece. Há uma profunda terapia mútua de mãe e filha, uma profunda remissão ao si mesmo das personagens por meio de uma condensação espacial incrível. O filme *Sonata de Outono* traz em si a sintetização máxima do espaço, se fosse na Literatura seria uma estrutura de conto tenso, conto de concisão e, ao mesmo tempo, retenção do drama internalizado nas cenas. O cinema é capaz de fazer isso, construir um plano de sinestesia em plena tela, uma *arte grande*. Quando vemos filmes de Luchino Visconti, ou do próprio Bergman, vemos cenas sinestésicas em que a cor passa a ganhar sentido. *Gritos e sussurros*, de Bergman, é um filme trabalhado na base do drama sinestésico do tempo, com os vários relógios, com as várias dimensões de contenção dramática da personagem, temos ali um cineasta maior que fez do cinema, além de ser uma grande arte, o uso imemorial do cinema. Em *O inocente*, de Visconti, filme também inabalável, nós temos cenas paródicas, cenas sensórias, recortes cromáticos e dramáticos que nos levam a uma vivificação profunda dos sentimentos. Não podemos nos esquecer do filme *Morte em Veneza*, de Visconti, um filme baseado na novela do excelente Thomas Mann, no qual temos a busca do belo, a tentativa de manutenção eterna do belo na figura do jovem Tadzio e de Gustav von Aschenbach, o alemão intelectual, e a morte assolando Veneza, a morte assolando tudo, a morte coletiva e o medo que o intelectual tem de Tadzio contrair a doença quando na verdade Aschenbach é quem vai contrair, temos o medo da morte, o medo do fim, o medo do encerramento de um percurso de busca da morte que vai chegar como *Dama autoritária* e encerrar tudo, interceptar a vida, a existência. O cinema, portanto, é uma forma de nos mostrar, de modo *real*, a vida e a morte, a vida no sentido de *amore mortem* concentrados na *vita*. O cinema, por meio de seus planos de montagem, cria um senso de realidade, um universo de veredicção que é o mais forte nesse sentido, diríamos, de todas as artes. Claro que temos formas de expressão incríveis e intensas em outros tipos de arte, mas o cinema tem essa peculiaridade de nos carrear com ele os fenômenos vitais, incluindo aí as concepções de morte. São formas de encarar que não podemos deixar de lado. Isso justificará a nossa calma ao nos aproximar de um filme para conseguir ilustrar com mais realismo a questão do luto, tentaremos ver as manifestações do personagem por meio do luto, o luto como essa forma das várias reações quando se perde um ente querido, reações muitas vezes surpreendentes.

Passemos agora às considerações sobre o filme *O quarto do filho*, de Nanni Moretti, cineasta italiano que também é ator no filme. Temos, portanto, não uma alegoria, mas uma fotografia mimética, um movimento altamente bem realizado, dir-se-ia que se trata de um filme muito bem modulado, e um filme bem modulado é primeiramente composto, depois realizado, erguido nos seus entrechos, mas o mais decisivo é o grau de modulação que o envolve porque ele vai atingir vários planos da linguagem fílmica, do código complexo dessa linguagem verbal, musical, visual, os *flashes* da imagem, mas tudo convergindo para o que ele pretende mostrar, o cinema é, sobretudo, amostragem, para dali extrairmos, compreendermos as multíplices relações semânticas que ele elabora. No caso desse filme, o grande trabalho dele é mostrar a questão da morte e do luto, e as complicações advindas nessa fase do luto, nós estamos acostumados a ver temeridades em relação ao luto e condições retóricas do luto, desde que nascemos percebemos alguém após a morte enlutado, tudo converge para isso, mas o luto também promove, como já disse várias vezes aqui, reações diversas, porque muitas vezes a inaceitabilidade da morte, só isso, uma morte que não é aceita, não é compreendida mediante as circunstâncias, ou as condições dos vivos que a vivenciaram torna tudo mais complexo, enredos dentro de enredos, demônios interiores emergem com tal violência que nos assustam, como eu já disse, manifestações de seres que nós não imaginaríamos tendo aquelas reações, elas são completamente inesperadas por parte dos que estão em luto. Torna-se um luto dinâmico, claro, ele não vem dentro das dimensões de harmonia, na nossa mente parece que desejamos que tudo seja em uma dimensão harmônica, mas as coisas não são assim, e esse filme mostra com primazia esses retábulos constitutivos de um conjunto maior das reações humanas.

Assim, nós temos um filme que deve ser visto dentro de determinadas direções, ele se compõe de três partes. A primeira parte é arquetípica, é a vida que conhecemos, desde que dentro de um comportamento burguês, é a vida como ela é, nós temos uma tranquilidade existencial marcada em um recorte realizado pelo diretor de uma família pequeno burguesa de quatro componentes: o pai, a mãe, o filho e a filha. O filho e a filha estão saindo da adolescência, um jovem e a irmã esportista, a mãe é editora e o pai psicólogo de uma idade mediana, não temos esse dado. A vida deles segue sem problemas, assinalando que a primeira mostra uma vida familiar com pais intelectualizados e costumes diários permeados dessa forma de pensar, de vivenciar, tranquila e leva. Nessa fase do filme a vida leve, não tem nenhum solavanco, nenhum mistério, nenhum grande estranhamento. Na verdade, as coisas acontecerão na relação entre pai e filho, pois Andrea, o filho, é dócil para a família, o que não significa a verdade das coisas, é um jovem dócil e atende aos comandos do pai em alguns momentos, também de leveza, pois o pai é aquele pai que quer que o filho esteja perto, mais por carência. Interessante que nessa parte do filme mostra-se bastante o trabalho do pai (Giovanni) com os pacientes, a parte interna do trabalho, as consultas,

QUESTÕES INDELÉVEIS DA MORTE

diálogos, os encontros semanais com os pacientes, que são de vários tipos, alguns problemáticos, e Giovanni os conduz bem, é um bom profissional. Interessante que Giovanni nunca perde seu comportamento, sua calma, seu modo tranquilo de lidar com um suicida potencial, com as neuroses de muitos deles, com os sofrimentos pessoais de alguns pacientes, chegando à morte ou quase morte, e Giovanni os conduz tranquilamente, bom profissional. Às vezes, quando chamado com urgência, chega a ir à casa dos pacientes em situação de conflito, quando agredido por algum paciente em seu estado de desequilíbrio, controla tudo muito bem. É importante salientar esses dados, Giovanni, o pai, com um trabalho que lida com mentes, com a cabeça das pessoas, com o mundo interior das pessoas, um mundo doído, adoecido com seus problemas. A mãe conduz o dia a dia naturalmente, sem grande enfoque nas questões de trabalho, não leva as coisas para casa, tem uma vida "normal", ela não é focalizada nessa parte do filme e leva o trabalho com prontidão. Voltando ao pai, ele não pensa muito no filho, na vida do filho, no modo de ser do filho, o que ele pensa, sente, ele tem um filhão e quando pode, quando não está trabalhando, quer caminhar com o filho, ter o filho junto, ele pensa em si e não *no* filho, que é obediente e assim segue a vida. A filha é menos focalizada, demonstra traços homossexuais, mas nada disso aparece na primeira parte, são elementos índices que são mais sustentados nas outras partes do filme. Giovanni sempre faz caminhadas, é um esportista, e ao fazer caminhada, correr, passa às vezes por grupos de *Merry Christmas*, vai cantarolando, apesar de desafinado.

Nessa fase, temos uma cena em que a família reunida viaja, Giovanni ao volante coloca música no rádio do carro e canta junto, ele é completamente desafinado, nesse momento nós entenderíamos que esse desafinamento, esse caráter de desafinado, é psicológico, metaforiza o próprio desafino dele com a vida, tudo o que ele controla nos pacientes, o modo de ele conduzir na verdade está resguardando desvios que poderão explodir dentro dele, a excessiva calma e tranquilidade são questionáveis. Quando ele vai cantando desafinado no carro, sem perceber que é desafinado, o filho começa a cantar junto, dando força para o pai, a família percebe o desafinamento e vai cantar com ele naquela felicidade relativa. Assinalamos aqui essa questão da felicidade porque, na verdade, como falamos em um outro ponto do livro, a saudade é um filete cinza com rabinho azul, em que o azul é o que de bom a pessoa lembra, e o cinza é o que perdeu, já a felicidade é o contrário, vemos a felicidade como um filete longo, como se fosse um filete de um metro azul com uma terminação cinza, isso porque a felicidade é efêmera e o ser humano não percebe muito, reage, mas não percebe. Aquela felicidade dentro do carro, aquela comoção da família é tudo um jogo de possível traição, traição da vida, voltando ao poema de Manuel Bandeira, "voltados para vida, absortos na vida, confiantes na vida", é essa a imagem no carro de Giovanni carregando e cantando com a família em um final de semana. A felicidade de Giovanni, a forma como ele lida com os pacientes, a pseudossensibilidade do filho com se ele fosse extremamente tranquilo, uma certa agressividade da filha, que não se registra, mas que aparece depois em sua condição sexual, e o distanciamento da mãe, envolvida e distanciada ao mesmo tempo. O filme mostra uma casa burguesa, de intelectuais, uma biblioteca razoavelmente bonita, um sofá bonito, o filme, é claro, uma casa bem dividida, gostosa, traz aconchego. Podemos perceber no xadrez das camisas de Giovanni a presença do vermelho, laivos vermelhos pelo sofá branco, e muitas vezes uma mescla de cinza e vermelho de bom gosto, gosto burguês, uma cozinha agradável. Esse é mais ou menos o quadro da primeira parte do filme.

A evolução do procedimento fílmico dessa obra se dará na segunda parte do filme. A primeira eu chamaria de situação inicial, da vida como ela é, é importante entendermos isso no geral, chamo de situação inicial a uma condição de vida que não tem qualificação em qualquer classe social, em qualquer classe social, temos o retrato diário da existência, principalmente quando é catalogada no sentido familiar, vida em família, uma noção que se acorda com o olho para a trivialidade da vida, e a vida do filme, de uma família burguesa, apresenta o pai, a mãe, o filho e a filha, cada um na sua função, com seus segredos não partilhados, todos vivenciando esquemas de descanso, de férias, de passeios, é a isso que nós chamamos de vida, vida como ela é. Entenda-se que esse tipo de vida não comporta reflexão, as relações se dão de maneira leve, em que o pai e a mãe trabalham, boas profissões, boa casa, boa comida e os rejeitos familiares que não precisamos descrever. Os ambientes familiares têm invariantes, cada um tem sua especificidade, seu estilo, mas no geral estamos falando de uma condição bem filial de vida. Não esqueçamos da relação de Andrea, o jovem, os pais não imaginam nada da vida dele, pois só vivenciam a sua situação que cumpre as expectativas da família, o pai acompanha nos passeios e esportes, a mãe escolhe a roupa e assim a vida continua. Nessa segunda parte do filme alguns índices, sustos repentinos, um caminhão que passa violentamente ao lado da família, coisas assim, são índices fílmicos que anunciam a tragédia, a morte de Andrea, o rapaz se acidenta no esporte aquático que praticava com amigos, eis o ponto determinante do filme. Daí se inicia todo um processo de desestruturação da família junto ao acontecimento, e o interessante é que isso se dá, sobretudo, no casal, gostaria de chamar atenção para o que já foi dito, a morte traz elementos surpreendentes, rompe com expectativas, não sabemos o que pode acontecer no universo pessoal, dentro de cada personagem. Não se esperaria do pai uma reação tão negativa, pois ele é psicólogo, trabalha com a cabeça das pessoas, com o emocional das pessoas, conduzindo pessoas, os pacientes. Fica evidente que essa desestruturação estava dentro dele, é importante verificarmos isso em geral já está dentro da pessoa que se desestruturou. Acometido pelo impacto da morte do filho, claro que isso é um drama para qualquer pai, o sentimento de perda é violentíssimo, um jovem saudável, de boa índole, mesmo que não fosse, pai é pai, filho é filho, todos sabemos dessa profunda relação pelo sangue, pelo amor e pelo coração, entretanto, não trivializando a morte, mas todos os dias pelo mundo são infindáveis os casos de um pai que perder o filho jovem, sobretudo por um acidente, sem dizer os casos de violência. Há pais que alteram o humor completamente, mas a reação de Giovanni surpreende de fato e nos faz refletir muito sobre isso, a reação da mãe também. Assim que Giovanni recebe a notícia, ele passa a ter uma espécie de cegueira mental, um sentimento de estaticidade em relação ao fenômeno, de um torpor que se se manifestará em forma de raiva que evolui para ira, outro aspecto que se deve salientar. Como a família é burguesa, intelectualizada, ela não se liga muito a um apoio religioso, e isso piora, pois todos os ingredientes da ira estão embutidos dentro pai e quando se manifestam vem em forma de horror, ele se torna um monstro para ele mesmo, como se alguém pudesse dar sorte ao fenômeno que ocorreu, uma espécie de ira contra o nada, que é pior, muitas vezes se voltando para ele mesmo, uma consciência de culpa, pois o filho foi com os amigos naquele domingo por não ter ido no domingo anterior para ficar com o pai, ele sente que tirou Andrea da vida, deixando-o exposto à morte. Ele percorria todas as partes dele mesmo completamente desorientado, quase enlouquecido pelo acontecimento que ocorreu com o filho, suspendeu pacientes, ficou irritado com os pacientes, como se a atenção que ele devesse dar ao filho teria sido maior se não fossem os pacientes, os objetos de seu trabalho, o que também é uma luta vã que ele terá.

É chegado um momento intenso, de tal grau de desorientação com aquilo que o toma internamente que Giovanni vai a um parque de diversões e lá vai andar em brinquedo apenas por desespero, uma tentativa de exorcismo do monstro que o sufoca, e lá, com aquelas cadeiras balançando e ele quase cometendo um acidente contra ele, ele grita, uiva, tentando fazer com o que ele sente fosse embora, ele busca uma forma mecânica, de um parque de diversões, para sanar seu estado interior completamente desconstruído.

Nessa segunda parte do filme, esse é o quadro que se instaura e que nos interessa para mostrar as possibilidades de condições de luto que podem acontecer de maneira estranha, violenta. A postura dele é de brigar com a condição da morte, e não tem como fazer isso, nós sabemos, isso tudo vai se transformar em uma luta vã do pai diante do fato do filho morto. É chegado a um momento tão grave, tão intenso do luto aos avessas dessa família, do luto revoltado, que o casal não se encontra mais. Houve antes disso o enterro de Andrea, não mostra o enterro em si, mas mostra o caixão sendo fechado na funerária, nesse gesto aconteceu uma das imagens mais profundas no simbolismo da representação da morte, a hora de colocar os parafusos da tampa do caixão, a furadeira e o instrumento que liga os parafusos e prendem a tampa do caixão, o barulho é forte (da furadeira na madeira do caixão), entretanto o barulho da furadeira na madeira recai sobre o juízo de quem ouve e vê a imagem, parece que ali a própria morte entra em crise, rumina, grita, uiva no barulho do aparelho na madeira, uma intensidade posta aos nossos olhos e ouvido, e para Giovanni, que já está em desequilíbrio, isso ocorreu em uma intensidade perversa. Outro momento clássico quando se morre alguém, mas que teve uma relevância intensa no filme, é o momento da mãe no quarto do filho, é por isso que o filme recebe esse título. Há esse momento de figurativização do nome do filme na cena da mãe vendo as roupas do filme, abrindo o armário do filho. No caso desse filme, fica difícil falarmos das diferenças entre ausência, perda e falta, elas vêm conjugadas porque eles estão desestruturados, não acontecem em um processo evolutivo no tempo, parece que o espaço emocional da memória sensível se funde à realidade vivenciada pelas personagens. Quando a mãe abre o armário o espectador reconhece que as roupas são de Andrea, as marcas, as cores, os tipos de blusas, calças, pelos objetos sensoriais marcados, ali está Andrea, o cheiro dele. Temos aqui um momento crucial de representação da morte.

Não diminuindo a relevância da morte, mas há nesse filme uma espécie de valorização da morte que se contrapõe fervorosamente à *Morte na obra*, à morte de Sebastião Raimundo, há um abismo que separa as duas mortes, também não há o tempo que acontece em *Apelo*, em que há gradação ausência-perda-falta em três parágrafos, com imagens concernentes a cada etapa, é como se desse um tempo para a personagem respirar e com cautela sofrer passando de uma esfera para a outra.

QUESTÕES INDELÉVEIS DA MORTE

Nessa segunda parte do filme, tudo acontece conjuntamente e se instaura uma dimensão sincrética dos sentimentos mediante a desconstrução emocional por que passam as personagens, alinhavadas com um sentimento de culpa e também de uma busca da identidade do filho morto (isso é importante), que é do filme e de todos nós, da condição humana. Enquanto se vive não se dá a devida percepção de respeito e captação da realidade do outro, a identidade passa e criamos simulacros em relação ao mundo do outro por condições adversas, cada caso é um caso, mas nós fingimos coexistir com o outro, fingimos trocar experiências com o outro, conhecer suficientemente o outro, e nada disso é real, nada disso é verdadeiro porque nós passamos a vida à margem do outro. Em uma situação como a de Andrea, de morte, desperta-se aos borbotões a busca da verdadeira identidade do filho e vai se perceber que não se tinha, Andrea fez uma peraltice na escola com um amigo, roubando um objeto de valor, isso foi um índice para mostrar que Andrea é muito mais um ser normal, da idade dele, nas condições normais dele, e o perfeccionismo não existe, e era esse que era transitado na imagem do filho. Ainda nessa segunda parte, devemos ressaltar que o grau de crise fundida na dor e no desequilíbrio atinge a tal ponto o casal que passam a se rejeitar, o fato interferiu diretamente na relação entre os dois, uma condição absurda, no momento que eles deveriam se reunir, eles chegam a não se aceitar sexualmente e não dormir na mesma cama. É importante lembra que a irmã de Andrea é a personagem que *melhor sofreu, doeu*, mas que melhor se ajeitou nesse luto para o reestabelecimento de si mesma, naquela condição que dissemos anteriormente, do luto como fortalecimento a partir do momento que se constata a morte de um ente querido. Na moça isso aconteceu, ela se une ao pai e à mãe, a que mais se doeu nesse processo e dá apoio.

Agora passaremos à terceira parte do filme, que deve ser cuidadosamente verificada, pois surge um dado novo que vai alterar o andamento das personagens. Andrea tem uma namorada que mora em outra cidade, Arianna. Ela envia uma carta para Andrea, pois ela não sabia do ocorrido, a carta foi aberta pelos pais e tudo passou a ganhar movimento na casa, Arianna passou a ser o centro nevrálgico dos pais, um centro repentino que em situações normais, eles nem saberiam de nada, um outro dado que eles não saberiam do filho, que ele tinha namorada, uma garota de fora. Arianna passou a ser uma filha para eles, a grande esperança, a projeção total do filho naquela mocinha que foi muito educada, mas que pouco entendia o grau de abatimento e desconforto dos pais de Andrea. Depois

65

de muitos pedidos dos pais de Andrea, Arianna resolveu visitar a família de Andrea, ela estava de carona em viagem com um amigo e passou pela cidade de Andrea, foi visitar a família que a aguardava desesperadamente, não sabiam o que fazer para receber a moça. Ela chegou a mostrar fotos que ele havia mandado para ela do quarto dele, esse quarto é a metonímia do conjunto da vida de Andrea, a roupa desse quarto, era onde as coisas aconteciam para o mundo interior da personagem morta, como era o recanto dele, ele sabia fazer humor, brincar, ele mandou para a namorada fotos dele em gestos brincalhões no quarto, no *quarto do filho*, há uma separação interessante que mostra que era o filho, mas havia o quarto que era dele, o quarto passa a significar a parte de um todo, onde estavam todos os seus segredos, onde estaria o verdadeiro Andrea. Depois de muitos carinhos do casal em relação à Arianna, tem-se a impressão de que ela era casada com Andrea, e não uma namorada de verão que descobriram ao acaso por uma carta desviada. Depois disso, Arianna avisou que iria embora, ia tentar pedir carona para a França, o objetivo deles era chegar à França, então o casal de luto não quer deixar Arianna mais e faz questão de levá-la, com o rapaz que a acompanha, até a fronteira da Itália com a França, eles foram estendendo a carona paulatinamente, o que era bom para Arianna, mas bastante projetivo para o casal, que noite adentro deu uma carona especial, como se isto fosse prolongar a figura de Andrea na moça com quem ele teve uma relação mais íntima.

A morte promove tudo isso, os conflitos mal resolvidos dos pais e das pessoas em geral que a morte acaba suscitando, trazendo à tona nas suas grandes dimensões. Daí teremos uma passagem, uma ponte para o final do filme e para o exorcismo da morte, pois o casal, ao levar Arianna e o rapaz até a fronteira, começa a voltar ao antigo afeto, eles que tinham chegado à separação de cama, começarão a sorrir unidos e animados com a presença de Arianna e do rapaz que a acompanha, o rapaz passa a ser um símbolo do filho ausente, mas agora no sentido mais sensível, menos agressivo, mais compreensivo, ali começava a acontecer a verdadeira morte de Andrea, a verdadeira partida de Andrea para os pais, na figura da moça. Chegando à fronteira, o casal ainda queria prolongar, mas Arianna e o rapaz descem, quando o casal sentiu que Arianna estava em segurança, eles se sentiram melhor, eles transferiram completamente o sentimento que tinham com Andrea para a sua namorada. Feito isso, é o final do filme e, ao longo do rio, ouvindo a música tema do filme, as três personagens seguem calmamente para direções diferentes, não que eles não ficassem juntas, mas é uma imagem simbólica de que a dor continuaria dentro de cada um, mas agora trabalhada de maneiras diferentes por cada uma das personagens.

Com o comentário do filme *O quarto do filho*, de Nino Moretti, tivemos o objetivo de melhor explicitar as condições de luto do ser humano diante da morte, e principalmente o modo de lidar com a inexorabilidade da morte, com a sua impossibilidade de solução. O ser humano é carente em muitos sentidos, de muitas coisas, nesse momento de fragilidade diante da morte, todas as pessoas ficam em condições parecidas e tudo dependerá do modo que cada uma se relaciona interiormente com o luto em relação à pessoa querida.

Se voltarmos às obras que analisamos, é importante notar que um aspecto se tornou invariante nesse processo, refiro-me à questão do tempo como duração (*durée,* diria Henri Bergson), parece-nos um aspecto fundamental em relação a essa temática de luto, qual a relação entre luto e tempo? Considerando as diferenças individuais, mesmo assim nós teremos para resolução interior da questão da morte e o ente querido que fica (o sobrevivente), o tempo não pode ser negado, pelo contrário, ele deve ser respeitado na medida dos acontecimentos. Isso acontece em *Momento num café*, de Manuel Bandeira, em que vários aspectos estão lá considerados e que o poema começa com *quando*, "Quando o enterro passou...", ali está o tempo de duração que se relaciona com o tempo das pessoas que se encontram no café, tudo no pretérito imperfeito e perfeito, é um tempo de duração do quão pesada é a estada no café e o enterro passa, é a confluência de tempos no poema de Bandeira, mas também é tempo quando chegamos à leitura da narrativa curta de Dalton Trevisan, *Apelo*, em que os três parágrafos acontecem um após o outro representando os três filetes fundamentais da morte: ausência, perda e, finalmente, a falta, tudo isso no seu tempo certo. Não adianta querermos sobrepor esses elementos, pois cada um tem a sua faixa fundamental de relação com o que estamos chamando de sobrevivente. O tempo, portanto, se mantém em relevância capital no texto e assim também em outros textos ou situações, a condição é a mesma. Temos por exemplo na crônica *Morte na obra*, de Carlos Drummond de Andrade, um rompimento com essa relação mediante as condições sociais da morte impactante, abrupta, cai do sétimo andar de uma construção um operário, mas o tempo, por menor que seja, se impõe magistralmente, o corpo permaneceu durante certo tempo no chão enquanto a obra parou e os operários todos pararam, operários que são projeção do morto, é a morte símbolo, compartilhada. A obra não podia ficar parada e eles seguiram lentamente olhando de lado para o corpo sob o lençol para retomar o barulho da obra com os riscos que o morto correu, eles voltam para correr os mesmos riscos, inexoravelmente. Finalmente, o tempo é tudo na arte cinematográfica e ele se dá de maneira inigualável na construção artística do filme, trabalhando a morte como seu eixo fundamental. Temos aqui o tempo sendo trabalhado em vários níveis, o tempo cronológico permeia todo o filme que analisamos, o tempo de cada cliente de Giovanni em seu trabalho, em um pedacinho de tempo, uma hora, 50 minutos, deveria comportar todo o universo interior de cada uma das personagens pacientes que compunham a sua condição de psicólogo, mas o tempo esteve também em outras relações, o tempo de duração da caminhada de Giovanni e agora vem o tempo da verticalização da morte, não chamaremos de tempo mítico porque são condições como se ficassem fora do tempo, mas para perdurar uma dimensão profunda do interior das personagens sobreviventes, pois para o morto o tempo se tornou vazio, ou eterno, depende do ponto de vista.

# CAPÍTULO III

# TERCEIRA INSTÂNCIA DA MORTE

## 3.1 A morte simbólica

Inicio aqui o que na verdade este livro já iniciou em outros capítulos, mas retomando agora dentro de uma perspectiva afunilada da morte. Não trataremos as questões da morte física, da morte propriamente dita, mas de um tema que foi muito cuidado indireta ou diretamente pelas psicanálise de Freud ou de seus discípulos, mas que nós decidimos abordar à nossa maneira, a maneira que vimos trilhando nessas reflexões sobre a morte e as suas extensões em outros subtemas.

Na verdade, quando falamos em morte simbólica, para uma obra que se propõe a falar sobre as instâncias da morte, pode adensar-se mais que a própria morte física, pois são sintomas da própria morte na vida, portanto este capítulo trata a vida, mas da vida ranhurada ou rasurada. A rasura implica rascunho, para depois tentar passar a limpo, mas que nem sempre se consegue, quer dizer, às vezes, no ato de corrigir, a gente acaba destruindo ou desmanchando um determinado texto-vida ou uma vida-texto e não conseguimos corrigir. Assim, nós nos valemos de uma metáfora que é quando nós não conseguimos falar com palavras linearmente colocadas. Então nós vamos trabalhar as ranhuras importante para essa expressão porque ranhura não é rasura, é quando nós acabamos detonando, desmanchando, apagando sem a possibilidade de reler o texto-vida ou a vida-texto, então aí nós temos a ranhura, que fica muito mais complicado porque são os senões que nos tomam por dentro, os senões que nos deixam com a boca seca, com os olhos tristes olhando para o nada, por não conseguirmos retocar a vida, alguma perda profunda ou algum erro muito grande que nos fez desmantelar totalmente, daí as grandes tristezas, as sequelas indeléveis. Note bem, é muito triste não conseguirmos apagar uma falha, um erro consciente, e a gente não ter mais uma espécie de sentido único, pois não pode voltar atrás. A vida é nos colocarmos horizontalmente, é um caminhar para frente, é o ato de caminhar, o ato de viver em si é caminhar, é estar vivo, como se diz.

O existir implica uma vivência cronológica do humano neste mundo, entretanto nós temos uma vivência que não é cronológica, mas sim é um mergulho nos instantes da vida que nos deixam atingir o fundo de determinadas relações, o fundo da ruptura com o tempo e o mergulhar-se nele em busca de uma captação do essencial.

Nesse fluxo, nesse percurso existencial que nós imaginamos ter começado um dia na vida de uma pessoa e tendo ido até a sua morte até o final desse percurso, dependendo da longevidade de sua vida, nós podemos ter isso independentemente de cada vida, de cada plano de existência, é uma linha reta, se pensarmos só na existência, nós temos uma linha reta que se inicia em um determinado ponto e que se encerra em outro ponto. Entretanto nós temos que imaginar duas linhas que dela emergem de lados opostos, criando como se fosse um triângulo, mas não é bem um triângulo, duas linhas paralelas que se expandem ao longo dessa linha traçada na existência, ela é toda recortada por filetes verticais que tomam as duas linhas e passam pela linha principal, acompanhando de momento a momentos que não podemos definir quais nós na existência pontos centrais nessa existência, chamo de nós porque é um encontro da linha vertical com a horizontal e esse encontro das linhas verticais com as horizontais são nós de vivência em verticalidade quer dizer quando se ocorre o mergulho das vivências o mergulho das vivências da existência e aí que vão acontecer os agoras, a vida é plena de agoras que são os agoras de profundidade, não são os agoras meramente advérbios de tempo, são núcleos de efetivação do encontro dos dois planos, nesses núcleos é que se ocorre a verdadeira vivência. Então nós temos na verdade uma permanente tensão, a vida é uma permanente tensão de nós entre a horizontalidade e a verticalidade e nessas com maior ou menor felicidade a pessoa vai vivenciar esses pontos. Agora infeliz daquele que nunca vivenciou, mas é do humano vivenciá-los com maior ou menor intensidade, quero dizer que nesse fluxo intermitente de encontros de verticalidade com horizontalidade é que vão se ampliando ao longo da existência o triângulo e a abertura, que se dão a palavra-chave deste texto, agora é que se dão as perdas, a vida é impossível na vida a pessoa só ter ganhos, ela já teve o ganho de ter nascido de ter nascido ter sido gerado nascido e posto no fluxo da existência deu-se e a luz é a expressão clássica deu-se se a luz quer dizer nasceu e aí vem o choro esse choro é muito simbólico não veio riso mas vem o choro e o riso é aprendido nós sabemos disso o choro vem naturalmente é como se fosse o contraponto, você nasceu, mas agora tem que receber a consequência ou as consequências disso porque existir é difícil e maravilhoso.

Para tanto, é preciso, também, compreender o processo de perda. A perda é fundamental porque é nela que residem todos os problemas, todas as questões sem solução e a existência do que nós estamos refletindo agora, que é sobre a morte simbólica. A perda é o pivô do que nós chamamos morte simbólica, porque a morte simbólica na verdade e assim nós vamos continuamos nosso tricô relacional das nossas ideias dessas ideias que dizer na verdade o sentido de perda de qualquer natureza, seja concreta, material, perda de um ente querido, como perda emocional, perda de um grande amor, uma perda intelectual, quer dizer perdi injustamente o concurso que eu teria tudo para ser o primeiro colocado e fui reprovado, perdendo a minha noção de autoestima, que é um elemento fulcral nesse procedimento de perda. Nossa vida é plena de perdas pequenas das quais temos que abdicar sem querer até as grandes perdas, se bem que a intensidade da perda na vida é dentro da perspectiva daquele que perde, eu não posso julgar a sua perda como a perda ínfima a não ser considerada para mim aquele pequeno pra você é muito grande.

Observando uma composição de Chico Buarque de Holanda, texto-base deste capítulo, ou dessa primeira parte do capítulo, a parte poética só o texto com a música fica belíssimo, mas nós temos aqui só o texto, ele já nos basta para nós fazermos, realizarmos e termos a nossa impressão do texto e tentar analisá-lo nesse contexto de morte simbólica para nossa visão esse texto do Chico Buarque de Holanda que é uma música popular, mas ele é completo, ele traz assim muitos ingredientes muitos ingredientes da chamada morte simbólica que é este mundo que morre no interior do sujeito, enfraquecendo o sujeito e deixando humano nesse sentido. A humanidade dele vem da recuperação de um estado perdido, recuperação de si mesmo quando se tem a morte simbólica é como se a gente tocasse no ser vivo e ele tivesse meio anestesiado naquela parte que perdeu naquela parte concreta ou abstrata que perdeu.

Essa poesia de Chico Buarque de Holanda, denominada *Pedaço de mim*, consegue como se vê reunir e articular imagens intensas e perfeitas para representar o que nós denominamos de amor de morte simbólica. O texto não se refere nas suas imagens a uma determinada perda, ele não referencia a perda, mas consegue abstrai-la por meio de imagens concretas e, nesse sentido, é um texto de excelência. Então o título já é uma sinédoque: "pedaço de mim" já implica uma noção metafórica por outro lado que é pedaço uma palavra sem dúvida uma palavra inequívoca, eu tiro um pedaço com uma colherada, eu quebro uma coisa ao meio eu arranco naipo da coisa são exemplos muito concretos nesse sentido só que o objeto inteiro o objeto que sai o pedaço é um mim o pedaço de mim o lado mim ser humano do sujeito que é o universo sensorial todo universo nutrido da sensações todas é o meu mim é o plano abstrato do sujeito não é o plano racional não é o eu mas é o mim isso ganha uma coerência incrível perfeita com todo do poema.

Durante o poema, observa-se uma gradação do substantivo no paralelismo dos versos e essa gradação é feita aliada a um processo de reificação da expressão sujeito que é "ó Pedaço de Mim" espécie de refrão esse "ó" eleva a função conativa da linguagem ela evoca o tu é uma invocação para o pedaço então é uma relação muito forte nesse sentido então você tem do começo do texto até o final alguns elementos são reiterados como pedaço, pedaço de mim vai até o final do poema sendo reiterado e a palavra saudade nós devemos circular a palavra saudade porque a saudade nesse livro já foi comentada um pouco no sentido de só se tem saudade de alguma coisa que foi boa eu vou ter saudade de coisas que foram boas e se não foram de quando aconteceram passa a ser no aqui-agora mítico da memória então ou da lembrança memorável então nós temos na palavra saudade o núcleo dessa dimensão da falta a falta que é fundamental a perda e a falta ou melhor ausência, perda e falta como já vimos no texto do Dalton Trevisan no capítulo anterior sobre o luto.

Então nós vamos ter aqui neste texto primeiro a palavra Pedaço de Mim depois saudade e as variações evolutivas dos tipos de perdas e como se fossem os tipos de morte simbólica nos vamos ter mortes simbólicas sincronizadas e sintetizadas em uma evolução de substantivos que se alteram não são reiterados eles não são repetidos cada trecho reiterado, porque nós vamos ter ó pedaço de mim ó metade afastada de mim primeiramente afastada ó metade afastada de mim o de mim anaforicamente colocado primeiramente afastado a seguir vem ó pedaço de mim ó metade, ó metade exilada de mim há uma distinção semântica entre afastada e exilada depois a gente retoma a seguir depois no terceira na terceira parte reiterada nós temos ó pedaço de mim ó metade arrancada de mim tão vem afastada depois exilada e depois arrancada arrancar não é exilar não é afastar ela é mais intensa a novos semas que vão caracterizar este particípio são particípios que são alterados de passagem pra passagem o arrancar claro que mediatamente nos percebemos o signo da violência o arrancar é arrancar é tomar arrancar e impondo força quer dizer e é uma Metade de Mim arrancada de mim é muito mais forte é muito mais intenso. No outro trecho nós vamos ter ainda uma intensificação dessa relação paradigmática repito nós temos afastada, exilada, arrancada e amputada a quarta palavra nós vamos ter amputada que fica mais intenso do que arrancada, amputar parece-nos mais difícil mais difícil dolorido do quê arrancar muito bem estas quatro palavras criam em torno de si os graus as relações de intensidade maior intensividade, a intensividade fica completamente mais tensa nós temos uma contenção, contenção de contido e de contensão de tensão com cê-cedilha e s mostrando a diferença dessas dois planos ao longo em torno das quatro palavras que estamos apontando que vem paralelamente colocadas mas com sentidos que alteram os graus de intensidade de um trecho para outro do texto.

Assinalando essas diferenças nós podemos marcar os graus de morte em vida de morte simbólica, morte simbólica que se em termos de morte simbólica nós podemos falar de intensividade nós não podemos falar de morte de intensividade na morte real, morte é uma só é morte agora em vida nós temos graus mortíferos, graus simbolicamente falando ficam graus mortíferas de morte quer dizer que vai revelar também a sua correspondência no amor, note bem os graus de mortes implicam nos graus de amor o sentimento de amor e o sentimento de morte. Isso quer dizer e a vida é assim vivenciadas com intensidade diferentes então e que isto esteja claro que nós temos então o ai vem as imagens correspondentes a cada particípio nessa evolução das quatro palavras chave que são alteradas de parte a parte todas focalizando o pedaço de mim e a saudade, então nós temos e a saudade ela vai levar graus de dor quer dizer ausência que leva a perda que implica falta vai ser colocado num grau, graus de dor nessa morte simbólica e que cada um deve compreender devidamente e outras que não estejam aqui, nuanças que se pode falar nuanças de morte simbólica na morte simbólica as nuanças que ocorrem muito bem é como se fosse um painel imaginemos num painel de cores sabe quando você tem um painel com matizes da mesma cor nós podemos ter matizes de azul podemos ter até por volta de dez tons de azul, dez tons de cinza, dez tons de vermelho ou rubro que dizer como se fosse assim os graus de dor as intensidades em matizes então nesse caso a gente vai ter as imagens correspondentes a cada particípio e esse particípio e essa mudança de particípio altera o teor da saudade do início para o final do texto vejamos isto.

Observemos que a representação dos tipos de mortes simbólicas está na iconização das metáforas pelas metáforas como elementos epítetos do signo saudades porque quando o signo de saudade que teria um sentido conhecido pelo dicionário a saudade representada como um grau de sentimentos do passado de alguma coisa prazerosa de um sentimento prazeroso que nos nutriu ou que vivenciamos e que agora não temos mais então a saudade vem com esse signo aliada ao prazer e a tristeza da perda, a tristeza de não ter mais, entretanto no poema pedaço de mim a saudade ela vai sendo especificada de acordo com o objeto de vivenciado de acordo com a natureza do sentimento vivenciado então a saudade aliado ao particípio afastado é diferente da saudade ligada ao exilado ao particípio exilado e a saudade ligada ao particípio arrancado que por esse se distingue da saudade ligado ligada ao signo amputada nós temos aí quatro níveis, quatro graus, dir-se-ia de saudade muito bem então agora indo para as metáforas ou para o símiles que acompanha o signo saudade temos:

(1) Afastada de mim leva o teu olhar que a saudade é o pior tormento é pior do que o esquecimento é pior do que se entrevar.

(2) Exilado de mim leva os teus sinais de que a saudade vai com barco que aos poucos descreve um arco e evita atrancar no cais.

(3) Arrancada de mim leva o vulto teu que a saudade é o revés de um parto a saudade é arrumar um quarto do filho que já morreu metade amputada de mim leva o que há de ti que a saudade dói latejada é assim como um fisgado num membro que já perdi metade de mim adorada de mim lava os olhos meus que a saudade é o pior castigo e eu não quero levar comigo a mortalha do amor adeus.

A sequência de imagens colocadas assim horizontal e paralelamente corresponde aos níveis de morte simbólica que o Chico Buarque parece conhecer, de tão coincidentes, de tão importantes perfeitamente relacionais e demonstrando uma gradação na evolução anafórica e nas palavras que se alternam e que se alteram cada metáfora vai aprofundando o nível de dor o grau de dor no processo da morte simbólica é mediante a perda ele usou uma imagem da perda a metade de mim e essa metade de mim como se fosse tão profundo chega ser parte de mim propriamente dita vai revelando o grau de profundidade isso é bastante claro que nós entendamos o problema da morte simbólica claro que afastar é diferente de exilar, exilar já é um grau mais intenso que arrancar o arrancar é mais intenso que amputar isso seguidos das metáforas correspondentes até chegarmos a imagens intensas, doidas como caso do filho do *Quarto do filho* que já morreu que nos lembra o filme que nós analisamos no capítulo anterior quer dizer no quarto do filho ainda nos remete a isso a essa imagem a morte do filho uma perda sem palavras e de grau de dor intensa fora do comum muito intensa então nós temos depois dessa imagem do filho que já morreu vem a metáfora do amputar que é inclusive é comum para a pessoa que amputa, que tem um membro amputado, sentir a dor do abstrato a dor do membro que não existe mais isso é uma coisa muito triste dói muito incontestavelmente e Chico Buarque consegue resgatar, articular de um modo que se torna um ato sem palavras no final do texto é que vem a questão do amor, adorada metade de mim e a imagem da mortalha do amor eu não lavar meus olhos para enfrentar esta dimensão da dor da perda nesta morte simbólica que eu tenho pela perda da pessoa adorada da minha adorada pessoa e não quero vestir a mortalha vivenciar a mortalha do amor essa imagem belíssima entre a imagem da morte na mortalha e a imagem do amor na vida na intensa vivificação do sujeito mas que perdeu a perda portanto continua sendo a flecha diagonal que persegue todas as imagens do texto e todos os sentimentos em gradação que o ser humano pode vivenciar nessa relação de vida mais que a morte a perda, morte como sinônimo de perda vem isentando, vem apontando na direção do ser.

Ao iniciarmos essas reflexões sobre morte simbólica dentro dessas estâncias da morte, o texto de Chico Buarque de Holanda, metaforizando essa questão em vários níveis em uma belíssima gradação sensorial, manteve no signo saudade a espinha dorsal daquilo que foi descrevendo como perda do Pedaço de Mim. Nesse sentido, tivemos como abertura uma espécie de lição nessa bela composição do artista brasileiro lição de estados degenerescentes de perda. Importante que se perceba que essas esses elementos que circundam a morte ou os elementos que advêm da noção de perda eles atingem ou atuam de várias maneiras no ser humano impossível categorizá-los todos mas é possível reconhecê-los. Nem sempre é muitas vezes, nem sempre a questão da morte simbólica é visível é perceptível para quem está do lado de fora e mesmo os do lado de dentro que são sentindo a grande o grande problema é até podem até não se dar conta racionalmente mas manifestar tudo isso sensorialmente, sensorialmente então nós temos uma determinados estados de espíritos que advêm do luto ou sobretudo da melancolia na concepção freudiana em que a pessoa se sente descaída, desacreditada com baixo teor de amor próprio de auto estima nesses nessas condições nós temos uma as vezes a pessoa atingi graus praticamente de enfermidade com o graus de depressão com sentimentos profundos de alienação aí sim até percebemos desses estados pode-se atingir um grau mais profundo de decaída, recaída da condição humana.

Esse ponto do tema é extremamente sutil queremos dizer que a morte simbólica em casos de extrema melancolia é muito frequente é muito abrangente é inúmeras pessoas infindáveis situações vivenciam este problema e não e passo a acreditar que sua vida é normal é muito comum muito frequente julgar-se está em vida normal quando na verdade a pessoa vivencia uma profunda, um profundo estado de infelicidade não estou aqui considerando que se deva viver estado de felicidade porque a felicidade é muito rara na condição humana mas eu digo a infelicidade é possível vivenciar com muita frequência desde que a pessoa se acostume com o estado de desviado de ser ou de existir quando um modo de existir há muito tempo contraria a dimensão do ser isto gera um estado de profunda vamos dizer inércia uma infelicidade que tem-se a impressão de que um estado natural quando não então é comum a pessoa uma pessoa mais perceptiva olhando para uma outra nesse estado dizer tal pessoa tem olhar triste e se perguntar a pessoa como ela está ela vai dizer que está bem está indo está levando esses verbos levando não se pode levar a existência é muito pesada não se pode puxar a existência carregar existência são esses estados quando a pessoa diz assim é que são altamente indiciais, indiciais de uma inconformação de um desalinho desajuste da existência e do fluxo da existência e das condições da pessoa diante desse fluxo. Se se avaliar um pouquinho mais de profundidade é fácil apreender a natureza desse estado mais o que não é possível fazer é forçar uma pessoa a se submeter à análise de seu estado por isso que a vida continua assim. Nós temos nessa reflexão de hoje dessa parte do capítulo, vamos ler um texto literário porque são sempre eles ou Cinema ou a Literatura que mais acentuam assinalam essas condições como nós podemos ler e reler um determinado texto escrito por um bom escritor é melhor, melhor fisgarmos, captarmos de aprendermos estas situações de morte simbólica, a pessoa na verdade morreu e se acostumou com seu estado de morte para um lado para uma dimensão ou a verdadeira possível dimensão da sua vida que ela nem conheceu e foi por outro caminho acreditando buscando uma coerência do modo de ser e de viver e não era esse caminho, inclusive da rotina a repetição de gestos dentro de uma jaula que a vida dentro de uma jaula que a própria casa as pessoas com quem convive e com as pessoas com quem tem de lidar de determinada maneira e isso caracteriza a morte simbólica claro que esse estado pode levar a estados piores de saúde como a depressão, a angústia, a depressão sem que se possa provar ou declarar o que ocorre com a pessoa Isto é nesse clima em que reside a grande questão da morte simbólica com grau de profundidade sem índices visíveis por isso

QUESTÕES INDELÉVEIS DA MORTE

que a Literatura e depois veremos no cinema é muito interessante pra gente poder sentir mais próximo sentir e flagrar, fisgar, como eu disse esse tipo de relação e reação do ser humano. Escolhemos aqui depois termos lido e refletido sobre o poema de Chico Buarque de Holanda nós temos aqui Clarice Lispector. Clarice Lispector é *expert* como grande pensadora e artista em desenhar figuras nesse estado de morte simbólica é do perfil da Clarice que já era um ser em si interessantíssimo complexa um ser complexo, mas grande escritora, grande analista da humana e conseguiu fazer em vários textos em vários textos o desenho de personagens vivenciando a morte simbólica. Escolhemos para análise, para análise ou observação uma certa observação um de seus mais intrigantes contos chamado amor, é um conto conhecido muito, muito conhecido e que é um espaço imagético de reconhecimento do que viemos ou estamos analisando como morte simbólica. A personagem que conduz essa sensações dentro de um procedimento como se fosse natural é a personagem Ana, a personagem Ana e Clarice conseguiu criar uma personagem, aquela senhora, uma jovem senhora de vida, pequena burguesa, uma pequena burguesia como tantas outras vidas uma dona de casa, ela enquadrou para nossa observação uma dona de casa que tem vida tudo a olho nu uma vida extremamente normal, no extremamente que existe um problema ela tem uma vida extremamente normal um dia a dia muito com jeito de dia a dia sem nenhum grandes rupturas, nenhuma grande novidade aquelas que seriam novidades Ana consegue enquadrar no seu sistema diário de existir, seu sistema diário. Nós temos é um casal tem o seu marido bom marido como se diz tudo no conto parece que é em conformidade com Ana, Ana é como se ela tivesse realmente escolhido tudo isso esses elementos para sua vida como sua escolha inquestionável a grande questão é que é inquestionável.

Família Ana pertence a esposa e a dona de casa de uma família que o marido trabalha o dia todo que chega em casa para ler seu jornal com fome e ela deve estar preparada com o jantar do mesmo jeito tem dois filhos, dois filhos peraltas bastante centrados neles mesmos a quem ela deve dedicar como mãe o tempo todo quando eles querem que se não estarão envolvidos com coisas deles que ela não podem intervir nós temos nesse apartamento em que eles moram ele estão pagando a casa própria está sendo paga, Ana tem um espaço de lidar com os elementos e nós passaremos aqui a citar esta descrição da vivência de Ana.

Sob a malha de Clarice Lispector nós vamos percebendo pela entra nas palavras pelo modo que elas são compostas nos outros percebendo uma profunda e triste ironia no discurso de Clarice a Ana não perdeu a muito tempo para nossa forma de compreender Ana perdeu a muito tempo a noção dela mesma está evidente nos vários índices que Ana perdeu sua identidade e isso que é difícil de afirmar porque parece que tá tudo tão normal mas ela se preenche das obrigações domiciliais das obrigações de esposa ela acredita ter um marido de verdade, ter filhos de verdade porque eles são daquele jeito peraltas e filhos de verdade ela não questiona o outro, não é assim mesmo é como se fosse ela cumpre dia e noite o que ela entende como obrigações de uma dona de casa nisso ela encontra uma segurança então não há o que se questionar não seria morte simbólica porque ela acredita inclusive não acredita mais na sua fase de solteira que tinha outra vida ela desvia a atenção daquela fase porque esta que ela deve cumprir com a maior dignidade de dona de casa de esposa de uma família assim sim mas nós vamos percebendo interessante quando mostra os índices que revelam quando Ana fica sem sentido quando Ana fica sem sentido quando ela deixa de ser necessária para os filhos ou para o marido a casa está toda limpa os móveis brilham já tirou a última poeira daquele móvel e tudo tá limpo Ana tenta ainda preencher a sua vida de dona de casa saindo para comprar coisas cumprir o que falta é pra carência de um dos seus ela vai acata desses elementos a busca de cumprir aquilo que está faltando no lar quer dizer Ana ou então ela se acostuma atender o moço da eletricidade as coisas do dia a dia comuns a qualquer pessoa. É importante que nós percebamos que estamos falando de uma situação que a olho nu é extremamente seria tranquila seria sem problemas porque os problemas eles estão bem mais no fundo que na verdade na superfície Ana cumpre já engordou um pouco já está ganhando uns quilos, faz as refeições todas enfim deixa tudo muito limpo ela é a esposa seria perfeita, mas nós percebemos nas entrelinhas que Ana perdeu a sua identidade. Na perda da identidade é que o acompanha nós diríamos é a morte, é a morte mas a morte simbólica muito bem esta condição de Ana ela está bastante a condição crítica de Ana está extremamente metaforizada em todos os detalhes quando ela costura a roupa dos próprios filhos quando ela costura a própria cortina do apartamento quer dizer ela não tem mais para onde ir e ela corta como se fosse um símbolo dum cortar de alguma coisa de um cindir de alguma coisa então você tem a Ana rescindindo sem perceber na sua inconsciência mas na sua constância com esse módulo pequeno e trágico de existir é o modo na verdade trágico quer dizer porque ela não encontra por parte do outro que não é interessante para o outro uma percepção dessa sua condição. Então nós temos aí uma questão, é importante salientar voltarmos analisar quando Ana fica sem função e é no cair da tarde à tardinha quando é cada pessoa da casa ainda está na sua função e Ana encerrou tudo não tem por onde ir quer dizer para completar mais o seu existir que é em si vazio o existir ela preenche mas o ser é impossível preencher o seu ser é impossível dentro desse núcleo existencial então nós temos aí uma um retrato do que estamos chamando de imperceptível morte simbólica imperceptível morte simbólica de tão profunda que é e ela só se encontra na fisionomia de Ana, a fisionomia é tudo quer dizer ela não esconde os traços da face são omissos a macroestrutura do rosto dá para enganar mas é impossível enganar a fisionomia é nela que reside a alma como se alma viesse até o rosto da pessoa e ali ela encontrasse o seu lugar estamos falando de Ana mais queremos estender esta personagem a tantas outras no mundo há tantas outras não só as mulheres donas de casa isso é muito restritivo claro nós estamos pensando em todo ser humano naquele que constroem os operários infelizes nos casamentos em geral que são infelizes, infelizes sem revelar porque um doar-se forçosamente de tanta gente no mundo ou então naquelas condições do morte simbólica por perda para o aprofundamento do seu teor depressivo pela melancolia por tudo aquilo que pode criar na pessoa um simulacro dela mesma.

No recorte que temos no texto a gente Ana sai como sempre depois que termina tudo em casa para as compras, para as compras de armazém e ela sai no Rio de Janeiro tomando um bonde vai tomar um bonde é interessante que enquanto isso vem flashes do estado de Ana em casa é interessante quando o narrador coloca a cozinha enfim espaçosa a grandiosidade do espaço está onde a Ana é escravizada do seu ego do seu ser porque é a cozinha que aprisiona esta é enfim espaçosa por outro lado do mesmo jeito ela sobe bonde um pouco cansada esse um pouco cansada é o epíteto muito comum nas condições dos seres abatidamente em crise que não reclamam de repente pra ele mesmo o ser admite estar um pouco cansada esse um pouco cansado expressão tão comum mas tão sabiamente utilizada por Clarice Lispector que sabe de maneira magnífica realizar esse procedimento estilístico quer dizer um pouco cansada gera todo sentido do contexto literário é um pouco, mas que na verdade quer dizer muito cansada mas que ela não permite assumir quer dizer um pouco cansada porque os olhos já estão queridos a condição está triste vindo à tona querendo sair pelos poros a questão da sua identidade mas que ela continua mantendo ali interessante que ela entra no bonde depois das compras levando a sua bolsa de tricô olha a bolsa de tricô com as compras dentro, trazendo as compras dentro, isto é uma metáfora das mais interessantes do conto porque para quem lê Literatura para quem conhece um pouco dos fatos literários imediatamente relaciona a bolsa de tricô a uma epopeia conhecidíssima nem lida por todos mas que está até em histórias em quadrinhos que é a odisseia quer dizer odisseia e o tricô é a imagem símbolo da odisseia do remanso da espera durante vinte anos de Penélope esperando Ulisses ou Odisseu quer dizer essa imagem então nós temos de lembrar aqui aludir a mais uma vez uma música de Chico Buarque Mulheres de Atenas mas esse símbolo das Mulheres de Atenas que são comprometidas com seus maridos e que tudo está ligado dentro desse feitio semântico do texto de Clarice Lispector então quer dizer a bolsa de tricô no ato lembra Penélope sem dizer que o tricô é um símbolo do fazer o fierin do costurar com tricô quer dizer fazer uma bolsa de tricô ela implica tipos de alinhavos tipos de pontos de amarrações que são muito próprios do destino o tecido as parcas na verdade a mitologia está toda presente de uma maneira ou de outra Homero se valeu de Ulisses e Penélope é que a esperando durante vinte anos o seu esposo agora aqui nós temos também a essa noção do destino das parcas a que tece ou a relação da confecção do tecido tá muito ligado a mulher e ao destino, muito bem na mão de Ana nós já temos o destino prontinho a bolsa está pronta a sacola melhor dizendo estar pronta trazendo no seu interior os pertences ou as compras os pertences de Ana quer dizer que ela vem vindo do armazém para nutrir a cozinha que enfim é grande, é grande, então é uma metáfora que deve ser compreendida e está intimamente relacionado com o nível mais profundo desse conto de Clarice muito bem Ana passemos agora para o segundo texto passar para o texto transcrevê-lo.

Impressionantemente devemos tentar descrever o estado disposto nessa passagem de Clarice Lispector nós temos aqui uma das mais intrigantes metáforas sinestésicas da Literatura é uma metáfora sinestésica porque é conjuga uma profusão de sensações uma profusão de sensações e gerando um efeito de alta qualidade de alta significação começa pelo seu cansaço aquele meio cansada vai encontrar abrigo na poltrona do bonde e ali como se já não houvesse condições na sua vida naquele espaço entre lugares naquele espaço neutro é ali que Ana tende a se aproximar de si mesma esta é a o que há de relevante na imagem ela tende a se aproximar de si mesma ela está sozinha com a sua sacola de tricô mas se ela se sente tendendo a descansar quer dizer isso esse tendendo descansar recostada na poltrona incomoda do trem do bonde mas ela ali quase é um momento de descanso na inércia de vida na inércia de si mesma que a incomoda sensivelmente então nesse, como se o mim de Ana estivesse preparando para o que iria acontecer o estado interior de Ana estava quase em relaxamento e o seu ser trazendo aquele peso de existência que já comentamos foi ali que tudo aconteceu como se pode ler detidamente na passagem anterior se o olho se fixou Ana se envolveu com o olhar o ser em alerta percebeu algo estranho um elemento novo, novo porque fugia a imagem das demais pessoas no ponto de ônibus era a imagem do homem cego a cegueira por sua vez possui uma importância altíssima não saberíamos direito dizer o porquê mas a imagem é fundante o porquê mas a imagem é fundante uma vez que a cegueira confere aquele não ver conferindo ao outro um mal estar mas ao mesmo tempo uma certeza que não está sendo visto mas para completar essa noção da cegueira o homem masca chiclete e esse mascar chicletes ele é extremamente metáfora do tempo o mexer chicletes, o mascar chicletes a até um poema de João Cabral chamado para mascar com chicletes para marcar com Chicletes quer dizer é um poema de profunda temporalidade a condição humana no tempo e o cego estava mascando chicletes e ao mascar a expressão paralisada do cego na verdade a não expressão para se conferiu-lhe um significado que não existia mas dava a impressão que ele ria, esse riso abstrato este riso do homem cego era preenchido pela significação no interior de Ana que tinha impressão de que ele riria dela sabendo que não era pela racionalidade mas a sensoralidade e a sua condição na vida a sua dimensão de tédio de inércia de perda da identidade conferia-lhe permitia que o sentido do riso que não era riso pela expressão maquinal do cego entrasse no interior de Ana, então ela foi se desconstruindo notemos bem desconstruindo paulatinamente naquela tomada de estranhamento de simularização e descaverização de cadáver na descaverização, mobilizando todo seu ser mobilizando o seu estado de descanso na poltrona do bonde e ela não conseguia tirar sua atenção da figura do homem do lado de fora do bonde e ela segurando sua bolsa sua sacola de tricô quer dizer ela se sentia não se sentia fui aí foi aí que aquele bonde que vinha negaceando seus movimentos ziguezagueando, andando em linha reta em linha curva sem avisar claro quer dizer deu a freada tudo concomitante a essa sensações veio a freada do bonde e aí aconteceu o grande choque a sacola caiu observe-se que no texto tá muito bem colocado mais o grito de Ana foi desproporcional aquilo que aconteceu porque o bonde inteiro sentiu a parada estagnada do trem em choque que de repente então nem todo bonde gritou só foi Ana ao acontecer a parada a sacola caiu e dentro da sacola estavam os ovos e os ovos quebraram essa metáfora é uma das mais importantes da nossa Literatura com razão e por ser metáfora é que ela não deve ser desentranhada ela não deve ser explicada a metáfora existe para não ser explicada mas para significar então a profusão sinestésica que eu afirmei antes aquela conjunção de elementos, aquela conjunção de elementos é uma conjunção muito intensa de elementos muito intensa e que levou Ana ao choque, a cegueira do homem o homem no ponto os chicletes a ruptura do tempo o sorriso artificial o sorriso não sorriso concomitante com o breque do bonde com a parada do bonde ou melhor a freada do bonde o tombo da sacola a quebra dos ovos e o grito de Ana quer dizer, tudo culminou no grito de Ana parece da aquela sensação do quadro famoso de Eduardo Manque, *O Grito* com aquelas que são várias telas variações sobre o mesmo tema de mangue e que ele consegue realizar essa proeza que é pintar fazer um debuxo do grito *O Grito* é um uma sensação é uma coisa muito profunda muito intensa é o máximo de manifestação em uma ruptura com a linearidade da existência e Ana gritou; o que que nós podemos verificar a partir daí é pelo menos uma epifania, um grito epifânico quer dizer que com ou no bonde inteiro ou fora do bonde chamando atenção do cego que tentou entender o que estava acontecendo sem ver nada e ele não nem sonhou que era protagonista de tudo aquilo era um ponto importante de tudo que acontecia dentro do bonde com aquela senhora então e nós temos o riso das pessoas aí você tem o escárnio que o ser humano tem em relação a coisas que rompem com a sua expectativa é aquilo que é extremamente trágico se torna comigo aos olhos das pessoas e não há o que se fazer mediante esse tipo de reação humana então nós temos ali uma epifania e a gente não tira a relação parece um quadro de Velázquez da Sega fritando ovos então nós temos os olhos cego a gema do ovo e a gema quebrando quebrada colada e pingando nada mais grotesco nada mais grotesco é a palavra que uma cena dessa natureza e o a moleza do ovo caindo entre o tricô, o tricô da cesta então nós temos e ela teve que segurar porque o menino entregador de jornal pegou para ela que ela ficou sem ação, ela ficou estatelada entendi então esta é a cena de alto eu não sei se podemos dizer de auto flagelação quer dizer como se fora é uma cena assim que o destino aprontou com Ana e que elevou à auto flagelação parece que Ana e aquele tricô nas mãos teceu tudo isso para chegar a esse ponto porque conscientemente ela não faria nada disso mas inconscientemente ela foi conduzida aquele espetáculo traiçoeiro na sua manifestação violenta.

QUESTÕES INDELÉVEIS DA MORTE

Há de se notar que no caso desse tipo de morte simbólica praticamente imperceptível até pro próprio ser que vivencia isso houve necessidade dê um choque criado por Clarice Lispector o choque como forma de arrancar das profundezas do ser uma reação, reação que em geral os que vivenciam esse estado não tem perder sua autoestima muitas vezes é tomado pelo desânimo sem entender porque, é farejado pelo medo sem explicar por que todos os elementos de desconstrução do ser penetram o universo da pessoa que tem que vivencia a morte simbólica a pessoa existe tem seu corpo seus afazeres seus problemas mais o problema maior fica soterrado no seu modo de viver, modo de existir, o bonde de Ana ela ficou tão alterada que não ela passou do ponto que deveria descer passou do ponto e foi parar em outro ponto perto do Jardim Botânico onde ela vai viver por alguns minutos, vai sentir a natureza sentir detalhezinhos da natureza respirar vamos dizer respirar sabendo mais ou menos quem era o esboço de Ana reaparece entre as ruínas de seu estado muito bem então a gente inclusive nesse caso aqui, nesse caso de perda de profusão entre a natureza do sujeito e seu estado sensível, emocional pode ser enriquecido nesta fase desse nosso texto com um poema de Fernando Pessoa apenas para ilustrar esta esse jogo difícil das camadas do ser só para isto nem é bem sobre morte simbólica mais pode recair sobre ela pra gente compreender as diferenças do ser. Leiamos o poema:

Quando olho para mim não me percebo.

Tenho tanto a mania de sentir

Que me extravio às vezes ao sair

Das próprias sensações que eu recebo.

O ar que respiro, este licor que bebo,

Pertencem ao meu modo de existir,

E eu nunca sei como hei de concluir

As sensações que a meu pesar concebo.

Nem nunca propriamente reparei

Se na verdade sinto o que sinto. Eu

Serei tal qual pareço em mim? Serei

Tal qual me julgo verdadeiramente?

Mesmo ante as sensações sou um pouco ateu,

Nem sei bem se sou eu quem em mim sente.

(CAMPOS, 1996, p. 78).

No poema do heterônimo modernista de Fernando Pessoa nós percebemos tocar com profundidade na questão da relação entre o eu e a existência ou o eu e si mesmo quando olho para mim não me percebo é aquela existência de um eu e a existência de um mim e o universo das sensações estarem no mim mas que o eu muitas vezes disso tudo não se apercebe dependendo do seu estado interior sobre essa morte simbólica que às vezes é muito perceptível, de reações mais fortes mais intensas e às vezes quase imperceptível na maioria dos seres humanos todo mundo já perdeu alguma coisa e todo mundo tem de se relacionar com essa perda dependendo do modo desta relação as coisas podem se revoltar contra o próprio sujeito.

O texto vai nos mostrando uma profunda transformação no mundo interior de Ana, parece que da maneira que estava era um grito calado e eterno, ao passar, errar a sua descida no ponto de ônibus de sua casa, Ana desceu no outro e demorou, ela demorou um pouco para reconhecer um grande murro que a conduziu aos portões do Jardim Botânico recebeu, o interessante aqui dentro do que nós estamos tentando mostrar com a morte simbólica é que Ana começa a, o que houve no bonde foi muito intenso e a intensividade levou-a a rever coisas que ela conhecia, conhecia e que agora ganhava volumes muito distintos ela entrou no Jardim Botânico não só seu corpo pesava suas passadas entrando pelo caminho principal entre os coqueiros do Jardim Botânico ela ia revendo coisas já conhecidas mais que agora parecia muito maiores era uma transformação uma revolução no universo sensorial de Ana, ela via tudo muito claro, muito silencioso, muito espesso, as coisas existiam por si e ganhavam um volume jamais percebido antes por Ana as folhas das árvores a espessura das folhas, a cor das coisas, dos vegetais tudo era como se fosse pela primeira vez o mundo a volta de Ana tornou-se estritamente singular porque havia, tinha havido uma não só uma desautomatização das coisa mais principalmente dela mesma uma desautomatização de seu olhar anterior permissível e quieto, resignado frente a tudo naquela visão de dona de casa, a revolução do bonde foi por caminhos nunca antes vivenciado pelo menos há muito tempo não vivenciados, as flores, os frutos mas nota-se que tudo na visão de Ana era meio da cor roxa, cor escura e frutos silvestres muito doces, como se fosse num paraíso perdido e obscuro, porque até os caroços dos frutos passaram a ser percebidos por ela e ali os caroços pareciam pequenas caveiras, interessante que a morte, a morte está muito presente apesar de ela tinha uma espécie de horror e ao mesmo tempo considerou fascinante tudo isto, considerando fascinante então é como se houvesse uma passagem de Ana pela morte, pela morte ou a revificação da morte em uma vida que ela começava a redescobrir qualquer coisa transformava em susto para Ana ela ficou assim depois de tudo que houve e de repente um leve barulho ela se voltou mas era apenas um gato peludo que sumiu no meio das flores e dos ramos e dos troncos enormes e de tudo como tudo como se fosse assim, quadros, eu diria pinturas surrealistas e que a natureza por si mesma parece arrebatar-se e nos envolver dentro de um sistema nunca antes existente ou melhor percebido, a percepção na verdade era uma auto percepção de Ana como se as coisas passassem a existir em tamanho o tamanho normal das coisas se transformava num novo tamanho com nova roupagem com todo o élan envolvido pela morte que na verdade à perseguia que era a metabolização ou a iconização da morte que ela vivenciava simbolicamente que era a morte de sua identidade que parecia voltar a reconhecer as coisas. Esse processo de tomada de forças de recuperação de uma energia perdida dá a impressão de que os olhos os órgãos geral ganham um sentido novo uma revificação diante de tudo e os mínimos elementos mesmo os mínimos elementos da natureza eles se transformam, se transformam e nos envolvem transformando a nós mesmos como uma espécie de imagem e semelhança das coisas. Aquela Ana deixava de ser um símbolo de uma reificação o que ela estava vivendo parecendo um universo que ela mesma se ressignificavam essa temática da revificação é muito frequente na condição do homem que perde o seu habitat, seu habitat como homem o seu modo de viver como homem a sua natureza sensível e muitas vezes inteligível aqui nós devemos atentar para a nossa condição na vida nós passamos por condições, situações e nos deixamos envolver por situações psíquicas que tiram de nós o que nós temos de mais caro que é o nosso modo de ver, o nosso modo natural de ver para que a gente possa reconhecer a nossa própria vida a dimensão do existir diante da vida isso é o que nós temos de mais raro, se perdemos isso estamos mal fadados agora observar que a frequência com que isso acontece é enorme é muito grande isso que deve nos assustar e de que maneira sem querer nós submetemos o outras, às vezes somos submetidos há uma outra dimensão que não é a nossa e vamos nos acostumando com essa transformação vamos nos detendo muito mais na captação do outro, o outro sem querer vai nos dominando porque nós queremos fazer tudo muito bem feito diante da nova condição e que nos encontramos por uma força que nós não sabemos de onde vêm e a morte vai nos dominando paulatinamente até chegar o momento e que nós já não nos reconhecemos ou o reconhecimento do antigo eu fraqueja ou nos assusta diante das novas nossas novas situações então está o tema deste capítulo e que ainda segue é um tema fundamental que é a questão dessa morte simbólica nós depois veremos em outras condições de que maneira ela se opera em nós.

A noção de choque a que Ana foi submetida sua vivência estridente naquele bonde significa psicologicamente o grande solavanco que deve ocorrer em nível profundo quando a morte simbólica atinge de uma maneira também profunda o ser humano as relações as cenas que envolviam todas as cenas que envolviam Ana ou que envolveram Ana naquele bonde a imagem do cego seu pseudo sorriso a quebra dos ovos o grito fundamental que eclodiu do seu ser foi todo um processo de mobilização do seu mim independente das direções do seu eu racional importante entender essa bipartição para que compreendamos as ramificações do sujeito em relação a deteriorizações que sofra no seu plano de existência tem que se entender que essas mudanças profundas na existência atingem a essência do ser humano e daí ela levar aquela fisionomia mudada pela vida considerando a normal então há que se entender que Ana a partir daquela hora sai do Jardim Botânico carregando dentro de si todas as fantasias, todos os elementos de sua mudança internalizados no seu ser o processo é lento mas ocorre sua figura continua transitando indo para sua casa recebendo visitas seus filhos peraltas seu marido com as suas atitudes sempre iguais e Ana a olho nu é a mesma Ana não teria mudado nada aos olhos dos outros mas deve-se notar que ela está passando por profundas transformações do choque que recebera. As imagens voltam sem que ela tenha possibilidade de segurar em si mesma os riscos e as mudanças e as metamorfoses porque ela poderá passar parece apesar de ter causado tanto espanto que todo fenômeno de sua do choque, ronda o seu espírito o seu ser e Ana está quase não se contendo por isso depois que todos saem da casa as visitas, os filhos vão dormir o marido está na cozinha, Ana está em sombria olhando pela janela vendo olhando a cidade pela janela de repente ao ouvir um barulho Ana volta aquele estranho ruído barulho que o fogão da cozinha provoca que é um índice, é um índice de desequilibre de perigo nos defeitos cotidianos da casa e bem onde ela cozinha onde ela fica quer dizer o símbolo da explosão é iminente, então ela ouve o ruído e associa com o barulho do fogão porque ela está eletrizada ela está hipersensibilizados pelas transformações que ela vem sofrendo daquele bonde para cá então o modo dela reagir correndo

QUESTÕES INDELÉVEIS DA MORTE

até o marido até a cozinha com medo de tá acontecendo alguma coisa e ser um dado natural da xícara que ele derrubou que caiu é uma espécie de relação de estranhamento entre a sua realidade interior e a realidade da vida normal do que ela vinha vivenciando antes de tudo acontecer. Então é quase que um ressuscitamento uma ressurreição de Ana para a vida mediante a possível transformação pelo choque a cena final do conto do marido tomando olhando-a e tomando por sua mão ele achou estranho grito que a Ana deu o susto que ela teve que é um grito a extensão do grito do bonde ela ele achou estranho, quer dizer, ele quer do jeito que ela era mantê-la a manutenção da ordem do estado psicológico de Ana que parece ter ficado alterado e ele estranha esse processo de estranhamento do marido é um modo como ocorre sempre quando uma pessoa em processo de transformação quer se impor que ele reage diante do outro de uma maneira que ela não faria anteriormente e ele se assusta e ele se assusta pela reação de Ana que se estende do bonde até a casa até a cozinha da casa então ele a vê como mulher toma sua mão não olha para trás é interessante essa imagem é do mito é mítica que se virar para trás segundo o mito transforma-se em pedra mas ele não olha para trás e ela é levada por ele e ainda dizendo que ele não quer que aconteça nada de mal para ele é na verdade para ela no locomento de seu espaço psicológico que está para acontecer e ele salva-a dessa sua transformação como se a salvasse de um estado de perigo pelo qual a Ana passa.

O caminho de busca da morte e assinalando neste capítulo a questão fundamental da morte simbólica que valeremos agora depois de ter passado por um poema é um poema determinante de Chico Buarque de Holanda é pedaço de mim e da personagem tão bem construída de Clarice Lispector a Ana a dona de casa Ana que perdeu sua identidade ao longo da vida passaremos ou uma obra cinematográfica sempre que possível optamos por esse código artístico a linguagem fílmica que acreditamos nesse tratamento, para esse tratamento que estamos dando ao tema da morte ser o cinema uma fonte perfeita de apresentação do problema mesmo nas condições que não parecem ser construídas para esse fim. O cinema é extremamente realista e nós não temos um exemplo tão intenso para compreendermos, assinalarmos determinados traços das questões e da questão da morte tão complexa e tão ao mesmo tempo abstrata e encontramos no cinema uma vida e dicção um campo de verossimilhança que é que acaba argumentando por si só em favor de temática tão complexa por isso já neste livro nos valemos de Ingmar Bergman no capítulo um, depois no filme Menino

Moretti para tratarmos do luto e as extensões do luto algumas alusões de filmes e agora assumimos o comentário reflexivo analítico do filme *21 Gramas*, *21 Gramas* do diretor mexicano Alejandro González e o filme que é realizado por meio de atores, atores importantíssimos por trazerem esse caráter de expressividade realista como é o caso de Benicio Del Toro, este cineasta mexicano que conseguiu ganhar Hollywood, ganhar Los Angeles que nós temos aqui não só esse filme mais outros de sua autoria como *Babel*, *Amores Brutos*, em que o diretor pode mostrar a grandeza de sua capacidade de trabalhar temas difíceis. No caso de *21 Gramas* temos um excelente exemplo artístico, excelente exemplo artístico em que para mostrar a questão várias questões concernentes a morte simbólica mas que não é só a questão da morte simbólica temos nesse filme a morte propriamente dita a morte representada na sua no seu rosto verticalizante, frio muitas vezes que fala por si só ou não fala mas atinge todos aqueles que estão vivos e que parecem nunca acreditar na no nosso na nossa mortalidade e mais na fatalidade da interceptividade da morte nós temos portanto estamos caminhando vagarosamente para tentar (abri em Deus) as gamas no sentido que envolve a morte nesse filme a morte e as suas e os seus efeitos colaterais, quer dizer o espaço do luto é bastante presente no filme o espaço da própria das próprias dissensões da vida que aí no caso assinala-se, assinalam-se os elementos que determinam a morte simbólica, a melancolia dominando personagens estados de depressão profundas atingindo afora a morte condições de vida de caminhos tortuosos de personagens perdidas nos obstáculos que a vida oferece a vida portanto deve ser entendida aqui como vida, vida essa conjunção latina (dimose a) amor e morte é um filme que trabalha essa questão da conjunção amor e morte com muita destreza muita cuidado e não poderia deixar de atuar neste livro como um exemplo e uma sugestão anterior a tudo que o leitor veja *21 Gramas* como um universo paradigmática, paradigmático de questões densas concernentes à vida digo vida sempre aludida conjunção entre vida e morte é uma relação tensa dialética sobre o ponto de vista psicanalítico seriam relações tensas no interior na divisão doce mesmo das personagens, quer dizer esse ponto de vista filosófico nós temos aqui a o teor de ambiguidade próprio desse assunto eternamente dividido não de maneira maniqueísta quando se o maniqueísmo tenta se impor nada dá certo e aí nós temos que entender as grandes questões que envolvem a vida sobre o ponto de vista dialético muito bem é assim que estamos começando a apresentar ao leitor é como espécie de convergência de relações, convergência de relações de sentido dentro desta polifonia sintomática no tratamento da morte. O filme, portanto, trabalha a sua originalidade está na forma como ele trabalha três núcleos de personagens três vidas independentes que dependendo do fenômeno que a vida oferece de um evento elas passam a se entrecruzar e se tornar núcleos dramáticos onde em que proliferam as questões mais relevantes da vida e da morte. São três vidas que se entrecruzam consistem em três histórias que cada vida, que cada vida nossa paira no reduto da existência somos heróis cada um herói de seu reduto, no fluxo existencial então nós e daí separadamente tudo já se torna complexa porque a vida é complexa viver é complexo não há vida agora quando esses caminhos se entrecruzam as coisas mudam de lugar e os sentidos ficam muito mais difíceis de se dominar, muito bem são três histórias de vida em uma protagoniza Cris, Cristina com um passado marcado pela droga o que já demonstra uma destituição da sua inteireza ela já vivencia no recôndito de seu ser máculas de uma morte simbólica que a droga leva a ter vivência a olho no uma vida saudável seu marido arquiteto e duas filhas e duas filhas meninas vivas bonitas, saudáveis, que comem chocolate que tem seus brinquedos de gosto de bom gosto uma vida burguesa uma vida essa vida de Chris a outra vida quer dizer no caso de Chris a outra mácula está na droga mesmo nessa fase de vitalidade, nessa face Paul o outro reduto é do protagonista Paul que é um professor de matemática é o que mais reflete a personagem reflexiva no filme, Paul é um doente é um pato cardíaco que trais a que está na fila de transplante do coração casado sem filhos com uma mulher um pouco estranha um pouco fugaz um pouco alto centrada e com crise de ciúmes de traição que o culpa ela é uma pessoa que culpa que gosta de vivenciar-se auto justificando culpando o outro esse é Paul. Ele é uma pessoa humana reflexiva uma pessoa sensata o Paul, fumante, mas que assumi a sua dificuldade como na sua pato cárdia, quer dizer, deixar o cigarro. Finalmente Jack, Jack que é um personagem que vive sob a condicional a liberdade condicional por um passado com desvios ele já foi preso é um personagem interessante que agora se aliou a religião passou a ser inveterado religioso e começou a absorver de maneira doentia os ditames bíblicos e dos cultos que ele frequenta e ao mesmo tempo ele está em liberdade condicional e o Jack e é estranhamente, quer dizer ele é uma personagem grande um homem forte grande, grande cheio de tatuagens do seu passado comprometido e a cicatriz tatuagens que vão comprometê-lo vão levá-lo a perder um emprego em uma fase de ajuste com a sociedade. O Jack em contra partida é uma pessoa sensibilíssima, sensibilíssima que só que acreditando nos ditames religiosos que vai atrapalhar a confundir mais a sua estrutura mental cotidiana casado com Maria tem dois filhos, então nós temos Maria torce, luta para que Jack volta na normalidade mas ele tem dificuldade para isso e além de projetar na família as obsessões que ele aprende na igreja muito ligado ao pastor que não consegue, o Jack se sobre eleva ao próprio pastor e não aceito os conselhos pastor quando começa a brigar com Deus em fase de rebeldia por não dar certo as coisas nas quais ele acreditava que a vida dele começa a dar errada, isto porque depois que tudo está caminhando bem razoavelmente bem com perdas Jack vive, vive a morte simbólica com muito e ao mesmo tempo assim com Paul, do outro jeito nessa fila de transplante se vê no hospital ao lado de pessoas cadavéricas e dialoga tensamente com ele mesmo no sentido da vida e no sentido da morte, muito bem nós temos então aí uma, uma três redes, três redes três universos todos densos todos em que a morte simbólica permanece nos três casos, nos três casos por deficiência por perdas, perdas que eles já tinham tido, perda da saúde em Paul, perda da identidade em Cris perda mais ainda dá de vida de vida de vida normal que lhe é trancada no caso de Jack nós já temos três personagens antes de acontecer o pior três personagens com morte simbólicas fundamentais fatais nas suas existências agora um evento um acidente desencadeia mais ainda desequilibra a tentativa de equilíbrio dessas três personagens e ela se dá por meio de um acidente Jack no dia de seu aniversário indo pra sua casa onde amigos o esperam ele, ele acidente ele atinge três pessoas em uma curva, o pai e as duas filhas quer dizer o marido de Cris e suas duas filhas morrem neste acidente ele está com a sua caminhonete em que o sangue suja a caminhonete, suja a caminhonete é um elemento metonímico muito forte esse o sangue das personagens na caminhonete, muito bem, esse elemento desencadeia todo movimento de entrecruzamento dos três núcleos de protagonista do filme dá para compreender que o acidente de Jack que apegou que atingiu o marido e as filhas de Cris pequena burguesa e sem dizer que Paul vai receber pela situação o coração do marido de Cris num transplante que como transplante foi bem-sucedido foi muito bem sucedido.

Temos três paradigmas uma vez associados na sua verticalidade correspondentes as três personagens protagonistas do filme que se entrecruzam apesar do filme ser construído por flashes, trechos não em uma relação cronológica ou num posicionamento linear para o nosso interesse aqui neste livro nós ajustamos esses elementos e devemos tirar algumas relações conclusivas no que tangência a questão da morte e a questão da morte simbólica e até a relação da morte simbólica com a morte propriamente dita comecemos pelo personagem Jack rompendo com a qualquer ordem de outra natureza do filme. Jack é um personagem recheado de relações mortíferas nele a morte propriamente dita o persegue ou está sempre relacionado a essa personagem mas as outras mortes são quantas vezes morremos uma frase do filme quantas vezes morremos então passemos em Jack várias mortes não digo virtuais mas mortes simbólicas que atingem profundamente essa personagem frágil, sofrida uma personagem conduzida pela dor e por uma van tentativa de se acertar com os parâmetros da vida toda vez que Jack tenta alguma coisa lhe acontece que o desvia dessa busca dê uma vida normal de uma vida, então nós temos nele primeiramente já um passado no filme ela já se inicia com um passado marcado pelo crime e que o levou a ficar preso várias vezes a prisão é um reduto que aprisiona Jack não só como materialmente a prisão preso presídio mas é um aprisionamento psicológico, Jack sofre de um aprisionamento psicológico e isso o conduziu por meio de certas pessoas a religiosidade ele se "salvou" dos crimes por meio da religião e do frequente e da suas idas aos cultos e mais eles já trazem em si outros tipos de aprisionamento que o leva a morte simbólica ele é um vivo morto ele é um vivo em condições de morte longe de encontrar a sua, o seu estado de identidade vital, nem sabemos quando Jack conseguiu ser conseguiu existir como as demais pessoas como seus amigos ele é uma pessoa que tem muitos amigos mais que eles quando acionados são de maior euforia estranha a propósito Jack é um personagem disfórico, disfórico e ele vem perdendo a sua vontade de viver perdendo a sua força de viver a sua até sexualmente com a Maria ele vai perdendo a sua vitalidade sua energia e as pessoas que estão a volta sofrem, sofrem a passionalidade, o sofrimento de Jack os seus dois filhos têm uma relação extremamente frágil, os filhos ele vai perdendo ele chega a perder a confiança dos filhos que os olhos olham por entre meios, crianças mas que houve na escola sobre crimes do pai de seu pai e aí da forma de educação é fragilidade que fragilizada de Jack não é Jack, Jack é um simulacro disfórico de Jack isso é que provoca a morte no caso dele a morte simbólica que realmente no caso dele parece que é pior que a morte física eu acho interessante assinalar esses aspectos muitas vezes essa morte simbólica na verdade ela acaba ressoando pior que a morte física porque com a morte física nós temos uma natureza de fim e de silêncio depois da morte física e o resto é silêncio para lembrar Shakespeare quer dizer então não há o que fazer em relação à morte física mas a morte simbólica ela fica rondando os descaminhos das personagens a vida das personagens percebemos na mulher de Jack, Maria uma seriedade pra vida e uma vontade apenas de viver e de ter no marido uma conduta de vida e disposição para a vida que falta na sua melancolia profunda ele não tem disposição para a vida e ele se entrega ele quer ser preso um elemento em Jack ele quer ele tem consciência de culpa muita culpa tentou suicídio na prisão tentou a morte física quer dizer ela é relevante na vida de Jack, a morte física está presente, tangencia o tempo todo então nós temos essa entrega desfavorecendo a personagem portanto nós temos nesta figura um exemplo muito grandioso do que estamos querendo relatar é mostrar neste livro quer dizer as relações de entrega de a baixa estima de insuficiência de falta de competência para vida de entregar-se a vida prejudica não só a personagem de Jack mas a todos que estão a sua volta o que deve ser salientar agora é a sua grave relação com a religião como ele tem necessidade da religião falta-lhe tudo ele vai encontrar na região uma saída é a sua fase aparentemente melhor quando ele está não preso ele está em condicional encontra trabalho e acredita nas palavras de Deus transmitidos pela religião a religião tem uma função muito representativa nesta personagem é uma muleta, é uma muleta e a euforia dos fiéis ao responderem ao pastor nos cultos são focalizadas as respostas de Jack que vai cada vez mais automaticamente como um autômato entrando nas palavras acreditando e ele então ele acredita piamente e tenta orientar um jovem que ele conhece quer colocar no caminho do bem a fazer da mesma maneira e o jovem não atende e ele bate no jovem querendo ele quer colocar a força as suas condições religiosas no jovem, então ele tem muitas tatuagens Jack, essas tatuagens já vinham nele agora ele depois dessa fase melhor ele transforma, o rosto de Jack fica sereno, mais sereno limpo nós percebemos portanto quase que um, quer dizer esse escapismo da religião parece soar bem em Jack, mas quando ele está neste auge quer dizer uma grande caminhonete que tirou em sorteio, ele acha que tudo é a palavra de Deus tudo é o dedo de Deus que resolve entre está completamente obcecado e é isso que ele tenta ensinar à aquele rapaz quando ele está nesse auge ele perde, ele tem dois elementos muito negativos ele perde o emprego no campo de golfe ele perde o emprego e esta perda do emprego era por causa das tatuagens os clientes reclamaram apesar de ele, quer dizer, não adianta que ele vá pelo caminho da religião ele possui marcas indeléveis no corpo representando marcas indeléveis no espírito que não os deixam viver cor-retamente a perda do emprego foi altamente significativo pra Jack mas a perda maior foi o acidente que ele provocou que aconteceu com ele matando o marido de Cris e as duas crianças filhas estes foram que para Jack foi uma vingança de Deus, a daí Jack que se opõe a Deus com veemência e tudo que havia sido construído pra ele voltar a uma condição de equilíbrio apoiado pela religião tudo se extingue, tudo se extingue e agora ele faz coisas horríveis, ele se violenta se auto flagela quer arrancar as cicatrizes queimando-as que são grandes nos braços são ele vivencia cenas terríveis e ao mesmo tempo com a consciência de culpa que o persegue dele ter acidentado ter matado o marido e as filhas de Cris certo então a personagem só vai degenerando só vai degenerando e perde completamente a possibilidade de reerguer-se da morte simbólica a única chance que ele vê é a morte física e como ele havia sido ameaçado uma vez por Paul a mando de Cris nós vamos ter ele forçando ele vai indo e forçar Paul a matá-lo a disparar tiros de verdade sobre ele então é uma degradação ou uma sub alguma coisa sub missão, sub existência, sub vida, sub tudo é mais é uma morte simbólica muito violenta é mais que morte simbólica é uma contingência desastrosa em relação à vida que vão dominando a figura de Jack e ele vai tendo cada vez mais ele vai se curvando cada vez mais neste grau de destruição de autodestruição em detrimento do sofrimento da esposa e dos filhos em detrimento de tudo, mas isto vai estar conectado com as figuras de Paul e de Cris porque nós temos então daí nós temos que passar a um segundo paradigma e depois voltarmos a comentar sobre esse entrecruzamento de Jack com as demais personagens mas como podemos notar temos um reflexo da figura de Jack na nossa estrutura social no nosso mundo quantas quantos tempos estão favorecendo esse tipo de relação, quer dizer quando e que quando Jack se opõe a tudo que lhe aconteceu ele vai se voltar contra Deus que ele aplaude e segue nos cultos e quer levar a família Maria iluda-se não entra, não quer entrar e vê a sua existência sofrida dos próprios cultos então nós temos uma figura doente ele é uma figura doente psicologicamente sofrida e pior sensível, no mundo subterrâneo de sua pele de sua subsistência é uma vida acaba sendo uma vida infernal. Thanatos acompanha Jack, uma figura normal da vida; iguais a ele nós temos muito, muito seres humanos que seguem esse mesmo risco.

Tentemos atenuar esses comentários e passemos ao paradigma de Paul no filme *21 Gramas* sempre como forma de representação da morte e de suas sequelas distribuídas no espaço da vida ou não podemos usar aqui juízo de valor, não é o caso o nosso o nosso foco é verificar a relação da personagem com a morte e a relação dessa morte com a sub mortes ou as outras mortes que não são físicas e que envolvem a personagem. Paul, professor de matemática, é uma personagem se é possível dizer assim comum uma personagem comum ela não é blindada em relação as relações sociais como é o caso de Jack ele possui seu grupo de amigos na escola ou dos Professores pessoas ligadas à educação, Paul é uma pessoa civilizada, intelectualizada, parte dele não com tanta obsessão mas é uma personagem intelectualizada que não tem filho casal não tem filho ainda mais na verdade depois vai se descobrir que é porque a esposa estranha esposa fez um aborto de raiva escondida dele quando eles se separaram grande problema de Paul, o único um dos problemas dele é essa relação estranha com a esposa.

A grande questão, portanto, em Paul é foi o fato de seu transplante de coração a morte esteve intimamente relacionada a ele, e ele poderia se isentar de saber quem foi o doador mas a sua curiosidade ou pelo menos necessidade ele é um homem bom Paul, consciente e à revelia ele quer encontrar a família do doador para poder agradecer, agradecer por tudo que o salvou a sua vida esse foi o grande problema de Paul que foi por meio deste procedimento que ele acaba encontrando Cris e foi paulatinamente desenvolvendo um afeto por ela e uma estranha necessidade de se aproximar daquela que era a esposa do doador de seu coração, quer dizer, é uma metáfora ai no caso ou é uma sinédoque porque à parte ou a relação da parte o todo é uma sinédoque importantíssima que leva conjunção metafórica do relacionamento amoroso que passa a existir mais uma vez fundindo morte e amor, a vida juntando metaforicamente, materialmente um coração, o coração do ex-marido no tórax do coração do, da personagem Paul, o grande problema foi este e daí ele vai ficar em contato com a personagem de Cris e vai cada vez mais se afastando da esposa apesar de ter feito levado a fazer, ser o objeto da extração do esperma, quer dizer, para a esposa poder engravidar nós temos aí em Paul portanto mas só que nele é nele que nós somos a síntese da vida no filme é nele que nós temos a reflexão sobre a vida porque na verdade é a concepção que aparece no filme que é *21 Gramas*, ele vai, Paul que vai refletir sobre isso 21 Gramas que é o peso que a pessoa perde ao falecer e esse 21 Gramas que resta para quem fica vivo de lutar de todas as formas por problemas, caminhos, desvios, ansiedades, atropelos e nome daquela vida perdida então é muito bem, então nós temos no Paul essa estranha relação com a morte porquê a morte esta nele e o faz viver que é o coração do outro então nós não temos um nome aqui para definir só sabemos que se torna uma obsessão nele a questão da morte do outro e depois essa incorporação da vida na figura da esposa do dono do seu coração que por sinal não era muito bom coração tinha problemas mais essa também é uma relação irônica profundamente

QUESTÕES INDELÉVEIS DA MORTE

irônica no filme que é o coração depois de tanto sacrifício, o coração deixar sequelas na personagem então nós temos em Paul aonde mais atua é ele penetrar no universo ferido, maculado de Cris e com muita paciência ele acaba conquistando-a e depois a leva primeiro a ter raiva dele por isso, mais depois vai paulatinamente se aproximando e os dois acabam se amando e inclusive Cris vai ficar grávida de Paul porque ele não conseguiu com a esposa acontece com a Cris. A morte está muito presente em Paul mas a relação e é uma relação angustiante também angustiante sobretudo porque ele passou a ter essa profunda sintonia com Cris e acaba e aceita matar Jack pedido de Cris há uma exigência de Cris mas fingiu que matou e não matou o Jack, quer dizer, olha como a morte, a morte se mantém assim articulada na figura dessa personagem interessante, nessa personagem que não é psicologicamente doente ele é consciente e é justo o início da relação foi por buscar justiça quer dizer querer agradecer a família do morto que lhe doou o coração, depois como se fosse por leis inexplicáveis do caos da teoria do caos nós temos nele que nós vamos ter esse cruzamento de Paul com Cris e o desandar de outras relações em torno daquela morte acidental sobretudo incluindo Jack e criando uma relação nefasta entre as três personagens muito bem então nós temos esse paradigma só que é um paradigma que movimenta que mobiliza as questões da morte mais na personagem se não há uma relação direta com a morte a não ser pelo transplante.

Para esboçar ao menos as três linhas paradigmáticas dos protagonistas passemos a considerar pontos fundamentais da personagem Cris trata-se de uma personagem classe média burguesa de vida fácil seria, família constituída e pelas gravações pelo que se vê no filme da relação do Pai com as filhas e do recado que ele deixa pra ela na secretária eletrônica pelo tom de voz são índices que o filme nos deixa para que a gente perceba sutilmente o perfil do marido de Cris que, que parece uma pessoa equilibrada pelo jeito leve dir-se-ia uma personagem leve no sentido de ironicamente bom coração compreensivo é o que nós podemos inferir pelos índices dessa personagem que morreu no acidente e ele era esposo desta moça, quer dizer meio excêntrica, meio voltado para ela e a família mas não nos passa uma impressão de uma relação amorosa que ela tivesse em relação ao marido, não nos passa essa imagem pelos índices colocados parece que ela leva a vida, pratica esportes, nada muito, nada até uma metáfora ou uma alusão metafórica dessa personagem com a vida ela, ela nada muito, certo então e é marcada pela droga no passado que parece que não convive mais com a droga e não faz muito tempo que deixou se deixou porque depois que a família morre ela volta fortemente a procurar aquela pessoa de quem ela comprava droga, então quer dizer que ela tem uma relação com a droga, o que revela parece-nos um certo desatino, um certo desvio da personagem que aparentemente possui uma vida muito sadia, no seu dia a dia na relação com as filhas na relação com o marido parece que a postura dessa personagem é aquela postura de quem se volta para a vida, de quem tem uma relação umbilical com a vida e não tem nenhum nenhuma atenção mais detida em relação às intempéries da vida como é a própria morte. E assim a própria morte e que vai surpreender Cris de uma maneira muito intensa, muito intensa o diretor do filme acentua o peso da morte nesta personagem vital que é a Cris no acidente leva a família toda e conforme a irmã tenta consolá-la ou trazer a realidade ela se nega porque é uma pessoa também irascível de sentimentos irascível em relação a quaisquer interferências externas ela vai fazer, quer dizer esta é a personagem Cris. Então o efeito da falta nessa personagem vale mais considerarmos a sua relação com o luto com o luto e nesse luto a gradação da ausência, como já dissemos nesse livro, ausência, perda e falta dá pra gente notar o seu convívio desesperado com ausência na busca dos elementos próprios da família perdida, na fotografia do marido e na nos pertences das crianças a obsessão pelo cadarço azul ela deveria ter colocado a filha pediu um cadastro azul e ela deixou a filha não deu o cadarço azul deixando a morrer com o cadarço vermelho do tênis isso é muito interessante são detalhes como se fosse, é um detalhe metafórico que preferimos não comentar. Como se a menina tivesse comentando, portanto morta, sido morta com o cadarço vermelho a Cris ficaria em paz então é mais um problema de consciência de consciência de culpa, quer dizer das suas atitudes com as filhas, quer dizer que ela cumpria o seu papel de mãe de uma maneira muito sua e é mais ou menos é por aí que se deve perceber os índices simbólicos também do filme e é dentro desse percurso de temperamento e de forma de vida é nesse contexto que vai começar acontecer o entrecruzamento entre os dramas são três dramas, na verdade nós temos três núcleos dramáticos do filme e ele vai ser acentuado com essa morte da família de Cris então é nessa essa mulher assim arisca, difícil, meio difícil de temperamento forte burguesa, pequeno burguesa é nesse ninho que vai entrar Paul a personagem razoavelmente equilibrada mas que passa a ter carência de saber sobre o seu doador, mais uma não terá uma família a quem agradecer era uma mulher que vai provocar todo a complicação da vida, a vida ela segue de uma maneira é interessante por aí porque para nós que entendermos que a vida ela segue o seu curso segue seu curso natural de existência, em geral é assim mas, o próprio ser humano, o próprio ser humano parece ter vontade de interferir de alguma maneira nesse fluxo vital se deixasse a vida seguir como seguem as águas dos rios como seguem assim as águas dos riachos parece que seria tudo bem na condição humana parece que o homem poderia existir mais tranquilamente nascer, crescer e num procedimento natural ir para o seu fim de maneira natural mas os obstáculos são colocados pelos próprios homens nos desvios de dentro na mudança do curso do rio em tudo que é externo e que aí que tira uma dimensão centrípeta por meio de uma direção centrífuga daí as relações de tensão entre a euforia e a disforia. A vida seu fluxo não é de euforia nem de disforia é de equilíbrio é uma realidade de equilíbrio da natureza seria a vida aliada a um equilíbrio natural do mundo e sobretudo da natureza agora alterar isso é criar um redemoinho no processo de existência como diria João Guimarães Rosa em Grande Sertão Veredas a vida como redemoinho, esse teor barroco, esse barroquismo que o homem tem dentro de si é que altera todo sistema natural da existência humana esse filme é um exemplo disso, quer dizer, a nossa a personagem equilibrada frente a vida mais equilibrada apesar de seus problemas pequenos problemas é Paul, mas ele é que vai em busca de alguma coisa inconsciente que seria de busca de agradecimento, nós não sabemos até que ponto é busca de alguma outra coisa que ficou subterrada, enterrada dentro do seu espírito que o leva a ir tão insistentemente se aproximando com dificuldade na vida de Cris e daí segundo ele, ele se apaixonou e não poderia mais viver sem ela tá certo mas não sabemos se é realmente por aí que esconde o universo de Paul porque ela foi vencida a duras penas foi vencida mas depois é isso que vai intensificar o conflito entre os três e a própria vida de Jack e já era altamente problemático, conflituoso em si mesmo as três personagens vão se aproximando para o centro do triângulo e recuam para os ângulos repentinamente de quando em quando e conforme o grau de problematização de cada um dos três o desenho se altera como se fosse o desenho de um caleidoscópio que recua e avança o movimento o brilho e a cor das pedras.

Deve-se assinalar que houve um cuidado cinematográfico na linguagem fílmica que durante todos os conflitos os focos dramáticos, o movimento das personagens o diretor criou um sistema de separação de separatismo dos três protagonistas assim Paul vai lentamente criando clima de separação da esposa e ela mesma percebe isso e vai se afastando. Cris se separa já era uma condição de solidão pelo seu estado de luto de viuvez em relação a tudo que lhe aconteceu e o Jack prefere ficar longe da família depois da sua última estada no presídio e por falta de testemunha, testemunhas liberados libertados daquele crime do acidente assim vai se criando um desenho centrípeto do universo de cada um dos protagonistas até chegar em uma condição inimaginável que é o final do filme pra quase final as três os três núcleos dramáticos estarem juntos num só quarto, num só quarto e daí o desfecho do filme com o acidente do revólver atingindo Paul foi muito interessante que as vidas as três os três núcleos de vida permeados pela morte e tentando se livrar dela acabam se confrontando no micro espaços e levando Jack a não buscar a morte mais a chegar a uma resignação a uma conciliação humana sobretudo entre ele e Cris tendo Paul como elementos mediador que vão tentar salvá-lo levando-o para o hospital nessas condições nós temos aí morte e vida novamente marcados conjugados pois a vida está limpidamente pulsando no útero de Cris que ficou grávida de Paul, a vida está no olhar de Jack que não é agredido mesmo estando perto houve um processo de abrandamento, compreensão daí várias palavras que diríamos mediante as condições profundas destes intensos relacionamentos Jack fica consegue olhar pra Cris e ela com mais dificuldade olhar para ele entendendo ambos melhor a condição de tudo e Paul sabiamente vai estar vai para morte, morte física mas trazendo deixando-a este legado, o legado vital o filho em Cris e ao mesmo tempo quer dizer livrando-se da morte fácil, da morte mais fácil que o médico havia lhe proposto trocando novamente seu coração que ele não aceitou então a morte é estranho dizer parece que vem em bom tom para Paul no final deste filme *21 Gramas*, *21 Gramas* muito bem realizado filme melhor ainda por nos trazer elementos cognitivos semanticamente devidos no filme sobre a vida e sobre a morte e sobre as tensões que carregam a vida e a morte nessa nossa existência.

Entendo entendemos que *21 Gramas* é um filme e que emoldura, emoldura a tensão dialética entre morte e vida ou entre vida e morte emoldura sobretudo as relações advindas deste fenômeno tão natural que é viver e morrer o que fica entre o que fica nos intervalos nos espaços sub-reptícios o que fica aí é que contorna complexa o nosso tornam complexos nossos movimentos de vida de existência então como veremos num conto ainda noutro capítulo as questões tem, morte e vida ficam às margens, às margens do fluxo existencial.

Para ir dando forma ao nosso pensamento a respeito da, da sete instâncias da morte devemos só resumir no final deste capítulo sobre morte simbólica que até aqui nós tentamos articular reflexões sobre a inexorabilidade da morte do Capítulo I a seguir nós fomos depois de mostrar esta implacabilidade da morte ilustrada por tantas, tantos outros por artistas pelo Cinema pela Literatura além de obras que nós não citamos aqui nós passamos para uma das referências alusivas a questão do luto a morte na sua relação com o luto, assunto complexo pela sua variabilidade pela forma como as formas de luto dependendo da gama de envolvimento do que sobrevive e a morte desde um luto retórico, um luto social até o verdadeiro luto uma contensão interior mediante o fenômeno da morte e as resultantes antes desse luto, as resultantes desse luto é que se dão em graus, graus de evolução e aprofundamento que vão desde a morte como forma de ausência, uma ausência muitas vezes alimentada pela fuga do sobrevivente a realidade da morte quer dizer desde a ausência indo para a perda a consciência da perda e aprofundando a dor que conduz até ao a falta, importante esses três níveis, são níveis mesmo de relação do sobrevivente que carrega em si a morte indiretamente uma vez que trata-se da morte de outra pessoa de sua estima de sua relação de afetividade na vida então nós tivemos um ziguezaguear do luto mostrado de várias maneiras neste livro finalmente este capítulo que se encerra mostrando uma morte abstrata, morte simbólica, a morte simbólica quer dizer de que maneira o indivíduo pode invadir se, invadir-se da morte sem estar morto quer dizer nós podemos ter várias formas de relação com a morte e perdermos ou morte ou perda que não é obrigatoriamente morte mas que perda que nós sentimos na vida nos somos muito frágeis nossa memória é cortante nossa memória sensível é densa e isto vai nos deteriorando alterando nossa fisionomia na vida como aquela de Ana no de Clarice Lispector que nem consciência tem precisa, precisando de um choque, de um choque para salientar em si a presença da morte de sua identidade então estes até aqui são as nossas reflexões essas são nossas reflexões e continuamos nessa nesse périplo que formam um desenho um debuxo um desenho da consistência da morte.

# CAPÍTULO IV

# A TRAVESSIA

## 4.1 Quarta instância da morte

O tema que conduz essa instância da morte é a travessia, que responde e corresponde aos anseios do ser humano diante da implacabilidade da morte. Devemos para tanto refletir, mas nada fazer para atenuar o perfil implacável, inexorável e inelutável dos fenômenos da morte. Esse perfil tem uma única expressão facial, apenas o seu jeito inconfundível de se impor. A morte não se explica, ela não deve favores para o homem, a morte se impõe, por mais que os seres humanos se alterem diante dela, querendo ir contra ela, em uma irremediável força e em um amplo desespero, muitas vezes nada pode ser feito. Essa verdade é a verdade, a morte não faz nada importante, apenas assinala quais são os desequilíbrios do ser humano diante dela para aceitá-la ou não.

Por isso o símbolo da travessia vem sendo usado desde os antigos gregos, desde o universo da mitologia, perpassando séculos até a era cristã. Então ela ganha mais força por meio dos rituais das várias religiões cristãs e não cristãs. Nós temos desde o fervoroso catolicismo, ao budismo oriental, ao hinduísmo, enfim, a própria existência das religiões já denuncia a busca de caminhos para tentar clarear a natureza das travessias da vida para morte.

Na Literatura ela é representada de várias formas, no primeiro capítulo, vimos trechos do filme *O sétimo selo*, em que havia essa representação da morte na sua forma de transição da vida. No teatro, a Idade Média era a temerosa de Deus, a Idade Média também foi trabalhada por Bergman, era muito comum quer dizer as formas religiosas e as esferas de representação, como exemplo a obra *Auto da Barca do Inferno*, de Gil Vicente, mostrando essas fases de passagem da vida para morte, o céu, o inferno, o purgatório, tudo representado por essas formas místicas. Aí o caso é místico de representação e de ironia até, mas trazendo o estigma da vida e da morte na passagem sempre a travessia como aparecem Dante Alighieri na Divina *Comédia* a visita de Virgílio ao inferno aquelas passagens todas de transitoriedade de um caminho pinturas as pinturas de Delacroix, mostrando Dante Virgílio em um barco indo para o inferno. Nós temos muitas e muitas obras de arte vão se realizar tendo a travessia como seu porto seguro temos na Literatura moderna quer dizer no livro Sidarta, de Hermann Hess, em que temos o mito da travessia metaforizada, alegorizando essa questão no seu romance, da mesma maneira temos em João Guimarães Rosa, talvez um dos mais importantes contos de João Guimarães Rosa que é *A terceira margem do rio*, em que a representação da morte vem nas águas do rio mitificada pelo homem que decide deixar o plano mundano e vai ficar no barquinho no meio do rio bem no trecho em que as águas trocam-se, suicidam-se como diria João Cabral, para ficar ali simbolicamente na direção da verticalidade do rio, quer dizer então são símbolos da travessia que atuam como um álibi, como uma força motriz, que tentam iludir o homem da realidade, porque a realidade já disse várias vezes é inexorável, mas tenta se criar uma fantasia, o imaginário se projeta na criação de fantasias em relação ao outro lado, como se lá fosse maravilhoso, e desce continuidade a tudo que temos aqui. A maioria das religiões fabricam um elo entre esse plano e o outro para que atenue o caráter de isolacionismo solidão separatismo que é realmente muito quer sem adjetivos que coloca a morte em uma posição de frivolidade até pois ela não se explica e não se permite explicar. Resta ao homem as fantasias em todos os mitos todas as religiões todos os credos e isso implica no medo na verdade que a é o medo da condição humana aqui cada caso é inexorável e cada pessoa é sozinha ela é despida ela é só no processo no seu processo de travessia pode ser similar ao outro, mas é não igual aqui cada um se coloca dentro desse movimento ímpar por ser tão único da morte.

Dentro desse fluxo de reflexão devemos salientar uma coisa inevitável, mas que nesse ponto a diferença entre o ato de nascer e o ato de morrer, para nascermos temos praticamente um único caminho e duas formas apenas de nascermos de nascimento natural ou de um nascimento auxiliado seria a cesariana, agora espia apenas isso, deu-se a luz a um fenômeno que a resultante é bela, mas o processo já é uma certa do sofrido, pois dói nascer e se chora ao nascer mas os caminhos não são levados tanto a dificuldades maiores todos sabemos como ocorre e quando ocorre agora é diferente a questão da morte por que o discutido assunto da travessia que gera o medo em segurança e eu não poder fazer nada a impotência a impotência talvez seja a palavra-chave desse fenômeno agora ao mesmo tempo nós temos um leque enorme de possibilidades um leque enorme de possibilidades de morte e todos sabemos disso claro que nós podemos categorizar as mortes se podemos fazer isso como categorizar a morte eu digo mas temos alguns tipos nós temos a morte no leque da Morte nós temos a morte natural a morte fruto de uma doença a morte com o procedimento natural mesmo assim nós temos aí é impossível detectar a doença que pode nos acometer e quando vem não temos certeza de que será aquela doença que vai gerar a nossa Travessia. Então já são muitas possibilidades mesmo na morte natural depois temos a morte acidental temos a morte acidental que já surpreendi que já surpreendi mais aqueles que assistem, pois é fruto de um acidente é uma morte instrumental que agride um corpo sadio intercepta a vida de alguém muitas que vezes ainda é muito jovem temos ainda a morte fruto de um homicídio as mortes por homicídio são mais violentas no sentido de alguém com instrumento tirando extraindo forjando a morte de alguém estas são algumas categorias as mais categorizados que temos são aí nós falamos três tipos de mortes mas nós temos uma que se distingue que se diferencia das anteriores anteriormente enumeradas ou nomeadas refiro-me a morte por suicídio esta morte por suicídio ela se distingue das demais e no seu devido momento faremos alguns comentários quando o indivíduo o ser humano corta o seu mim ele mesmo forja a sua Travessia é a única forma de morte que acontece no momento em que a pessoa se propõe a fazer isso por isso a morte por suicídio é considerada tão estranha diríamos tão que foge ao programa natural da morte no mundo ela rompe até pela coragem aos desígnios que criam toda subjetividade e todo mistério em torno do fenômeno da morte então estas são apesar de nós termos categorizado uma certa maneira notem que continua ao grande multiplicidade de possibilidades mas levando para o final é uma possibilidade muito grande e como se fosse em cartas misturadas de um baralho e outra coisa nos sempre estamos por mais alertados que estejamos a morte ela nos surpreende o próximo que morre nós nunca saberemos e quem é que morre às vezes nós passamos lembrar da pessoa A partir do momento que temos a notícia de sua morte Interessante notar que eu chamaria de morte anunciada a esse fenômeno de surpresa diante da morte é muito comum no Brasil por exemplo nas várias cidades menores nas várias cidades do interior hoje fenômeno já atenuados pelos eletrônicas pelas redes sociais pelos fenômenos da internet que anunciam as mortes em qualquer lugar em grandes cidades e também nas pequenas cidades mas eu gostaria ainda nós gostaríamos de assinalar um tipo de anúncio que é muito significativo uma cidade pequena cidade de 30 mil habitantes 40 mil, 20 mil, 10 mil enfim nas cidades menores do interior a morte é geralmente anunciada por um alto-falante ou uma rádio pequeno local mais a do alto-falante é a mais interessante pois ela nos toma integralmente na surpresa de nossa vida no dia a dia da vida a vida é Surpreendida pela morte e nós nunca sabemos quando fomos quando vem notícia o passamos ao ouvir a notícia em uma hora também não determinada e o texto que assinala a morte é mais ou menos assim faleceu aos 43 anos de idade o senhor José Roberto Santini popular escadinha família enlutada convida parentes e amigos para passarem à noite e acompanharem o féretro que sairá da Capela São Paulo amanhã às 8 horas da manhã desde já agradecemos a sua presença. Este é o texto quando a morte é anunciada o interessante é que se estamos na varanda durante o almoço durante uma refeição diurna a voz do locutor já nos chama atenção mas se a vento se ventila na cidade naquele momento a voz ecoa pelos cantos e não é focalizada não é centralizada aos nossos ouvidos então sabemos que é uma notícia de morte Mas não sabemos os detalhes sobre ela almoçando nós paramos com o garfo no alto fora da boca esperando uma melhora uma melhoria da notícia queremos ouvir com mais clareza a nossa dúvida é quem é, qual a idade enfim os dados da família então se o locutor finalmente a voz chega aos nosso ouvidos passando na frente de nossa casa então voltando faleceu aos 43 anos de idade Senhor José Roberto Santini já temos uma informação importantíssima o nome vamos checar entre nós se conhecemos ou não se não conhecemos continuamos a comer como se não tivesse dado nenhuma notícia outra informação se a idade, a idade é pertinente porque se a pessoa que faleceu tiver uma idade bem elevada 87 anos por exemplo por exemplo nós também só ouvimos o seu nome que em geral conhecemos e prosseguimos no nosso alimentação como se fosse só menos já se tratar de uma pessoa que já viveu muito a longevidade aí conta agora se tratar de uma idade bem jovem ficamos aguçados para entender a causa mortis provavelmente um acidente a pessoa tem 22 anos a curiosidade é maior e já vamos discutir ali alguns preceitos da Morte antes de começar a continuar a comer as relações são assim indiscutivelmente assim então nós quer dizer é importante percebemos um leque das categorias os tipos de morte para que possamos avaliar a nossa reação frente à ela bom então nós vamos.

Importante salientar que em todos esses casos que ilustrei com o anúncio da morte o anonimato é fundamental, com a idade avançada e uma longevidade já cumprida passamos a transformar o morto em mais um número sem grandes relevâncias se for uma pessoa desconhecida na mesma maneira transformamos o morto em número são vários fatores que vão fazendo com que nós temos a figura do morto parece que Nesse caso tem algum outro merece uma reflexão uma reflexão dependendo da pessoa vai realizar a partir da morte anunciada, mas ainda vale considerar que sempre fica despertado que a morte é do outro que a morte não é a nossa o outro já conseguiu resolver a questão da travessia e nesse caso também é importante ressaltarmos que quando se vai a um velório e logo depois as pessoas acompanham o caixão para o seu túmulo no enterro do esquife para o seu túmulo no enterro apesar de tudo choque muitas vezes o caráter traumático que a morte provoca os choros tudo que ocorre diante de um de um ato de morte quando finalmente entrega o corpo a terra ou ao fogo no caso de cremação parece que todos queriam cumprir o seu papel o seu ritual de vida frente ao corpo que faleceu e aí em quase todos os casos as expressões do sobreviventes dos que acompanham o morto se tornam meio parecidas as expressões um outro caso de exceção mas na grande maioria as expressões se tornam inexpressivos e todos dão as costas ao túmulo e se dirigem a entrada do cemitério buscando uma nova coisa para fazer se for uma hora do almoço segue para as casas para almoçar e a vida continua Inexoravelmente com a mesma feição que havia antes de tudo acontecer esta este é um dado é uma lei quase do procedimento de vida e morte. Poucos param para pensar que parece que isso agora não é para que não seja pertinente. Mas aquela busca da própria vida enterramos e pronto sigamos ao fluxo da vida. Vamos comer uma coisa de que gosto muito enquanto tenho vida vamos passear aproveitar o tempo correcionalmente falando do clima de Horácio *carpe diem*. Sei que na geladeira existe uma comida que sobrou de que eu gosto tanto Vou saborear lá dentro de cada um não se revela isso claramente mas é o que vai acontecer a busca da vida a busca da vida sem dúvida todos quereremos viver e se nos resta um mini tempo isso a propósito nos remete a um capítulo memorável de *Memórias Póstumas de Brás Cubas* de Machado de Assis um capítulo denominado o delírio em que a legorização da morte é mostrada de uma forma inebriante aconselhamos a leitura do capítulo, pois ele não é muito curto quando então Brás Cubas já em Delírio próximos à morte ele caminha em direção a origem dos séculos num delírio que ele teve é interessante que no final desse brilhante capítulo com sete níveis temporais finalmente a mãe natureza o toma pelos cabelos e faz com que ele veja o desfiladeiro por onde correm todos os séculos a vida e ele quer entrar no fluxo dessa vida quer dizer impressionante porque quase morto mas se lhe mostram se dão chance para viver ele quer a vida.

Nesse caminho a gente percebe que a vida tem um frenesi em si tem uma sofreguidão que se impõe, o que é listar cada um à sua maneira de pé no fluxo da existência essa vontade é esta força que leva as vicissitudes do homem frente à morte inclusive realizando coisas estranhas negligenciando outro passando sobre elementos importantes passando sobre até mesmo sobre o sofrimento do outro sobre o sofrimento do outro porque mais que a morte o sofrimento e a dor são é um lar consistem na parte mais indesejável que o ser humano possa ter a dor por isso que nós falamos muito em semi morte, morte simbólica nas condições vulneráveis da vida que dizer é difícil refletirmos nesse pêndulo que vai entre o sofrimento e a morte por que não vamos dizer que alguém queira a fora os suicidas que nem mesmo assim de questionável queira a morte como prazer mas sabemos que por exemplo a dor quando tem de vir é inevitável também e que ela é o verdadeiro sofrimento daí a conhecida expressão quando alguém morre de descanse em paz ou passou a aliviar-se do sofrimento é uma expressão recorrente que é meio consciente de todas as pessoas a frase estará sempre prestes a ser enunciada mediante alguém que tenha tido muito tempo de Sofrimento a mortes a situações de doença que se prolongam como sabemos todos quando alguém que a gente gosta muito alguém importante morre sem sofrer ou sofrendo pouco ou sofrendo durante o período curto todos dizem reconhecem que sofreu pouco porque o sofrimento é a parte pior de todas esse processo que compõe também Travessia a qual que compõem o assunto maior deste capítulo sobre morte sobre morte gostaria de dizer ainda que é sem saída é digno de um pêndulo que não explica que não explica essa condição incomoda do esperar a morte ninguém espera a morte mas às vezes ela com filetes requintados ela balança o lenço branco do espaço se anunciando Ou pelo menos fazendo com que a gente se lembre dela a morte está sempre presente na lembrança no índice a morte inicial ela está sempre nas circunvizinhanças e diz que a qualquer momento ela pode nos visitar e nos levar ela é metaforizada na obra de arte por grandes escritores o jogo de xadrez o cavaleiro frívolo as imagens todas a foice que vem ameaçar a podação da vida então na verdade não teríamos o que dizer sobre a morte a não ser essas inflexões para que possamos contribuir em uma melhor elucidação sobre ela nós todos estamos à mercê da morte as religiões tentam por todos os seus caminhos tentam nos aliviar da morte, os alumbramentos de uma catedral de um Templo nos seus rituais para os fiéis as falas dos sacerdotes enfim todo universo que tenta nos melhorar nossa relação com aquele mundo do outro lado da Travessia que na verdade não conhecemos muitas vezes com taças de ouro com todo um Requinte que a igreja sabe realizar As louvações, os cânticos, o profundo silêncio dos orientais todos os sinais possíveis para que possamos vivificar imaginarmos elevados e enlevados pelo ritual de vida corporificados figurativizados na morte na verdade o mais importante seria a nossa condição de humildade mediante a natureza da morte melhor se nós nos vestirmos de branco com uma camisa de algodão cru só isso e nos ficarmos à disposição da grande dama que é a morte devemos buscar a humildade e não a sublimação vaidosa da morte em relação à morte enquanto se vive aqueles que são mais poderosos no ouro na riqueza os bens materiais os mais poderosos tentam envolver a morte com todos os seus poderes mas nós sabemos que de nada adianta nós sabemos que de nada vai resolver o final do processo quando tiver que ser a morte virá.

Para ilustrarmos essas reflexões até aqui desenvolvida, transcreveremos a seguir um trecho de outra obra de Dalton Trevisan, excelente escritor para textos curtos e para tratamentos de grandes tema. Ele que já apareceu neste livro e volta agora com um texto muito bom denominado *Uma vela para Dario*.

*Uma vela para Dario*, de Dalton Trevisan, representa literariamente o retrato da condição humana em alguns momentos desse livro eu justifiquei o fato de caminharmos trabalhando temas fundamentais sobre a morte por meio de textos literários ou de textos cinematográficos com obras de arte geral não existe um outro caminho para deixar tão assinalado determinadas questões que passariam desapercebidas nas referências do mundo. Dalton Trevisan é bastante sábio ao lidar com imagens literárias decisivas apontando assuntos cruciais conseguindo desenhar a dor e as condições mais absurdas que na verdade infelizmente representam ou retratam a condição humana, a condição humana é mostrada sempre por grandes artistas em várias facetas e na pintura, na arquitetura em todas as formas de arte, mas a Literatura trabalhando com a palavra ela fica muito próxima do estado de ser do homem então esse pequeno conto essa narrativa curta uma vela para Dario é a alegorização sofrida dessa condição. Esse retrato é composto pelo drama de um homem Dario que tem um mal estar na rua só isto mas é importante que a gente vá relacionando os elementos do texto com os elementos da nossa vida a vida lugar comum dizer a vida como ela é mas nós queremos lutar tanto pela vida lutar tanto por essa condição com medo da morte mas nós não Agimos muitas vezes ser humano não Agimos a altura de uma dimensão mais elevada diante da vida para não dizer diante da morte conquistar um ponto elevado na vida é ter compreensão em relação à morte é ver-se no estado de morte eu diria que é uma conquista mais elevada do ser humano Já que é tão raro encontrarmos alguém que tenha essa real consciência de estar preparado é para a travessia nós temos como já dissemos formas e formas de travessia mas em qualquer uma que na verdade a morte é uma só apesar dos vários tipos é uma só ela tem um só rosto apesar da variedade de formas de maneiras de caminhos nós temos aí a morte sendo uma só entretanto temos que analisar alguns pontos que delineiam a narrativa de Dalton Trevisan primeiro aspecto é o desenho da vida Dario virou Esquina trazendo no braço esquerdo o seu guarda-chuva e no direito seu cachimbo isso quer dizer num tempo e no Espaço de Vida determinados nós temos aí quer dizer um cidadão Dario que não é representado fisicamente não tem isso não interessa na inventividade de Dalton Trevisan é um cidadão ele não precisa de ser qualificado não precisa de trazer índices valorativos Dario é um ser vivo um homem que vem fazendo seus afazeres ele vem apressado Então quer dizer que é um cidadão no seu dia a dia prevenido estava chovendo estava chovendo então ele vem com o seu guarda-chuva no braço esquerdo a chuva não estava forte naquele momento bem como o seu cachimbo aceso pois ainda não há necessidade a chuva não chega a marcar seu cachimbo porque tá Branda muito branda e quando ele vira a esquina assim a morte se pronuncia temos aí o exemplo do prenúncio da morte que não precisaria ser morte, ele poderia ser salvo mas de qualquer maneira ele teve um surto no coração e ele tem espasmo então ele tem um mau um infarto alguma coisa dessa natureza que poderia ser socorrido claro E Dario depois que ele vira esquina ele sentiu mal e se recosta no muro de uma casa e vai se curvando se entregando a sua condição frágil ou a condição frágil em que ele se encontra de sentimento de dor sentimento do mal o grande mal-estar que o derruba que faz com que ele se senta na calçada um homem um cidadão vai com guarda-chuva e cachimbo vai se sentar na calçada dado grau de mal-estar em que se encontra um sentar meio tombado Dario é um cidadão que a cada minuto nós temos muitos pelo mundo passando mal de alguma maneira um mal súbito do coração mas que poderia ser um outro tipo nós somos estamos importante colocar no plural nós estamos sujeitos a isso porque nós não podemos ver o inferno como um só no outro este é o mal da humanidade ver o inferno no outro e ele sempre se livrando dessa condição na vida então nós temos ali a partir desse instante em que isso ocorre com o Dario aí ele vai continuar no seu mal-estar paulatinamente até morrer sem ter tido um socorro a ele prestado o que interessa para nós agora é olharmos a atitude das pessoas o mal-estar que nos dá agora é muito maior da atitude das pessoas da rua que assistem a cena dramática de Dario praticamente sem fazer nada então as coisas só vão se complicar para mostrar esta infeliz condição humana esse estado humano que nos envergonha de sermos humanos que é uma atitude criminosa praticamente que o ser humano adota tanto por não querer se envolver e por falta de tudo a morte ou estado de gravidade que se encontra o cidadão se torna quase que uma distração para que os transeuntes grifamos distração e como é com o outro que ocorre o inferno então eu assisto como ao estado como uma distração mesmo aqueles mais próximos de uma possível humanidade ali no caso praticamente são dois o homem gordo e o moço de bigode Dalton se vale dessas metonímias o homem gordo de branco e o moço um disse que o interessante que as pessoas passam e perguntam se ele está sentindo bem se ele está passando mal o retrato é claro visível precisaria de uma ação imediata quando eles vão perguntar o homem não consegue nem responder não a nem como responder porque não sai as palavras e por que está naquele estado de espasmo da boca ele não responde ele não tem condições de responder então não é pergunta que se faça naquele momento é como se fazendo essa pergunta a pessoa se livrasse do que ela deveria fazer ali quer dizer ela se livra da culpa porque ela deu uma atenção de uma certa maneira ao homem que sofre então moço de bigode chega de Livrar Dario da sua roupa dos botões desabotoa o palito a camisa o cinto depois é tirado o seu sapato entretanto na conta partida dessa atitude ou da atitude de um grupo que chegou a levar Dario para um táxi que é o máximo que puderam fazer que não aceitou o doente porque não saberia quem iria pagar e nesse sentido vem o absurdo maior que são os roubos, os roubos já se aproveita situação do enfermo para deixá-lo sem os seus pertences seus pertences pessoais vão sendo um a um sem que ninguém perceba retirado o seu cachimbo com seu guarda-chuva depois seu relógio finalmente sua aliança que só ele conseguir tirar passando o sabão em casa ele fica sem a sua aliança pessoas conseguem destituídos Dario e todos os elementos de sua identidade pegam sua carteira para ver o seu nome sua origem mas depois de tudo isso some quer dizer lembrando-nos aqui antes de dentro dessa cena que isso tem um Leitmotif da história da arte nós vamos ver o corpo despido tirado do corpo destituídos pertence em muitas obras dentro da Literatura e das Artes a um filme Zorba o grego que viu partir do romance Zorba o grego que a personagem sua querida pessoa expansiva Martins não tinha ninguém para perna ela vai ser vai morrer consegui já com as velhas da cidade sentada no chão do quarto esperando a sua morte para depenar lá para levar seu para ficar desnuda num colchão sobre nada que dizer essa cena é coisa mais chocante que existem não é pior que a cena de Dario no conto de Dalton encontre todos os seus elementos todos os seus pertences vão ser retirados na rua enquanto ele vive ainda enquanto ele ainda vive e o pior é que das janelas ele serviu de curiosidade não só dos transeuntes que se aglomeram nas das pessoas das casas das famílias coloca um travesseiro sobre os cotovelos para ficar melhor para assistir a cena da morte de Dario na verdade as pessoas transeuntes eles matam Dario antes da hora perdi dizer já eles adiantam a morte e não dá para imaginar a Sensações do mal que a personalidade vai sofrendo durante todo esse processo ele não tem nem como reclamar porque o seu mal-estar é muito grande depois do taxi eles o removem para uma peixaria em frente à peixaria, visto que abrir uma farmácia muito próxima uma farmácia muito próxima na peixaria ele fica cheio de mosca são cenas crudelíssimo é muito egoísmo ser humano é um elemento difícil de ser enfrentado Mas ainda é a vida assim levada seu extremo de maldade sofreguidão que acontece nesse conto de Dalton Trevisan no meio do povo aparece alguns policiais que quase passa sobre as pessoas para chegar ali mas que ainda vão buscar o camburão enquanto isso quer dizer é chegado o momento que os que passeiam num bar estão distraindo comendo seus Lanches Alegremente continuo e nós temos Dario morto finalmente a partir do momento em que o homem está morto nós temos a evasão de todos os populares que não quero de maneira alguma inclusive se comprometer com o caso se comprometer com o caso então nós temos uma cena de finalmente de evasão e para Dario uma cena de alívio ter morrido porque nesses casos ter morrido sem Socorro teria dado tempo tentar buscar um socorro para aquele homem inclusive nós temos aí uma cena mórbida mas extremamente realista extremamente realista a gente Este é o quadro é o retrato da condição humana quando eu disse no início e estamos aqui falando de vida e morte, mas por meio da vida e essa vida quer dizer é uma vida que me reporta a cabeça do Peru o peru mais novo bicando a cabeça do Peru morto mas lá já era um peru morto mas se descuidar num peru vivo isso poderia acontecer como no caso de Dario então nós precisamos de tudo para melhorar a condição humana e não são as religiões o homem é capaz de sair do Virtual litúrgico e agir exatamente dessa maneira rituais religiosos são apenas formas de Paliativos que o Espírito do ser humano para cumprir uma espécie de Missão com Deus mas o Deus dessas pessoas ele é concretizado ele é está no universo do sentimento de culpa não é realmente aquele Deus interior por um Deus mais elevado que estaria impregnando a alma e melhorando as atitudes do homem há uma vela metafórica que o menino traz a única traz e coloca do lado de Dario mas a chuva volta e corpo fica lá submetido a chuva jogado na calçada não compararemos com animal porque não se faz também não se pode fazer com animal Nos Tempos Modernos muitas vezes o animal é mais bem tratado um animal doméstico ele acaba ocupando uma posição mais bem desenhada que a condição do homem muito bem o que Gostaríamos ainda de salientar aqui neste conto de Dalton Trevisan que é perfeito é completo é um outro anuncia que o texto apresenta é aquela são vários sentimentos fundidos num só são vários sentimentos fundidos num só primeiro nós temos aí um sentimento leve extremamente leve como viramos lá na leitura do conto *Morte na obra* de Carlos Drummond de Andrade quando falávamos do luta os namorados em sofridos pega um na mão do outro olham com curiosidade a distância o corpo e seguem felizes para praia são namorados insofridos diz Carlos Drummond de Andrade na crônica agora nós temos uma série de pessoas completamente voltadas para a vida como fala o poema de Manuel Bandeira neste livro também é absurdos na vida sem nenhum compromisso nem com ele mesmo quer dizer longe se preocupar com uma realidade tão triste é como um caso de Dario muitas pessoas alimentos o ser humano se alimenta dê uma curiosidade sem par a curiosidade da condição humana é a sua leveza de espírito ele não cabe não dá lugar a uma reflexão a uma dimensão um pouco de pensamento de reflexão ele segue um destino de leveza mera curiosidade é o que deixa o espírito da pessoa do homem do ser humano à Flor da Pele mas sem nenhuma tentativa de aprofundamento é uma profunda ignorância mediocridade que determina essa condição estamos muito longe de atingirmos com número maior de pessoas um plano mais elevado de espírito reflexão então este casso de Dario é fundamental que por um lado isso leva uma negligência rala quando a gente rala existe aquele que voltam para pensar nesse conto acho que duas personagens só tentam fazer isto outras em graus diferentes vão ficando mais e mais distanciados do corpo de Dario e mais muito distantes do fato dele estar no momento de sua Travessia já que está morrendo não simplesmente ele está morrendo diz uma idosa ele está morrendo sei e é como se isso não representasse nada são vários níveis de desdenhe deslizamento para o verdade da vida para o plano chão da vida aonde o nada predomina na grande maioria do ser humano Esta é a condição humana que se nos apresenta Guimarães Rosa nos diz em certo momento de sua obra que viver é um bicho perigoso creio que o grande pensador Mineiro traz tudo isso nesta frase viver é um bicho perigoso para quem escreveu *A hora e vez de Augusto Matraga* pra quem escreveu tantos textos fundamentais da vida e da morte sabia muito bem do perigo de viver não se diria tanto o perigo de morrer mas pode-se dizer que é um perigo de viver egoísmo da condição humana é de um grau de absoluta rigidez as pessoas se agarram a um pequeno lencinho que é um pertence seu as pessoas se ligam a um elemento qualquer desde que seja seu mas não vê isso é bíblico. A bíblia é um livro interessante mesmo como era as coisas fundamentais na vida como eu não sei falar Decor mas como você não vi você vê um cisco no olho do outro e não vê um grande uma grande madeira no seu olho por isso que a relativa questão do Olhar a questão do Olhar já fazemos aqui no determinado momento um poema do Fernando Pessoa que mostra um soneto que começa dizendo Quando olho para mim não me percebo importante a leitura daquele soneto porque na verdade o olhar a visão a visão é e não é tudo quando nós temos quer dizer em uma no espaço da vida nós temos a o modo de dizer da relevância dos olhos relevância desse sentidos que a visão ninguém vai questionar a rele-vância do ato de ver da importância de ter uma boa visão ouvir as coisas que vi entretanto é extremamente relativo relativa esta afirmação que se por um lado é muito importante ver e a cegueira é muito triste é muito complexa quer dizer uma pessoa que não consiga ver por outro nós temos a contradição que não é o ato de ver que leva a grandeza da pessoa não é o ato de ver que faz com que as pessoas percebam bem as coisas e que melhora um pouco o mundo interior das pessoas nós temos a percepção e a introjeção dessa percepção para o espírito para o modo de Sentir no modo de encarar para trabalhar Sensações trabalhar a estrutura mental o pensamento a inteligência sensível Estes são elementos fulcrais nucleares da condição humana e não simplesmente os olhos poderem ver coisas porque muitas vezes até aqueles que não enxergam bem com o olho enxerga com Espírito daí ele é capaz uma pessoa assim vir muito além das condições restritivas de uma visão de uma pessoa que vê mas que não tem visão interior a visão do ser humano é todo o ser humano colocando a prova e desenvolvendo os seus ingredientes humanos é muito bonito é muito bonito quando a gente percebia o menino completamente envolvido com o voo percebendo as coisas todas num tamanho maior do que elas eram no conto de Guimarães Rosa as margens da alegria é muito bonito aquilo a percepção aguçada para as coisas positivas do mesmo jeito como eu disse a pintura de Juan Miró toda com cores linhas e formas vinha de uma visão elevadíssima do pintor Catalão e ali uns a vida propriamente dita sem esses vieses de falta de visão apesar dos olhos às vezes pessoas que enxergam tudo até demais mas não reconhece não se enxergam no primeiro não se percebem e são completamente medíocres mediante da natureza da realidade do mundo e dos seus semelhantes assim nós temos o conto a narrativa do Dalton Trevisan como morte como um elemento estelar para que a gente possa verificar o relativismo da vida o relativismo de tudo que nos cerca.

Voltando aqui para a questão da visão, o texto bíblico mais uma vez nos ajudam olhai os lírios do campo e vede como floresce olhai os pombos nos ninhos e vede como tecem seu lugar de trabalho não olheis para o passado nem para o futuro, pois cada dia já nos dá muito trabalho nesse cada dia já nos damos trabalho. Em toda a obra de Guimarães Rosa, nosso desenvolvimento frutífero do que ele disse que viver é um bicho perigoso como viver é um bicho perigoso o resumo disso está no cada dia cada dia porque dia vida nos dá muito trabalho alguma coisa se sobrepõe a outra e são sinônimos o bem e o mal estão completamente interligados em cada palavra da obra de João Guimarães Rosa mas no tom bíblico nós temos essa questão da visão no início olhai os lírios do campo olhai os lírios do campo e vede como florescem olhai os pombos nos ninhos e vedem como tecem seu árduo trabalho os pombos representam o dia a dia que trabalhoso aquele se resume aqui na metáfora dos pombos que fazem seu árduo trabalho construindo seu próprio lar é uma imagem muito rica como são ricas as imagens bíblicas.

É chegado o momento de incluirmos neste livro uma especificidade da morte que não havia nos anunciar mas que faz parte da morte doença por mal que atinge o corpo humano das mais variadas formas são muitas possibilidades do nosso corpo oferece para as garras da morte mas este livro está sendo escrito durante uma epidemia com o nome diz que assola o mundo inteiro todos os países sabemos disso não a um país deixe de ter vivenciado a pandemia do coronavírus, que atinge sobretudo os pulmões e que muitas vezes é letal alguns resistem e se salvam ficando com sequelas na maioria das vezes mas muitos não resistem a intensidade do denominado coronavírus não poderíamos deixar de incluir nesta parte do livro esta doença essa morte ou doença, mas que é muito distinta das demais é bem distinta das demais doenças que atinge o corpo humano, pois é como se fosse uma morte provocada que um país herda do outro que um ser humano transmite para o outro e que leva a terra inteira a tantas mortes aqui não nos compete apontar para aquilo que os meios de comunicação estão sobejamente preparados para transmitir mas nos compete sim como comentar alguns algumas manifestações humanas dentro do quadro que viemos discutindo sobre a morte pois primeiramente devemos assinalar a relevância de se tratar de uma doença com os mesmos praticamente os mesmos sintomas que se manifestam num corpo e vão se manifestando no outro corpo sem que soubéssemos esse vírus a pouco tempo agora até mesmo uma criança um pouco mais desenvolvida um adolescente ou uma pessoa idosa ou uma pessoa considerada jovem passou a saber descrever os sintomas do vírus na história da humanidade já houve vários várias pandemias destacam as cinco mais famosas as mais contundentes que vem desde a antiga Constantinopla no ano 350 antes de Cristo e depois passamos para a Idade Média onde tivemos a famigerada pandemia da lepra que tomou toda Europa inclusive esta pandemia aparece no filme de Bergman que nós citamos no primeiro capítulo a lepra bubônica desculpe a peste bubônica na Suécia mas depois tivemos outras pandemias como a gripe espanhola chamada gripe espanhola todas matando milhares de pessoas a pandemia da varíola e finalmente estamos vivenciando a pandemia do Coronavírus vindo da China e se manifestando por todos os países, bom esta forma de morte ela acentua o caráter noctívago nebuloso misterioso da própria morte e já em si como já vimos nos capítulos anteriores a morte eu já disse aqui não tem uma adjetivação não há um epíteto para a morte ela fala por si só e não admite elucidações maiores ou desculpas maiores nem opiniões a morte olha de frente e não há como relutar diante dela já a morte sendo assim essa morte fruto da pandemia ela vem muito mais cruel para a condição humana porque para muitos ela parece para os místicos ou melhor para os religiosos ela parece vir respondendo há uma indagação bíblica ela é capaz de dizimar rapidamente grande parte da humanidade ela é transmissível rapidamente então trata-se de uma sobreposição para o homem essa morte que o que o ameaça e se oferece permanentemente dificultando a cura então as consequências declaradas da morte por pandemia da morte por pandemia é a mudança o transtorno sobre o tudo que já existe o transtorno que ela vai realizar nos *modus vivendi* do ser humano primeiro interessante que ela realmente ela não escolhe a pessoa de nenhum nível ela visita todos se for possível se for possível levando as pessoas a se esconderem dela aquelas mais temerosas mais conscientes elas vão se esconder da morte e a estagnação social o distanciamento social as formas de se proteger as máscaras interessante que as pessoas passam a usar máscaras por causa da sua respiração das suas funções nasais ou as tosses os mini tosse higienizar-se com frequência praticamente acabar com as interações físicas entre as pessoas esses elementos que todos já conhecemos exige da condição humana do ser humano atitudes anti naturais anti sociais psicologicamente disposta atitudes dispostas a enfraquecer a condição até cerebral do homem pois vai gerar essa doença gera doenças psicológicas estados profundos de depressão atitudes agressivas das pessoas que passam a viver entre si sob o mesmo teto mais tempo do que viveria no período chamado um período normal de vida uma doença que conduz a um desfalecimento moral até moral as relações possuem implicações os afastamentos trazem resultantes nem sempre esperadas gerando sérios problemas psicossociais esta doença é interessante ela chega a intervir nas outras doenças pois as pessoas com, que já tem seus problemas de saúde frágeis já tentam cuidar desses problemas são mais vulneráveis ao coronavírus são mais vulneráveis que dizer que um fato implica outro gerando mais medo palavra-chave nesse processo mais medo na população porquê o medo já é um elemento central na questão da morte no ser humano com medo de uma pandemia o mede se amplia e gera uma permanente insatisfação um incomodo carências são percorridas carências penetram nas pessoas algumas consequências devem ser notadas por exemplo uma delas a saudade que uma pessoa passa a ter em relação a uma outra pessoa é um problema e não é saudade de uma pessoa em relação a outra apenas saudade de uma pessoa em relação a uma condição saudade de uma condição de vida e às vezes conduz as pessoas a romperem as cordas que as aprisionam e fazerem erros uma hora ou outra escapar e se entregar a uma pseudo condição normal e contrair a doença muito frequente contrair a doença é uma doença que está em todo lugar e a sensação que se tem é que mesmo com isolamento se a pessoa não tiver uma estrutura psicológica boa ela começa a fantasiar não sabendo por onde a doença pode entrar na sua vida então nós temos quer dizer não é um fenômeno muito complicado que não se pode naturalmente a gente não imaginaria vivenciar uma condição tão grave e tão diferenciada começa a construção desta pandemia as pessoas passam a usar termos científicos hospital passa ser o outro lar das milhares de pessoas que contraem a doença hospital passou a ser um termo dos mais citados passa a ser e Graças daquele consegue Feliz daquele que consegue quando contrair a doença uma vaga no hospital uma vaga depois de conseguir a vaga vem a problematização dos aparelhos dos medicamentos dos elementos que vão auxiliar na melhora do paciente se isso ocorrer ainda se dá uns satisfeitos apesar das sequelas que ficam com a pessoa coisa que alterou altera muito de uma pandemia desta natureza e isso deve ser analisado com muita acuidade é a relação entre profissional da saúde e paciente a relação é uma das relações que deve ser analisado a relação entre o profissional da saúde e o paciente porque em geral como Veremos no próximo capitulo deste livro em geral a relação entre médico e paciente enfermeiro e paciente isto é entre profissionais da Saúde e pacientes é muito delicadas é muito delicada porque sobretudo em países desenvolvidos como o Brasil nós ainda vivenciamos uma espécie de mito que envolve o profissional de saúde tudo leva a este mito o aluno de medicina no seu terceiro ano de medicina mais ou menos ele passa usar a roupa branca tem-se impressão que ele tirou a sua dimensão natural se vestir deixou de ser uma pessoa normal e passa a ser uma pessoa elevada uma pessoa de outra dimensão e isto é extremamente negativo a roupa branca de bom tecido que vai elevar um futuro médico uma dimensão de semi Deus inclusive a um filme que mostra essa questão muito bem sobre o ser Deus como médico mesmo a enfermagem que em geral atua mais que um próprio médico tem um papel fundamental de cuidar mesmo assim também há um autoritarismo a uma posição de superioridade do enfermeiro em relação ao o paciente.

O paciente a partir do momento em que isso retomaremos no outro capítulo, quer dizer, a partir do momento que o paciente entra para o seu quarto de hospital ou para o seu quarto de enfermagem a enfermagem que é um quarto de hospital ele deixa para trás a sua identidade deixa para trás a sua identidade e ele será apenas um número apenas um número a poucos estudos na verdade sobre Matos paciente o elemento que vai buscar a cura no hospital este elemento sempre ele passa como eu disse um número então e o enfermeiro chefe o médico as visitas raras do médico ao quarto fica muito pouco tempo e é como um número ali paciente a não ser em casos muito especiais de pessoas muito ricas ou de pessoas que têm uma posição muito reconhecida na sociedade ou uma pessoa famosa Estas são diferenciadas são diferenciadas é mesmo em relação aos profissionais de saúde mas em doenças normais o paciente é o número e o seu corpo se torna completamente reivindicado a um processo de reivindicação que este elemento é que vai definir determinar o estado daquele paciente então É pensando assim não é pensando assim analise vendo isso. E analisando isso é irônico dizer, mas sem propósito o que ocorre é um profundo intento de desumanização nas Ciências da Saúde. Claro que não é novidade nenhuma quando nós vamos perceber os processos de desumanização como viramos como viramos nesse conto de Dalton Trevisan chamado *Uma vela para Dario*, que a personagem foi sendo desmontada quanto mais foi sendo maltratada quando tomada por um súbito no coração isso mesmo não foi levar socorrida e as pessoas foram na correria para sair dela quando chegar os policiais nós tivemos diz o texto volta de dezessete prisões no corpo que acabou de que foi Mais ainda como se diz ficando mais morto se fosse mais morto do que aconteceu não inicial em que se encontrava a boca secou porque morreu ele tinha tido espasmos de uma boca secou diz o texto simbolicamente um menino negro da tradição africana trouxe à luz uma vela para Dario então esse processo de desumanização leva imediatamente ligado aliás denominamos de reificação, isto é, o paciente de modo geral se transforma em coisa.

E nesse processo e esse processo infelizmente é muito comum é muito comum em uma relação entre um ambiente de saúde e o paciente entre os profissionais de saúde e o paciente que é que vai sendo desconstruído desobjetivado quando lhe falta um outro tipo de apoio que psicologicamente seria fundamental para sua recuperação nós queremos dizer que voltando a covid-19 que é o nome da doença covid-19 houve uma verdadeira revolução nesse sentido por quê a doença levou os profissionais a tentarem compreendê-la que não era um universo sobre o qual eles tinham domínio os profissionais de saúde passaram a conviver com algo desconhecido e tentar descobrir o caminho de sua cura ou melhora novos instrumentos surgiram novos instrumentos passaram a ser utilizados no leito do paciente e interessante não há diferença não a diferença de um paciente para o outro no sentido de sintomas no sentido de aparelho a serem usados medicamentos a serem usados assim diferença individual claro de maior resistência de menor resistência o modo de reação aos medicamentos mas de modo geral e o sofrimento é outra palavra o medo é um o sofrimento passou a ser a palavra dois que circunda a condição de uma pandemia tudo se inicia a partir do momento em que o paciente se transforma paciente que é uma um processo de transformação doída momento em que do estado de sadio de vida no seus filhos social e familiar vai haver um destaque algumas alguns índices alguns índices chamado sintomas surge em determinada pessoa com dúvidas iniciais mas alguns dos índices são determinantes mediante tais sintomas a pessoa se torna um candidato a paciente que a seguir por testes é definido se ele é ou não paciente o interessante é que este fator faz a pessoa se transformar diante dele mesmo e diante das pessoas que estejam próximos a ele e essa transformação vai levando a pessoa a uma degradação psicológica a um medo maior a pessoa se torna susceptível a doença e à sua condição como paciente quando finalmente alguns definem sua doença na própria casa mantendo em quarentena dependendo dos índices serem mais fracos enfim sabemos desses detalhes todos sabemos mas há aqueles que já tenham os pulmão mais comprometido e que é obrigado a ir para fila de espera dos hospitais ali ele já não tem mais domínio sobre si mesmo sobre a sua condição temos então é uma espécie de tragédia que vai se operando na vida daquele cidadão e quanto deixou em casa os seus próximos seus familiares todos com risco a mão todos correndo o risco de ser contaminados ou já estarem com a doença sem sintomas e passam a viver afastados em quarentena e às vezes a doença toma outra pessoa da família que cuidava da outra ou não e também vai ter muitas vezes o mesmo fim isto é ser hospitalizado nós temos alguns índices nessa doença que revelam o maior ou menor perigo é chegado o momento que todos por redes sociais ou por relação boca a boca é dita assim fui entubado o foi entubado é como uma nódoa que a gente que se recebe pelos ouvidos e que invade o corpo todo do outro em uma cidade em todos os lugares essa palavra ecoa negativamente mas em uma cidade menor parece ser pior ainda porque um conhece o outro e as relações de distanciamento são mais complicadas são mais difíceis de lidar com elas então estamos aqui falando de uma morte uma morte que passa por um leque de possibilidades entre sabemos que o ponto final que a luz se apaga a luz se acende no fim do túnel quando não a pessoa falece então nós temos aí um procedimento doloroso passemos para um aspecto que é fundamental na morte por pandemia tem-se a impressão que o internado ou parentes do internado ou os amigos do internado não tem voz e não podem ser ouvidos não há para quem chorar reclamar nesse tipo de condição de morto ou semi morto não há como reclamar ou com sequelas porque pandemia sendo assim não é não existe aquilo que é tradicional mediante uma outra doença e o contexto familiar com essa doença ou o velório passemos então a comentar essa questão que ela chega a ser mitológica nós temos quer dizer é tirado num paciente letal ou de covid-19 é tirado do ser humano a sua condição de ser enterrado dentro dos princípios de séculos e séculos desde que o homem é homem o homem nasce como já sabemos que nasce vindo do útero vindo da mãe e quando morre o belo gesto da condição humana este é um belo gesto é ele voltar hoje tem o fogo mas para terra ou para o fogo voltar as suas origens quer dizer o féretro o enterro o acompanhamento do esquife pelos amigos pelas pessoas que conhecem a pessoa morta aquele defunto é tudo é tudo durante o falecimento de uma pessoa acompanhar o féretro que sairá da hora da capela tal essa frase ecoa em nosso ouvido todos nós nascemos e crescemos vivenciando este fenômeno que justifica muito que justifica completamente a nossa condição mística é um ato Místico de vida e morte o respeito para com o morto é o que ainda possui de vivo mesmo estando num caixão é aquele momento que nós ainda nos resta referendar uma presença viva de um corpo morto de Deus que Deus poderá dele se nutrir haja o que houver seja o mais cético dos homens resta-lhe uma essa condição de respeito e aqui nos lembramos daquele poema de Manuel Bandeira momento num café que já discutimos aqui que o respeito mínimo mesmo com homens que se acham voltados para a vida o respeito nesse sentido sempre ocorrerá agora esse ritual que está eternamente no universo humano este ritual deixa de existir nas mortes com pandemia em nome de todo que acontece do excesso de número de cadáveres, cadáveres se amontoando em cadáveres dentro de um realismo fantástico dentro de um surrealismo cadáver sobre cadáver em caminhões congelados cenas assim que nós não sentimos desejo de descrever mas que somos obrigados a fazê-lo esse amontoado de corpos ficam abaixo do que nós chamamos de reificação é a reificação corroborada levada a náusea levada ao desgosto profundo para imaginemos uma senhora qualquer um uma senhora conservadora que tem todo seu respeito concentrado e conservado ser mais um corpo dentre tantos amontoados quando as cenas da pandemia chegam aos seus limites do absurdo mediante isso ainda morto são encerrados às vezes em sacos de plástico não podem ser velados para não transmitir o perigo mesmo após a morte de transmitir a doença uma filha ser obrigada a ficar durante a distância de muitos metros do corpo do pai ou da mãe e muito mais ainda pessoas que não sejam assim tão ligadas que dizer elas serem obrigadas a ficarem à distância do corpo que já é um número um número de violência dessa doença da doença tão mais que fria volto a dizer atirada do sepultamento da devolução a terra do corpo que faleceu do corpo falecido quer dizer talvez seja isso nunca poderia acontecer é um fenômeno mais que letal é uma espécie de desconstrução vivencial de tudo o que entendemos como elemento de preservação da nossa condição de existente sem isso parece que não nos restos absolutamente nada perdermos a nossa condição vida mesmo depois de mesmo quando sem vida este talvez seja um dos aspectos mais decisivos que nós gostaríamos de apresentar olharmos para esse lado agora continuando nesse percurso triste nós temos eu queria grifar agora em terceira Instância em terceiro momento a solidão da morte por pandemia a solidão da morte por pandemia nós temos a partir do momento nós falávamos do paciente a partir do momento que nós temos o paciente com o positivo de covid e ele às vezes nem se despede em casos mais graves quando tem que ir para o hospital não é dado nem a condição deles é abraçado ao parente o acompanhante que o levou porque ele não pode Tem que evitar de transmitir a doença este aspecto talvez não possa ser avaliado com palavras seja o aspecto mais doído mais infernalmente doído nesse processo e ele segue claro sem acompanhante para o interior do hospital para o interior do hospital e daí não salvo exceções como eu já disse os mais privilegiados um ou outro nós temos a pessoa no seu estado de sofrimento dor a dor fica com os acompanhantes o do sofrimento real fica com o paciente que talvez quer dizer que geral passam um longo tempo sem ter condições até de ter saudade mediante sua condição mas eu diria que o sofrimento fica com paciente né a solidão e a dor eu sofrimento físico falta de ar essa doença traz a falta de ar e por outro lado nós temos a dor da alma a dor por amor ao parente internado que os familiares passam a ter a cultivar sem poder interceder um só minuto nesse processo.

Essa doença apresenta quase que um gosto de crueldade e o interessante é que ela assola o mundo inteiro temos a impressão sei que isto é um teor místico mais biblicamente falando é como se ela viesse anunciar assim como outras pandemias não é o único caso né mas anunciar que é possível levar o mundo ao seu extermínio e das formas mais cruéis possível esse borbotão esse solavanco de pessoas sofrendo ao mesmo tempo do mesmo mal é alguma coisa sem palavras e nesse prisma eu falava da solidão porque tanta solidão que nas condições normais de saúde já é a solidão já é muito complicada e difícil aqui.

Estamos assinalando esse processo de reificação que acontece do homem para o homem na nossa sociedade em geral do que se sente superior socialmente dizendo em relação àquele que está em uma posição social inferior e depois passamos para esse procedimento de reificação para os profissionais da saúde em geral durante doenças que nos assolam no dia a dia e quando o paciente se torna paciente e passam para ser vivificados reificados em hospitais estamos dizendo isso para voltarmos a questão da pandemia ouve com a pandemia um processo de subversão a esse comportamento hoje existe todo um processo de reconhecimento justo e até de glorificação em relação aos profissionais da saúde porque esta doença foi tão singular que muitas vezes ouve uma estranha permutação entre paciente e profissional da saúde os chamados linha de frente que trabalham junto aos pacientes e trabalham um milímetro da doença por um milímetro do perigo de serem acometidos pela doença apesar de serem altamente protegidos e os profissionais já não são apenas médicos e paramédicos o médicos e enfermeiros o técnicos de enfermagem também como profissionais da Saúde estão outras pessoas outras pessoas que ocupam Essas funções dos hospitais E além disso as pessoas que trabalham no hospital o faxineiro um funcionário do corredor todos os funcionários de um hospital hoje correm sério risco porque eles não podem acabam não abdicando eles assumiram a dimensão da doença e muitos deles tornam-se paciente ouve nesses casos é uma inversão rara que não era comum quando Havia só doenças consideradas normais se podem dizer isso nós vamos ter na verdade uma inversão de às vezes de médico ele passa ser o paciente de enfermeiro ele passa ser o paciente e isso Acabou criando uma esfera de sensibilização intensa que essa doença trouxe não era a intenção Mas acabou ocorrendo isso então nós estamos tendo um fenômeno humano dos mais decisivos e dos mais humanos de toda a história interessante que agora nós falamos num pacto de humanização entre profissionais da saúde e pacientes de covid-19 ou pacientes é a relação médico-paciente nós já estamos nós temos um número muito grande deste fenômeno ocorrendo por onde a doença e não só no Brasil no mundo inteiro Então a gente tem uma condição suis generis suis generis com a vinda desta doença um outro aspecto que ainda gostaríamos de assinalar já assinalamos mas reiterar aquilo que destacamos é a condição da solidão falamos de uma solidão muito grande de uma solidão por parte do paciente que deixa os seus familiares também isolados para se tratarem da doença e quando acontece uma situação de catástrofe quer dizer ou morreu ou que o pior de certa maneira é a pessoa me na fila à espera de um leito cremos que essa condição inigualável de Sofrimento que é você que é o paciente esperar uma vaga na fila ou dentro de uma ambulância essa relação de fila ou ambulância sem ter uma vaga para pessoa que está tendo um trato precisando de um tratamento de Unidade de Tratamento Intensivo (UTI), isso é uma das coisas completamente indescritíveis e que nós todos muitas vezes só assistimos pela televisão pelos meios todos de comunicação a gente assisti a essas cenas mas assistimos também aos depoimentos os depoimentos são fortíssimos os depoimentos das mais variadas espécies que vão deflagrar esta solidão porque como eu disse antes é como se não houvesse tempo ouçamos isso não houvesse tempo para lamentações porque enquanto o parente de um paciente está querendo abrir seu coração o parente de outro paciente também está querendo abrir seu coração e se um muitas vezes está passando mal o outro morreu na fila e um terceiro morreu no hospital e assim sucessivamente é uma morte é uma doença solitária e nós não temos portanto aos destaques pelos meios de comunicação mas não há uma trégua não há uma forma de liberação do sofrimento como soe ocorrer com uma pessoa que morreu de câncer uma pessoa que morreu do coração uma pessoa que morreu de um traumatismo craniano enfim de todas as formas de morbidades que vão implicar nesta temática da solidão para o parente do paciente.

É muito sério e muito triste dizer que aprendemos com um fenômeno histórico de tanta gravidade e de tanto sofrimento que é o problema da covid-19 no nosso tempo e dessa pandemia mas infelizmente nós estamos aprendendo de maneira um pouco forçada a transformar hábitos da nossa vida social e inclusive dessa relação que já estamos várias vezes entre profissional de saúde e paciente que primeiramente essa transmutação essa inversão de profissionais de saúde se tornando pacientes Isso parece que culminou no desenvolvimento de o mundo afetivo de um mundo humanizante entre esses dois planos da condição humana nós hoje nós percebemos dois blocos um dos parentes chorando proclamando o seu doente o ser que perdeu das mais variadas formas que não vale aqui descrevermos pois todos estamos acompanhando em todos os dias milhares de pessoas quando são entrevistadas sabemos que as questão também não entrevistadas sofrendo isoladamente estas estão sofrendo muito sem ter como eu já disse as condições de se manifestar só fica o morto fica para o próprio parente apenas sem a possibilidade de uma aquela aquele envolvimento da sociedade sem a possibilidade de um velório sem a possibilidade de ter um enterro digno de um caixão nem mesmo de um caixão então nós temos por um lado essas pessoas e por outro nós temos dentro dos hospitais todo um clima que nós ficamos sabendo de humanização em que os profissionais da saúde lutam para criar no paciente uma situação pouquinho melhor com a situação afetiva um pouquinho mais digna de calor pelo humano e micro festividade não festividade de festa de aproximar dentro do possível um paciente do outro quando percebe alguma coisa como um grau de parentesco como alguma coisa que possa favorecer a sua condição de paciente tudo está sendo feito para que haja a possibilidade de cura a possibilidade de reabilitação do ser humano dentro desse universo tão sacrificado da condição humana nunca ouvimos tantas palavras de motivação como solidariedade e outras palavras como nesse nosso tempo uma coisa fica parece que fica clara a lição está sendo dada está havendo um clima de lições ministradas se não é por Deus ou pelos desígnios da própria condição da humanidade agora parece-me parece-nos que falta nos ver se estamos aprendendo se estamos devidamente aprendendo o que é uma série de transformações por meio dessa doença que aprendemos como as conferências online como as audiências online com as aulas online com as *lives* de tudo que os meios tecnológicos podem fornecer para melhorar para melhorar a condição de trabalho de vida por meio da pandemia temos aí também formas de as pessoas buscarem caminhos e ajudarem as outras pessoas também percebemos que houve um avantajado processo de evolução nesse sentido um outro elemento que nós devemos destacar é a sociabilização ou a equalização dos níveis sociais de certa maneira pela primeira vez nunca se falou tanto das comunidades pensando agora no plano da vida as comunidades todas então as favelas os núcleos as Organizações Não Governamentais (ONGs) os núcleos sociais das favelas se ajudando e sendo ajudados por outros núcleos sociais nunca sociedade uma parte pelo menos da sociedade reagiu tanto buscando a não diferenciação buscando a não preconceito social claro está que a alta sociedade de classe alta nós nem ouvimos praticamente falar em covid porque ela continua sendo a classe alta que não se mistura que se exclui desses processos mais humanos de solidariedade mais que classe média baixa o pobre ajudando pobre o homem de um bairro mais simples comprando cestas básicas acumulando cestas básicas para ser desenvolvidas entregues ao homem da favela essas atitudes estão sendo cada vez mais desenvolvidas e isso é o que vale nós estamos querendo aqui dizer que esta morte por pandemia abre passagem para que a vida penetre daríamos grandes exemplos interessante a morte e a vida mais uma vez se unindo dentro de uma consciência de vida.

Bem a partir de todas essas considerações que tentaram descrever e salientar essa face da morte e essa face da vida por um caminho tão perverso através de um vírus contra o qual não se descobria a vacina finalmente até pouco tempo foi o mundo inteiro se uniu para a descoberta da vacina e agora nós temos é o seguinte voltamos aqui a salientar a questão da vida e da morte que é o tema fulcral deste livro a vida e a morte acentuamos muito o fato ou as questões concernentes aos pacientes falamos sobre o que é paciente a despedida do paciente sem poder acontecer com parente quando dá positivo e em estado grave a sua entrada para o hospital salientamos essa questão da solidão praticamente todos os aspectos nós viemos salientando nessa parte do livro mas o interessante é que valeria a pena salientarmos agora aqueles pacientes que se livraram da doença que se livraram do hospital como se fosse uma guerra em que o vencedor é o que conseguiu sair apesar de todo desfacelado de todo alquebrado a voz destruída o físico completamente sem ação própria são as famigeradas sequelas que doença deixa registrando eu passei por aqui como se fosse assim é uma autoridade da morte que veio ameaçadora avassaladora e parece que deu chance alguma chance para que a pessoa se recuperasse vemos pela televisão ou em quaisquer situações quando as pessoas se curam no hospital deixam de ser entubadas livram-se das amarras e ganham e podem voltar para casa este é um fenômeno que vale a pena assinalarmos aqui gostaríamos de dizer que não há faixa etária que fique imune as mesmas condições muitas vezes traído traídas por elas a pessoa pode ser traída em muitos casos a doença é tão traiçoeira que a pessoa já está se sentindo em alta a pessoa já está se sentindo lá fora podendo até se comunicar com os amigos pelas redes sociais dizendo anunciando a sua volta para casa os mais jovens fazem isso se valem das redes sociais e para anunciar a sua vitória em relação à doença e no último segundo muitas vezes tem recaída e aí é duradoura ou é rápida que não dá nem tempo da pessoa reagir e ela acaba falecendo a situações e situações devemos antes de tudo nos lembrar dessa situação de recuo de recaída agora aos que se salvam como eu dizia nós dizíamos entre eles não há diferença de idade não há aquela diferença de sobreposição elevação dos mais jovens em relação aos mais velhos todos revelam uma alegria profunda em se ver salvos as imagens dos pacientes em cadeiras de rodas saindo do hospital São imagens sempre as mesmas mas cada uma delas demonstrando uma satisfação inde-pendentemente do temperamento do paciente uma satisfação indescritível aquela cena que todo mundo se lembra do paciente dar a mão saudar as pessoas que ficam ladeando a cadeira os profissionais aplaudindo é um aplauso a vida aplaudindo a saída do paciente e o paciente saindo acenando para as pessoas todas fazem isso todas as que se colocam nessa condição de quase júbilo elas acenam alegres e dentre elas algumas existem muitos jovens mais existem a maioria os idosos os bem idosos pessoas de 100 anos 90 anos entre 90 e 180 até 80 e os mais jovens entre 85 anos essas pessoas saem muito satisfeitas e muitas dessas idades são salvas e assim isso esse fenômeno revela um dado interessante imaginemos uma pessoa de 98 anos 100 anos saudando os que aplaudem por estarem saindo do hospital elas estão felicitando essas pessoas não viverão tanto mais algumas pode acon-tecer de viver apenas dias poucos meses pouco tempo de vida pela lógica da longevidade e nós e elas saem felizes da vida por esses dias por esses dias que viverão a mais isso lembras João Cabral de Melo Neto no poema no famoso poema *Morte e Vida Severina* que depois de todo sofrimento depois

QUESTÕES INDELÉVEIS DA MORTE

de tanta morte lá no sertão pessoas sendo levadas para o cemitério para a cova em uma rede que não tem nem caixão todo aquele sofrimento de vida no dia a dia se contrapõe a alegria diante do nascimento de uma criança diante do nascimento de uma criança é algo similar, quer dizer, a vida se impõe aguerrida, a vida se impõe com frenesi altivo, vencendo a autoritária morte que se contrapõe quando o momento é chegado de ela convidar a pessoa a se retirar da vida essa atenção portanto ela é assim ela é que é uma tensão pendular entre esses dois polos esses dois lados do Rio as duas margens como na mitologia grega que havia o atravessador do corpo ou do que morreu para o outro lado da vida o lado inebriante e desconhecido da morte assim sendo finalizando esses comentários no nosso livro sobre a morte nunca ouve tantas vozes elogiando a saúde procurando a saúde falando dos infectologista da higiene sanitária dos perigos acometidos por jovens desajuizados em festas grupais escondidos das autoridades mais esta escondidos deles mesmos só se traem quando alguém da família muito próxima é abatido pela doença mais são tempos difíceis e são tempos que ficarão na história para que venham outras pandemias provavelmente é da condição humana é da condição humana então voltamos a esse espetáculo como diria João Cabral da vida apesar dos absurdos que aqui narramos e descrevemos para como um compromisso nosso com a temática do livro.

O périplo da morte não se encerra e depois de termos realizada a travessia de casos indubitavelmente tristes para quem vive e para quem está vivenciando essa trajetória por existir sem saber como diria Caetano Veloso aqueceras que se destina, estamos indo agora para a última forma de morrer sem pedir desculpas a vida falarei aqui do suicídio sem transitividade suicídio substantivo, mas que na verdade atua como verbo intransitivo, optamos por desenvolver nosso raciocínio sem nenhum subterfúgio e sem nenhuma forma de adocicar ou de tornar mais amargo este ato do ser humano não nos valeremos das teorias complexas a não ser por alusão simples nesta parte do livro continuaremos realizando nosso exercício de reflexão dentro dessa postura que nos move e nos comove frente não a resoluções de coisas irresolúveis mas frente ao nosso estado de pessoa que pensa que reflete sobre tema que inquestionavelmente é tão difícil fugiremos portanto de todas as grandes linhas e concepções e só tangenciaremos essas linhas se o destino assim o quiser como aquela linha assintótica do eixo cartesiano que já citei nesse livro aquela linha que tangencia a reta da verdade, verdade que não podemos dizer qual seja não podemos ousar afirmar um aspecto deste tema tão inefável por isso vamos seguir como uma pessoa que é o caso nosso que vê o mundo por meio da arte por meio da Literatura e pelo que pelos passos que viemos e vimos dando no processo de nossa existência e que amamos o ser humano com todas as restrições cabíveis mas que nos sentimos unidos a humanidade toda viajando pelo mundo por tantos países pelos quais já passamos extraímos afora algumas visitas ou grandes visitas aos museus vendo as grandes obras por trás das quais vivemos a vida de tantos grandes artistas e chegamos à conclusão pura e simples de que o ser humano é igual em todas as partes do mundo por mais distintas as culturas por mais diferenciadas as religiões por mais coloridos e distintos os trajes o africano, em Paris, o indiano, em Londres, e assim todas as formas de vestimentas sem dizer as alimentações tão diversas, tudo é diferente em cada povo em cada estatuto social e tudo tão igual naquilo que determina o processo existencial ou essencial do ser humano nada muda nada muda e todas as formas de carências são refletidas no olhar que brilha olhar que olha e muitas vezes que vislumbra como uma lanterna mágica esse interior luzidio do ser humano e não sei o que salta nos olhos do outro para os nossos olhos quando temos a condição de olhar no olho vem o mesmo brilho afora as adversidades no tom na forma de olhar tudo se revela o perigoso revela também o brilho como aquela luzinha verde do vagalume em noite escura no filme *21 gramas* que já comentamos neste livro do filme *21 Gramas* ao momento que a personagem um dos protagonistas quase morrendo durante o seu transplante de seu coração no hospital faz uma reflexão sobre a vida essa vida essencial aqui nos referimos agora e nos conta nos revela que perdemos *21 gramas* no momento morremos descontados as águas do físico plano físico nós perdemos *21 gramas* que nunca a ciência conseguiu explicar a que se reporta esses *21 gramas* é um elemento que acaba por complicar a mente da ciência pois não se justifica e esses *21 gramas* talvez que pesa menos que um beija-flor menos que uma moeda tão leve que seria talvez o peso da nossa vida a essência da alma porque não então referimo-nos a esta a este serzinho tão leve que na verdade quando está conosco no nosso corpo nos faz tão grandes tão fortes violentos às vezes corajosos então nós estamos começando essa reflexão indo como diria Guimarães Rosa pelo desvio de dentro sem nos valermos de teorias pois também que teoria resolveria essa condição do homem que se suicida essas palavras esses passos que estamos dando agora são na direção do suicídio daquele ser que seria que seria que matar-se-ia a si mesmo tiraria sua própria vida intercepta o caminho da existência intercepta a condição de vida sabemos que o suicida sabemos que ele impacta a um impacto diferenciada entre as outras mortes mesmo as chocantes por acidente ou violência os homicídios e a morte causada pelo suicídio quando sabemos de uma notícia de morte cuja causa não existiu ou foi um suicídio o dia fica diferente os ares ficam tristes e é uma tristeza fundida de um medo uma tristeza acompanhada de um tombaço do mundo baço de uma cor baço tudo se ressente as árvores os nossos olhos parece esmorecer a ausência de vento ou vento tudo parece denunciar uma condição de coragem por um lado e medo por outro são os *21 Gramas* é muito sem palavras falarmos do suicídio. John Donne, o belo poeta inglês, criou aquele famigerado verso que nenhum homem é uma ilha que assim diz aqui colocar o poema são 12 linhas para o poema seguindo este poema se tornou icônico se tornou frase feita das esquinas nenhum homem é uma ilha mediante a verdade o teor verdadeiro que ele traz raramente nós temos um uma afirmação tão verdadeira é muito difícil e esse é como todo texto poema inteiro traz uma inquestionável verdade deste ponto nós temos que extrair a noção de não solidão de interação de mobilidade existencial nossos braços nossas mãos suscitam misericórdia sejamos humildes e sejamos não autocomiseração mais caridosos conosco mesmo a interação é um procedimento mínimo básico que voltamos aquela coisa do olho que os olhos do mundo inteiro se refletem que o John Donne fala muito bem da morte se alguém morre todos morremos de uma maneira ou de outra porque nós somos um conjunto uníssono essencial da existência ele devolve no final do poema por quem os sinos dobram eles dobram por ti que dizer bonita bonito verso tornando universal cada caso individual fazendo ressoar a existência pessoal todo mundo é importante e possui uma existência inquestionável que ressoa como nos indica a teoria do caos ressoa no outro e no outro como se ficássemos todos circulando pode ser por muito tempo mas até a gente se encontrar das formas mais complexas quase impossíveis mas nós pulsamos um no outro nossa respiração voa para longe para o alto e ressoa nos nossos comportamentos da vida por isso não dá para explicar por mais que por exemplo nós temos grandes explicações para o suicídio teorias que a gente conhece estudos modernos estudos acadêmico sobre o suicídio; um dos mais antigos é o suicídio sob a visão de Émile Durkheim, que é dentro da sociologia, um estudo relevante e de importância capital para os estudiosos do suicídio. Temos o suicídio ideológico, suicídio altruísta e o suicídio que eles chamam de egoísta, mas que na verdade é esse indivíduo de que tratamos, suicídio advindo de um indivíduo que por um motivo ou por outro deixa de suportar a vida chega um grau tal que a coragem acaba vencendo e de fazer este ato como chamaria a psicanálise então nós temos esse ato que na verdade é o de se autoflagelar. Lacan denomina de ato o significante mas eu diria ele herdou de Freud que iniciou as reflexões os estudos sobre suicídio e Lacam desenvolveu deu continuidade aos estudos de Freud claro grandes e bons estudos mas que continuamos dizendo que não nos compete nesse tipo de reflexão que a gente vem desenvolvido que nós vimos desenvolvendo aqui tentar para o grande interesse das pessoas podem ir nas teorias desses autores de Freud, Lacan para entender melhor os movimentos que eles desenvolvem sobre o suicídio.

Se por um lado temos que corroborar o pensamento de Jon Jones sobre anão o não isolacionismo do ser humano a sua condição de interação social que um precisa do outro e nós estamos todos interligados por outro lado o fato do homem ser humano ter uma condição tão vivida socialmente psicologicamente esse fenômeno também conduz o homem a determinados posicionamentos no mundo que podem levá-lo inclusive ao suicídio queremos dizer o seguinte é de Jean Paul Sartre em uma obra que eu não consigo agora localizar uma frase de existencialista ligada a resposta do homem para o mundo segundo ele nós temos que nos questionar sempre no dia a dia a quem devo responder nesta vida a quem devemos responder nesta vida esta pergunta é a pergunta se fizermos essa indagação sempre estaremos em busca de uma evolução uma pessoa por que o mundo é constituído de seres muito frágeis de seres impotentes na condição humana de pessoas poucas são aquelas de auto desenvolvimento psicológico espiritual essas pessoas sabem a quem responder por que a quem responder quer dizer a quem devo satisfação dos meus atos a quem devo apresentar a imagem que fabrico ou que fabriquei de mim mesmo e essa condição se há quanto mais gente eu dever responder com uma imagem "x"; pior estarei no meu plano de existência porque eu vou me perder diante de tantas pessoas a quem eu devo responder e são pessoas em geral nutridas de uma volatilidade social nutridas de uma constituição superficial no modo de ser no modo de pensar sem grandes profundidades seu eu devesse responder a poucos e que fossem profundos daí então valeria a pena porque eu restringiria o número e buscaria um grau superior de ser como pessoa então se eu quiser responder a muitos o mundo é muito medíocre o mundo é pleno de mediocridade o social repleto de volatilidade transitória os *shopping centers* estão lotados desse tipo de ser a vaidade a usura toda uma estrutura leve de pensar valores frágeis materialmente valorizados o dinheiro a ganância tudo a gula se há esses seres de que o mundo está repleto que eu deva responder eu poderei me sucumbir.

Porque quando eu me defrontar com uma condição sem saída por que esse universo medíocre cobra com muita veemência é um universo que vai cobrar de mim se eu, eu fragilizado diante de tudo isso não conseguir responder este por exemplo é um passo muito forte e tiver consciência disso é passo muito forte para um possível suicídio quer dizer sobra de mim quase nada fragmentos de mim é séria condição a quem respondo afora isso claro que existe uma outra condição extremamente solitária quando eu não me sinto compartilhado pelo outro com o outro quando eu me sinto isolado, usado e sem ter com quem me abrir, com quem conversar que aparentemente eu teria mas eu não encontro disponibilidade do outro para quem eu poderei me abrir dialogar esta é uma condição ferrenha que é quase que um convite ao suicídio muitas vezes nos surpreendemos tristemente com suicídio de alguém que não teria cara de se suicidar de alguém a olho nu estável bem de saúde uma condição boa de existência aparente, materialmente falando, seus valores estão a olho nu preenchidos fica uma situação difícil quando a gente percebe que a pessoa se suicidou, descobre e não deixa nenhuma explicação às vezes um ou outro deixa explicação mas a grande maioria não deixa explicação mas aí é que nós temos que nos questionar de quanto nós nos disponibilizamos para as pessoas e que imagem nós passamos a ela que não à ajuda a se abrir a evadir-se nós temos toda essa questão de não de passar uma imagem elevada de nós mesmos quando não somos nada absolutamente nada um coíbe o uso de ser nós temos de trabalhar o serviço de ser e nós mesmos para que possamos levar o outro ao também exercício da busca do ser. A rede é mais complexa do que parece é mais complexa do que parece os casos imediatos de suicídio tristíssimos eles são explicáveis de uma certa maneira não explicáveis porque o suicídio não se explica mas uma pessoa mal amada uma pessoa traída se fragilizou e não conseguiu superar uma pessoa que se auto flagela pelo que deixou de fazer um dono de negócios um senhor é público em nome da dívida que não consegue pagar são situações também porque o medo da não receptividade da pessoa no meio social leva-a pode levá-la ao suicídio.

O ser humano é um ser inteligente racional por um lado mais nunca é demais dizer no grau de sensibilidade que domina predomina no ser humano todo mundo é sensível e muito afetivo muito emotivo, o ser humano é dotado da capacidade de chorar de sentir de vivenciar prazeres de buscar sua autorrealização de uma maneira ou de outra dentro de si o ser humano o resguarda esse universo que é constituído de uma pele de um tangenciar o mundo todo mundo sente a fundo as suas instancias de sonho de fantasia de sofreguidão erótica de vida enquanto está vivo não existe este ou aquele que pode ser considerado ausente desses fenômenos sensíveis e aí está a grande questão muitas vezes a o tal isolacionismo ou a pessoa não teve chance de ser só isso chance de ser a nossa estrutura social é montada de uma maneira que interfere completamente no andamento sensível do ser no mundo e se não estiver dentro da condição imposta a estrutura social na verdade é de uma credibilidade é extremamente cruel e não interessa a classe social não interessa a idade nós somos construtos significando se eles em construção nós não somos prontos o ser humano não pode ser considerado pronto ele tem o direito de continuar se fabricando aprender mas não é assim que o mundo se organiza o mundo exige seres prontos se eu tenho 20 anos eu já devo estar pronto quando muitas vezes aos 40 não estamos pronto ou nunca estaremos prontos o machismo é extremamente exacerbado ou a mulher no caso da mulher ela é considerada meio débil a mulher por um lado tem que ser considerado um ser frágil demais ela não pode ser intensa forte e o homem tem que ser considerado forte violentamente forte quando um homem constituído de rosto largo, alto, este ser dele não por vir um traço de fragilidade e ele pode estar por dentro muito sofrido eu queria nós queremos dizer que a condição do suicídio ela toma o ser humano nós não precisamos de ser psicanalistas para entendermos o grau de dor que vai tomando a pessoa ao ponto dela se suicidar imaginemos são escalamentos são passos de dominação do vazio do sujeito que suicida são passos de uma evolução involutiva que envolve o sujeito e só lhe ajuda a chegar neste ponto drástico de suicídio nós temos de aprender a verificar que nós ignoramos muito aquilo que vai dentro de cada um nem dentro de nós mesmos muitas vezes nós sabemos o que vai nós temos tantos estranhamentos tantas estranhezas que penetra nosso ser ou já brota dentro do ser que vai devagarinho tomando corpo ganhando forma e nos afastando devagarinho do mundo que estamos inseridos onde nós temos que obrigatoriamente sorrir sermos simpáticos exige-se muito das pessoas dependendo da condição de cada um a vida se torna um martírio o martírio indefeso a vida se torna uma união um espaço primeiramente de uma pequena tristeza e essa tristeza pode no dia a dia a transformar todos os dias com aquela coisa igual de um sol calado de um esboço de vida em que tudo parece ser dominado por uma tristeza mórbida e daí se perde a noção da causa a causa foi se formando vagarosamente e a pessoa já não tem mais noção da causa primeira que a deixou assim nós dizemos assim pensando em tantos textos poéticos tantas narrativas bem realizados que desenham esse estado de sujeito que vai se proliferando dentro dele e o dominando como eu disse tudo começa com uma pequena tristeza mas depois vai evoluindo até atingir um tédio muito grande por que o tédio domina o ser interior da pessoa um tédio por um dia se justifica quando a causa para ele explicita mas o que é complicado e perigoso é o tédio sem causa declarada que vai tomando o sujeito que a carrega nós temos com tédio o mundo fica começa a querer ficar sem sentido esta é uma das gradações de que deve ser rompida mobilizada, desmanchada as pessoas tem que encontrar razão para viver no dia a dia o fazer é muito importante fazer coisas é a ação no dia a dia apenas um dia é extremamente longo um dia é muito longo para um sujeito com tédio refugia-se no sono com dificuldade se sobre eleva tudo vai perdendo a sua razão de ser então eu queria assinalar esse estado do tédio e tudo isso dentro duma relação entre o eu e o mim entre o eu e o mim eis a questão que quando acontece a cisão então aí as coisas se complicam para sempre nós temos depois que eu tava dizendo o tédio evoluído ele se transforma ao menos em depressão como sabemos a depressão é uma das falências psíquicas é um estado já evoluído de desconstrução já há necessidade de medicamentos e a sensação o perder a vontade é um elemento fundamental na depressão perder a vontade já não existe nós temos com a depressão um não saber por que isso daí porque viver porque sentir é um estado absurdo de desinteresse mas enquanto a depressão ainda há a esperança porque a depressão é ainda tratável ela tem uma certa cor uma dimensão ainda não tão sofisticada de abandono o candidato ao suicídio ele vai entrando num estado de abandono ele vai parando de ser perde-lo de si ele vai esse de si é o mim que eu me refiro que distância do eu na constituição do sujeito então nós temos ai uma demarcação de falência existe a falência dos órgãos fisicamente falando mas existe a falência do cérebro a falência da mente é a falência do mundo interior desse sujeito que perde a sua ligação Freud analisa e explica a relação entre sujeito objeto esse colar-se do sujeito objeto e a noção de perda claro é estágio de estado deprimente de um pré suicídio é nós temos a questão da perda irreconciliável esta é a gota d'água quando há uma cisão entre sujeito e objeto sabemos disso, mas é interessante voltarmos a antes disso a questão da vida posta quer dizer o que é que a vida que as condições de vida exigem tanto de um sujeito exigem tanto que ele se vê impossibilitado ainda mais quando ele responde a esta condição social como eu disse a quem respondo no dia a dia quer dizer diante do mundo medíocre que as pessoas cobram coisas minúsculas e para conferir ao sujeito a sua dimensão de bem-estar na sociedade para o ser humano medíocre tudo é fundamental viver bem significa morar bem eu não sei o que é morar bem mas a expressão é conhecidíssima morar bem quer dizer uma condição de dinheiro de bem-estar social morar bem ter bons relacionamentos é outro elemento podre na sociedade os bons relacionamentos não significam bons relacionamentos a tradição a família a propriedade para família ter bons relacionamentos é tudo quando às vezes pro sujeito nada não tem nada a ver com o que ele sente e pensa e ele vai dando continuidade ao seu mascaramento obrigatório como é um ser mais sensível mais delicado espiritualmente mais delicado psicologicamente esse ser poderá não suportar. O não suportar é uma expressão fundamental para o processo do suicídio porque muitos nas variações do suicídio muitos nem correspondem a esse universo de perda sobre o qual eu estou falando muitos se suicida por não suportarem quer dizer é compreensível é uma implosão que se dá no indivíduo mediante tanto absurdo que o envolve sabemos que nem por isso se deve se suicidar mas por isso se deve suicidar por isso que não se questiona a questão do suicídio não se questiona ninguém somos capazes de ser juízes ou algozes do ato do suicídio é um ato então porque, porque nós não sabemos o grau de calamidade que penetra o interior do indivíduo que vivencia uma situação de obstrução do ser sente-se completamente freado e submisso sem conseguir ser isso se vê em uma parede em uma parede limitadora de tudo se vê entre quatro paredes e daí a situação naquele momento naquele momento naquele estado só lhe resta essa saída da morte por isso não é nós cuidarmos dos suicidas mas nós sabemos quem é suicida a não ser que tenha uma pré suicida, ele já acometeu ameaçou antes que na verdade nós temos que ter uma condição de relação abrigo conveniência abertura sermos um mínimo preconceituoso possível na vida nós temos que nos criar naquela noção de construto nós temos que saber como lidar com o nosso ser em construção e que a gente cresça da melhor maneira possível sem tentar obstruir caminhos muitas vezes nos manifestamos sem notar sem percebermos que aquele que está do nosso lado vivencia uma situação é que está sendo flagradamente controlada pelas nossas palavras todos nós temos culpa em uma vivência social se não estivermos alertados para a gama de vivência de competência de capacidade de amar qualquer um amar é revelar este amor como diria Guimaraes Rosa uma amizade de amor tentarmos mais ser iguais ao outro e não demover o outro uma condição de ser amar uma definição medieval é querer o bem do outro incontestavelmente é querer o bem do outro se nós formos aquela rede apontada pelo Johnny que nenhum homem é uma ilha então este parece-nos este é o caminho este

QUESTÕES INDELÉVEIS DA MORTE

é o caminho se não fosse nós não sentiremos tão grande vazio tão grande
vazio a partir do momento em que alguém no momento que se ficamos
sabendo que alguém próximo a nós se suicidou no poema vazios do homem
os vazios do homem de João Cabral de Melo Neto é incrível a forma com
ele mostra essa noção de vazio do homem

Os vazios do homem

Os vazios do homem não sentem ao nada

do vazio qualquer: do do casaco vazio,

do da saca vazia (que não ficam de pé

quando vazios, ou o homem com vazios);

os vazios do homem sentem a um cheio

de uma coisa que inchasse já inchada;

ou ao que deve sentir, quando cheia,

uma saca: todavia não, qualquer saca.

Os vazios do homem, esse vazio cheio,

não sentem ao que uma saca de tijolos,

uma saca de rebites; nem têm o pulso

que bate numa de sementes, de ovos.

2.

Os vazios do homem, ainda que sintam

a uma plenitude (gora mas presença)

contêm nadas, contêm apenas vazios:

o que a esponja, vazia quando plena;

incham do que a esponja, de ar vazio,

e dela copiam certamente a estrutura:

toda em grutas ou em gotas de vazio,

postas em cachos de bolha, de não-uva.

Esse cheio vazio sente ao que uma saca

mas cheia de esponjas cheias de vazio;

os vazios do homem ou o vazio inchado:

ou vazio que inchou por estar vazio.

(CABRAL, 1966, p. 89)

Ninguém merece vivenciar essa noção de vazio essa sensação de vazio porque os vazios do homem diz o poema não sentem ao nada do vazio qualquer este verso é fatal os vazios do homem não sentem ao nada do vazio qualquer quer dizer então nós temos só ai já toda noção do nada que leva o homem a uma condição de autodestruição ou de entregar-se a uma nódoa destrutiva do seu ser aquela aquele núcleo de sensibilidade que está no homem acaba se perdendo ou tornando-se corrosão no seu ato de vida e na sua escala destruição é fundamental esse passo que é dado.

Que o estado de melancolia é o grau máximo de degenerescência do ser de colocar o indivíduo em uma condição do silêncio e do nada melancolia é evolução daqueles outros níveis de tédio depressão e outros estados assim que a psiquiatria explica que vão acontecendo com o ser em si do indivíduo e na melancolia nós estamos praticamente no final de um processo de ruína eu diria um processo de ruína que já invadiu completamente o sujeito já ouve o separatismo entre o sujeito e a sua própria imagem eu diria que é entre o eu do sujeito e o mim eu a volto a dizer prefiro dizer o mim que é a perda do si mesmo a imagem do espelho já é deplorável resta um não sei o que de um indivíduo nele mesmo eu abstraio e diria que resta uma casca oca quase que um cascalho de uma voz oca e de um ser vazio melancolia é claro que já se perdeu a noção do estar aqui do sujeito do encarar-se do sujeito e pois o que ele vê é o nada. Ele perdeu a noção da autoestima, já não resiste tudo nele ele se sente em todos os aspectos negado, negativo e negado e se esse indivíduo ele não acredita mais não há nada pior para o sujeito que ele deixar de acreditar nele mesmo não podemos, não se pode deixar o ser humano alcançar essa dimensão em todos os níveis de suicídio mesmo o ideológico enfim o que tem uma dimensão sociológica e essa individualíssima noção do sujeito em si. Para ter a coragem desse ato é porque na verdade já existe uma completa exílio do mim do estágio do mim com o sujeito portador. Então nós temos essa esse retrato e que temos de apresentá-lo para poder falar um pouco desse tipo de morte mas ele esse tipo de morte suicídio nos leva a perceber como o mundo é povoado de Deuses malditos diria que o mundo é povoado por esses Deuses, falsos Deuses heróis sem ser heróis mas que se consegue se endeusar e se mostrar argutos, vivazes, belos, loquazes, fortes dirigentes do mundo tudo o que de nada existe na verdade em um ser humano normal, mas são seres de perucas, perucas do espírito são falsas, falsíssimas consciências que rendem graça a consciência do outro leva o outro a estágios de humilhação e desdém de malquerença. Então não é que o suicídio muitas vezes é uma consequência, mas nós devemos olhar para o não suicida por isso que eu citei pra esse universo da condição humana que leva a mortes como já falamos neste livro as mortes simbólicas das mais variadas naturezas nós estamos falando de uma morte triste que é o de se matar mas existem para isso existem situações muito pior que as mortíferas fisicamente que são as mortes psicológicas o ser humano para se sobrepor para aparecer no mundo ele consegue massacrar outros seres de várias maneiras de várias maneiras nós temos uma série de coisas que não valeria a pena enumerar que conseguem levar um indivíduo como se diz para o fundo do poço para uma espécie de mortalha viva. Olha Aristóteles diz num texto seu do livro lógica aquém devemos temer, olha ler esse texto é ter é alimentar um universo triste desconhecido e muito conhecido ao mesmo tempo, pois nós acabamos por encarar tudo isso e a nós mesmos com muito medo nós temos o Aristóteles enumera vai enumerando de maneira lacônica de maneira para tática do seu texto a quem devemos temer ele consegue praticamente abarcar um sem número de sujeitos e condições de temerosidades que advêm do ser humano no final dessa série de seres a quem devemos temer ele coloca aqui a última aqui mais me atinge eu acho que é a mais significativa e representativa no texto de Aristóteles devemos temer aqueles que temem esta é a frase repito devemos temer aqueles que temem basta que pensemos um pouco para averiguar-nos que essa frase diz tudo o que não queríamos ouvir porque no ato de temer o indivíduo temendo ele entrega com facilidade o outro primeiro segundo indivíduo teme ele se negligencia diante das situações mais trágicas do ser humano na hora de um juízo de valor aonde ele deveria se manifestar ele se esconde o que teme é completamente covarde ele teme e por isso entrega sua própria mãe de uma maneira ou de outra então imaginemos eu sugiro que se leia o texto inteiro de Aristóteles, mas aqui eu estou assinalando um ponto nevrálgico que é por meio desse ponto que ele vai primo segundo ele tem uma relação associativa eu diria tem uma relação associativa com aquela afirmação de Sartre que diz a quem devemos responder nesta vida a quem devemos responder são situações sábias essas duas de Sartre e antes de Aristóteles. Então quem volta para dentro de si e passa a pensar quanto ele teme passa a ter medo de si mesmo estou falando isso nesses aspectos pensando no suicida e pensando naquela necessidade de envolvimento das pessoas mais para as outras e pensando na definição medieval de amor amar é querer o bem do outro mais isto é quanto é necessário para amar e querer o bem do outro e quando tangência o seu medo diante da vida as coisas se complicam e mais ainda se intimida o ser sensível que tem aquela fragilidade que não pode entrar no reino da desconstrução. Assim acontece não adianta nós tomarmos ou tentarmos explicar tecnicamente o suicídio, não adianta eu creio que uma serie de contornos envolve essa complicadíssima questão. Olha digo aqui um poema de Carlos Drummond de Andrade, *Congresso internacional do Medo*

Provisoriamente não cantaremos o amor,

que se refugiou mais abaixo dos subterrâneos.

Cantaremos o medo, que esteriliza os abraços,

não cantaremos o ódio porque esse não existe,

existe apenas o medo, nosso pai e nosso companheiro,

o medo grande dos sertões, dos mares, dos desertos,

o medo dos soldados, o medo das mães, o medo das igrejas,

cantaremos o medo dos ditadores, o medo dos democratas,

cantaremos o medo da morte e o medo de depois da morte,

depois morreremos de medo

e sobre nossos túmulos nascerão flores amarelas e medrosas.

(DRUMMOND, 1940, p. 22)

Como se lê, ele me reporta a um outro texto uma frase da Hannah Arendt e que diz que o medo e a esperança são igualmente negativos, pois enquanto o medo nos faz contrair a alma a esperança nos leva a saltar a realidade, nós temos ai uma bela ideia de Hannah Arendt que volta a mostrar o

QUESTÕES INDELÉVEIS DA MORTE

sufoco continuo de um construto qualquer que somos nós mesmos toda vez que nós nos colocamos nos sentimos acabados e não como em construção os perigos todos recaem em todos nós nesse movimento de vida. Olha o interessante é que é difícil entendermos alguém que intercepta sua própria vida para Freud e Lacan é não seria o eu não haveria uma interceptação do sujeito com ele mesmo mas com, eu Aguinaldo diria com a sombra de sua imagem ou simulacro do seu ser ou mim que esta incrustado no sujeito, não o sujeito em si acho que é o corte do que já não existe por isso, isso sim a gente vê que é possível que se a vida existe, existe a possibilidade de ser eliminado de ser interceptada isso é claro quando nós pensamos na fragilidade do nosso corpo na fragilidade de tudo que nos constrói sobre tudo nosso espírito mais ainda se complica ou torna-se parece que impossível nós imaginarmos uma autoflagelação ao ponto de se matar. Muitas vezes há tantos casos de suicídio na história que nós sabemos que existe o suicídio de seres conhecidos como Vansan, Van Gogh, que se suicidou e ele tão sensível, frágil e brilhante ao perceber que a sua obra nada foi reconhecida com ele em vida, ele então se matou quase diremos tentou se matar, mas se matou porque ele não morreu na hora, demorou dois dias sofrendo com o não suicídio, quer dizer é trágico e vem seres muito além disso existe aquela questão religiosa moral ainda de moralidade em relação ao suicida absurdo durante séculos eles eram rejeitados até com tal lugar que era enterrados ou as religiões não aceitava o suicida no templo é impressionante como o ser humano é capaz de continuar cruel mediante uma situação como esta.

Falta muito no mundo nas constituições relacionais do ser humano e que vai ficar em saldo devedor com as pessoas mais frágeis que estão passando por problemas interiores nessas divisões entre o sujeito e o si mesmo do indivíduo o que nós todos o que todos os seres humanos dentro do possível deveria desenvolver é o espírito de empatia de solidariedade em relação aquele que está do seu lado como sabemos na empatia o indivíduo desenvolve a competência de tentar compreender aquilo que o outro está sentindo tentar penetrar nesse universo sensível do outro e sentir tentar sentir o que o outro estaria sentindo só assim é possível compreender e se solidarizar com o ser humano ao seu lado da mesma forma complementando este procedimento a solidariedade vai acontecer naturalmente. Podemos evitar ajudar a evitar que muitas pessoas em estado frágil não se sentindo compreendida em estado solitário isolacionismo apesar de aparentemente estar bem com a ambiente em que vive devemos estar alertados para essa dimensão tão triste do momento tão instável que leva o indivíduo a ter uma certeza querer se matar. Nós temos, portanto essa força motriz que nos outorga a capacidade de evitarmos um mal maior pois a morte forjada não é positivo é bem negativa então nos pelo contrário de julgarmos depois que a atitude foi realizada devemos antes ajudar, sermos mais humanos estarmos permanentemente alertados para o olho do outro para a carência do outro e quem sabe nós evitaríamos muito sabe-se que o número enorme de jovens de adolescentes atualmente se suicidam no mundo inteiro e o Brasil está bem colocado nesse *ranking* nós temos na China, na Coreia do Sul, enfim na Bélgica, na Suécia e no Brasil isso não é difícil de compreender uma vez que quase naquela noção que nós levantamos sobre construto que o ser humano é um construto é um ser em construção qualquer idade mas é claro que se cobra em uma adolescência ou em uma Juventude leve assim 18, 19 anos nós temos os pais a família pouco compreende exigi do adolescente ao invés de coordenar a sua evolução como pessoa exige que ele tem atitudes adultas prontas e ser adulto é não estar pronto e exige na escola a imagem dele na sociedade em todos os níveis a tal boa imagem o estar bem é que eu aludi anteriormente e que nós em que a sociedade levando a pessoa responder a muitos e nem são os fundamentais pois conforme o caso nós devemos responder a quase ninguém há muito poucos para nós podermos chegar a uma condição razoável de crescimento.

Para finalizar, portanto, devemos colocar que o estado de suicídio o ato de suicídio é uma triste forma de morte. Nós temos toda vez que uma pessoa se mata existe um que um elo uma energia triste e negativa que perpassa o espírito de quem está por perto desse triste fenômeno e nos dá um que de arrependimento de alguma coisa que eu não sei o que é eu diria arrependimento intransitivo o suicídio parece que resvala em mim em ti em nós como alguma coisa que nós deixamos de fazer para termos aquela pessoa viva.

# CAPÍTULO V

## O ESTIGMA PARADOXAL DA MORTE

IRONIA DE LÁGRIMAS
Junto da morte que floresce a Vida!
Andamos rindo junto à sepultura.
A boca aberta, escancarada, escura
da cova é como flor apodrecida.
A Morte lembra a estranha Margarida
do nosso corpo, Fausto sem ventura...
ela anda em torno a toda a criatura
em uma dança macabra indefinida.
Vem revestida em suas negras sedas
e a marteladas lúgubres e tredas
das Ilusões o eterno esquife prega.
E adeus caminhos vãos, mundos risonhos!
Lá vem a loba que devora os sonhos,
faminta, absconsa, imponderada, cega!
(SOUSA, 1986, p. 30)

A quinta instância da morte, na verdade, como nos outros casos, traz laivos da vida para manter a relação dialética morte/amor que sustenta a validade do ser neste plano existencial. Para prosseguirmos nessas reflexões, não poderíamos deixar de refletir sobre a natureza do homem, não como objeto acabado e irrestrito, mas como um construto que sempre está e estará à disposição de complementações fornecidas pelo trabalho da existência; entretanto o homem mediante sua irredutível natureza psicossocial estará sempre acreditando que é um ser acabado. É chegado a um momento, no fluxo da vida, que o jovem ser, ainda adolescente, é tratado com profunda contradição por seus pais, por seus entes queridos, que passam a considerá-lo como ser adulto. Isso está claro nas expressões utilizadas e nos epítetos relacionais que apontam para o jovem ainda em formação, cobrando dele um estado de acabamento mais definido do que é o verdadeiro. Mas ainda isso ocorre quando a pessoa atinge uma idade mais adulta, entre 20 e 30 anos, que aí já são exigidas atitudes, valores morais, constituição psíquica e muito mais para que o indivíduo tenha posturas completamente acabadas. O que queremos dizer é que não se pode, jamais, esperar de um idoso as atitudes de uma criança ou as veleidades de um adolescente inseguro, pois isso contrariaria o que se espera dessa pessoa, não só acabada, mas já idosa; quando, na verdade, o ser humano é um construto com várias portas e janelas para que sejam concluídas na constituição de sua estrutura mental pelas três dimensões: consciência, subconsciência e inconsciência. O resgate dessas incompletudes pode na vida vir a duras penas, que as contingências da existência vão determinar. É difícil para o ser humano descobrir que o seu conjunto, sua compleição como humana, advém por um complexo universo de relações associativas entre os três planos de sua psique e sua trajetória de experiências pela vida.

O ser humano é a resultante do universo de fragmentos que não se podem definir, mas que se movem como um belo caleidoscópio ou como um palimpsesto em que as escrituras, as rasuras, as ranhuras se sobrepõem, deixando explicitar, diante de nós, o enigma que ele é. Nesse movimento que vimos discutindo entre a vida e a morte, não conseguimos, em momento algum, delinear com clareza nem um nem outro plano dessa dualidade. Lutamos para tentar compreender a morte, mas também não compreendemos a vida – teorias são realizadas, estudos proliferam-se a cada dia e o que ocorrem são sequelas de uma profunda frustração por estarmos sempre voltando ao mesmo ponto. O interessante é que o ser humano se submete à sua própria condição: o vislumbrar com o nascimento de uma criança extrai das pessoas, sobretudo dos pais e das mães, a mesma postura de alegria, de profundo contentamento e de quase êxtase, sem palavras, que corrobora o mito do eterno retorno, como denominaria Mircea Eliade, e nesse instante se consagra a reiteração da vontade e da falta de explicação para o chamado mistério da vida. Entretanto o que falta nesse fenômeno é a consciência por parte dos mesmos viventes em relação à conjunção do ser que nasce e que também morre; consiste isso em uma ingenuidade sem limites que o ser humano vai fingir ignorar e conduzir por sua vida até que o choque da morte o surpreenda.

Se por um lado sabemos que somos uma conjunção de fragmentos, por outro temos que aprofundar a consciência de que somos seres holísticos e que tudo está inter-relacionado na constituição de nosso ser. Essa instância tem como escopo ler o ser humano na sua condição de homem e na sua frágil condição de paciente. Esse aspecto é da maior relevância em todos os sentidos. Se a morte traz em si todos os seus mistérios e alimenta no ser humano a sua poção de medo e de insegurança por não podermos adivinhar e entender a forma de travessia que aguarda cada ser, mais ainda tudo se fragiliza quando o ser humano se vê em uma condição de submissão como paciente, tendo profissionais da saúde como os detentores de seu destino. Ao paciente só resta aceitar e tudo passa a ser controlado pelos profissionais. Além da vida, que denuncia todos os fatores que interferem nessa relação, a Literatura e os outros sistemas artísticos expressam e revelam situações crudelíssimas em que isso é levado às últimas consequências. A Literatura de todos os países traz na sua realização obras em que os pacientes estão nelas contidos. O realismo russo foi exemplar nesse tipo de produção. Autores inquestionáveis como Dostoievski, Tolstói, Tchekhov, fora outros, desenharam com perfeição as condições irrestritas do homem em situação de paciente. O paciente mereceria ser mais detidamente analisado e apresentado nas suas condições de saúde frágil, e isso não ocorre. Como já apresentamos na primeira instância deste livro a leitura de uma novela de alta qualificação denominada *A morte de Ivan Ilitch*, de Tolstói, desenhamos lá o perfil de um paciente, Ivan Ilitch, que mostra a transição do estado de um cidadão comum, que ocupa um alto cargo burocrático na Rússia czarina, para a situação de um paciente. É muito triste e significativo o processo de mudança que é extremamente singular, trazendo vários ingredientes nesse procedimento de metamorfose. Um dia, surge na personagem uma pequena dor e pronto. Ela vai paulatinamente evoluir e conduzi-lo à morte; com a personagem de Ivan, tudo se esmorece: seus pertences, seu trabalho, sua vontade pessoal, seus sonhos, seus juízos de valor, tudo que justifica um estar vivo, estando ali na existência da personagem. O processo de construção, não de um personagem na Literatura, mas de um paciente na vida se dá pela perfilhação de perdas em vários níveis. Parece que no primeiro gesto de perda já é anunciada a condução do indivíduo para uma possibilidade de entrar para o corredor da morte. Aqui, façamos parênteses para um texto anteriormente apresentado em que não houve nem tempo para que a personagem se transformar em paciente, de tão rápido que foi o processo do ato de sua reificação. Refiro-me à personagem Dario, do conto

*Uma vela para Dario*, de Dalton Trevisan, e o modo sem palavras com que os curiosos, antes de pisoteá-lo, vão tirando-lhe os pertences, um a um, até atingirem a tirada de sua aliança, que só Dario era capaz de tirar com ajuda do sabonete. Dalton Trevisan é um passo exemplar do que retrata essas situações de morte e de absurdos próprias da condição de vida do ser humano. Por isso temos, aqui, de aludir a mais um conto desse escritor paranaense, que fala por si só, trazendo aquela temática do abandono e da reificação do homem pelo homem em situação de fragilidade. Trata-se do conto *Eis a primavera*, transcrito na sequência:

Eis a primavera

João saiu do hospital para morrer em casa — e gritou três meses antes de morrer. Para não gastar, a mulher nem uma vez chamou o médico. Não lhe deu a injeção de morfina, a receita azul na gaveta. Ele sonhava com a primavera para sarar do reumatismo, nos dedos amarelos contava os dias.

— Não fosse a umidade do ar... — gemia para o irmão nas compridas horas da noite.

Já não tinha posição na cama: as costas uma ferida só. Paralisado da cintura para baixo, obrava-se sem querer. A filha tapava o nariz com dois dedos e fugia para o quintal:

— Aí, que fedor... Meu Deus, que nojo!

Com a desculpa que não podiam vê-lo sofrer, mulher e filha mal entravam no quarto. O irmão Pedro é que o assistia, aliviando as dores com analgésico, aplicando a sonda, trocando o pijama e os lençóis. Afofava o travesseiro, suspendia o corpinho tão leve, sentava-o na cama:

— Assim está melhor?

Chorando no sorriso, a voz trêmula como um ramo de onde o pássaro desferiu voo:

— Agora a dor se mudou...

Vigiava aflito a janela:

QUESTÕES INDELÉVEIS DA MORTE

— Quantos dias faltam? Com o sol eu fico bom.

Pele e osso, pescocinho fino, olho queimando de febre lá no fundo. Na evocação do filho morto havia trinta anos:

— Muito engraçado, o camaradinha — e batia fracamente na testa com a mão fechada. — Com um aninho fazia continência. Até hoje não me conformo.

A saudade do camaradinha acordava-lhe duas grandes lágrimas. No espelho da penteadeira surpreendia o vulto esquivo da filha.

— Essa menina nunca me deu um copo d'água.

Quando o irmão se levantava:

— Fique mais um pouco.

Ali da porta sua querida Maria:

— Um egoísta. Não deixa os outros descansar.

Ao parente que sugeriu uma injeção para os gritos:

— Não sabe que tem aquela doença? Desenganado três vezes. Nada que fazer.

Na ausência do cunhado, esqueciam-no lá no quarto, mulher e filha muito distraídas. Horas depois, quando a dona abria a porta, com o dedo no nariz:

— É que eu me apurei — ele se desculpava, envergonhado. — Doente não merece viver.

A filha, essa, de longe sempre se abanando:

— Ai, como fede!

Terceiro mês o irmão passou a dormir no quarto. Ao lavar-lhe a dentadura, boquinha murcha, o retrato da mãe defunta? Nem podia sorver o café.

— Só de ruim é que não engole — resmungava a mulher.

Negou-lhe a morfina até o último dia: ele morre, a família fica. Tingiu de preto o vestido mais velho, o enterro seria de terceira.

Ao pé da janela, uma corruíra trinava alegrinha na boca do dia e, na doçura do canto, ele cochilava meia hora bem pequena. Batia a eterna continência, balbuciava no delírio:

— Com quem eu briguei?

— Me conte, meu velho.

— Com Deus — e agitou a mãozinha descarnada. — Tanto não devia judiar de mim.

Fechando os olhos, sentiu a folha que bulia na laranjeira, o pé furtivo do cachorro na calçada, o pingo da torneira no zinco da cozinha — e o alarido no peito de rua barulhenta às seis da tarde. Se a mulher costurava na sala, ele ouvia os furos da agulha no pano.

— Muito acabadinho, o pobre? — lá fora uma vizinha indagava da outra.

Na última noite cochichou ao irmão:

— Depois que eu... Não deixe que ela me beije!

Ainda uma vez a continência do camaradinha, olho branco em busca da luz perdida, e o irmão enxugava-lhe na testa o suor da agonia.

Mais tarde a mulher abriu a janela para arejar o quarto.

— Eis o sol, meu velho — e o irmão bateu as pálpebras, ofuscado.

Era o primeiro dia de primavera.

(TREVISAN, 1972, p. 102)

(De *O Rei da Terra*, Rio, Civilização Brasileira, 1972)

Desse passo, voltamos ao Ivan Ilitch, que vai sendo paulatinamente abandonado pela família e fica apenas com o enfermeiro, nos momentos em que esposa e filhos vão ao teatro. Um aspecto que deve ser relevado neste ponto de nossos comentários é a aproximação que se estabelece entre a personagem Ivan e o enfermeiro, pois não se imaginaria, antes de sua doença, que o protagonista tivesse a mínima relação de toque físico com outra pessoa pertencente a uma categoria social bem inferior à sua. Essa parte do conto trabalha com os efeitos afetivos e humanitários que a condição da doença provoca.

Assim, a Literatura pinta com requintes de verdadeira expressividade a função do paciente, entrando para o seu processo de desconstrução do sujeito e do surgimento do paciente. Neste ponto, façamos um translado da arte para a realidade e retomemos os comentários analíticos dos pacientes da pandemia descritos na instância anterior. Se observarmos todos os movimentos por nós apontados, veremos que, nesse caso, a realidade tem conseguido ser mais expressionista que o próprio movimento do Expressionismo; do mesmo modo, quando imaginamos ou vemos as cenas das ambulâncias ou dos caminhões refrigerados amontoando corpos em sacos próprios, estamos vivenciando cenas mais surpreendentes que aquelas do realismo fantástico, na Literatura.

O estado de fragilidade do paciente faz com que ele se torne um ser de olhos opacos com quem, dependendo da situação, se pode fazer qualquer coisa. Reiteramos aqui esse aspecto para que não nos esqueçamos de que a realidade da morte, com todos os seus sortilégios, não consegue ser mais doída do que o sentimento de extremo sofrimento de um paciente, sobretudo em estado terminal.

O desenho que se forma para a construção do paciente na vida se dá todos os dias em todos os lugares, das mais ínfimas condições, até as mais sofisticadas, socialmente falando, raramente pode ser construída na Literatura, por se tratar, como diz o grande teórico da teoria da recepção, Wolfang Isser, "[d]esse espaço pleno de vazios por onde navega o leitor". Se assinalamos e destacamos Tolstói como o grande criador do realismo da morte na novela já citada, e se ressaltamos a relevância de Bergman ao construir esse contexto de morte por meio da peste bubônica na Idade Média, isso no filme *O sétimo selo*, traremos aqui uma das mais genuínas formas de retratação e representação de um paciente em um leito de hospital. Trata-se do conto *O relógio do hospital*, de Graciliano Ramos. Tentaremos perseguir os passos da composição para bem aproveitarmos os índices que fabricam o universo do paciente. Iniciando nossas reflexões pelos primeiros parágrafos do conto, temos:

> O médico, paciente como se falasse a uma criança, engana-me asseverando que permanecerei aqui duas semanas. Recebo a notícia com indiferença. Tenho a certeza de que viverei pouco, mas o pavor da morte já não existe. Olho o corpo magro estirado no colchão duro e parece-me que os ossos agudos, os músculos frouxos e reduzidos, não me pertencem.
>
> Nenhum pudor. Alguém me estendeu uma coberta sobre a nudez.
>
> Como é grande o calor, descobri-me, embora estivessem muitas pessoas na sala. E não me envergonhei quando a enfermeira me ensaboou e raspou os pelos do ventre.
>
> Ao deitar-me na padiola, deixei os chinelos junto da cama; ao voltar da sala de operações, não os vi.
>
> [...]
>
> (RAMOS, 1990, p. 143)

Nesses parágrafos, em poucas palavras já temos a retratação de um paciente, mesmo que ainda não transformado apenas em número. Ocorreu aí um microdiálogo entre paciente e médico, mas nele, na linguagem do médico, uma lúcida percepção do paciente em relação às suas palavras e ao modo como o médico subnotifica suas palavras ao paciente. O narrador trabalha literariamente com a palavra "paciente" falando da paciência do médico, mas para nos reportar à noção de paciente; também compara as palavras do médico àquelas proferidas a uma criança a quem se engana nas relações lúdicas da vida. É muito comum que o funcionário da saúde, querendo bem tratar o paciente, infantilize-o, ou com diminutivos ou com estruturas de pensamento e, nesse caso, o médico diz ao paciente que ele ficará pouco tempo no hospital enquanto o paciente faz a autoleitura de que morrerá. O narrador-paciente descreve as próprias condições em que se encontra e, ao estilo de Graciliano Ramos, as palavras usadas, os lexemas concretos, reportando-se às partes de seu corpo, à intensidade da magreza e da fraqueza do corpo, aos ossos pontiagudos, as marcas físicas expostas são os fortes índices em que o paciente não reconhece sua antiga forma física. Está havendo um paulatino distanciamento de um lado da vida e de uma aproximação do outro lado da vida. Depois, ocorrem os índices morais,

QUESTÕES INDELÉVEIS DA MORTE

de degenerescência de seu caráter como cidadão, tornando-se apenas um corpo decadente, perdendo a vergonha de mostrar seu corpo franzino, permitindo que a enfermeira tire seus pelos, preparando-o para a cirurgia. O lençol cobrindo-lhe o corpo é a metonímia fatal para o desenho do enfermo. Interessante que, ao ser levado, deixa à beira de seu leito seus chinelos, que são índices conotativos de sua volta e uso extremamente pessoal; porém, quando volta, eles não estão onde deixou. Como dissemos, em poucas palavras é construída a imagem do paciente antes de ir para a cirurgia.

> Por enquanto estou apenas atordoado. Aquela complicação, tinir de ferros, máscaras curvadas sobre a mesa, o cheiro dos desinfetantes, mãos enluvadas e rápidas, as minhas pernas imóveis, um traço na pele escura de iodo, nuvens de algodão, tudo me dança na cabeça. Não julguei que a incisão tivesse sido profunda. Uma reta na superfície. Considerava-me quase defunto, mas no começo da operação esta idéia foi substituída por lembranças da aula primária. Um aluno riscava figuras geométricas no quadro-negro.

> Morto da barriga para baixo. O resto do corpo iria morrer também, no dia seguinte descansaria no mármore do necrotério, seria esquartejado, serrado.

> Fechei os olhos, tentei sacudir a cabeça presa. Uma cara me perseguia, cara terrível que surgira pouco antes, na enfermaria dos indigentes. Eu ia na padiola, os serventes tinham parado junto a uma porta aberta – a grade alvacenta aparecera, feita de tiras de esparadrapo, e, por detrás da grade, manchas amarelas, um nariz purulento, o buraco negro de uma boca, buracos negros de órbitas vazias. Esse tabuleiro de xadrez não me deixava, era mais horrível que as visões ferozes do longo delírio.

> [...] (RAMOS, 1990, p. 145).

O estilo de Graciliano Ramos delineia o contorno de sua visão. Marcel Proust salienta em um de seus textos que não há forma estética que supere a dimensão da visão manifestada. Para quem já leu Graciliano, não se esquece de suas obras mais conhecidas e contundentes: *São Bernardo*, *Angústia*, *Vidas Secas*, *Caetés* e *Memórias do Cárcere* são narrativas mais longas e problematizadoras. Entretanto seus contos denunciam uma carga densa em que Graciliano, nas curvas da linguagem, surpreende-nos com o grau de profundidade ao mesmo tempo realista e psicológico no tratamento de uma situação tão difícil e singular como é a de um paciente durante um trabalho de cirurgia. Na passagem anterior, é interessante tentarmos o mergulho no universo descrito pelo narrador no estado de anestesia, mas que parece fomentar as suas instâncias psicológicas que aguçam todo o universo de fusionismo entre seu estado ainda de vida e o imaginário unido ao universo da morte. Esse estado cria um espaço que é real, mas que tem o estatuto de um universo surreal. Os fantasmas advindos do mito da morte chegam a nos lembrar de expressões de pinturas verdadeiramente fantasmagóricas como lances plásticos de Edward Munch, ou antes, de Honoré Daumier, ou ainda de *Sociedade cadavéricas*, de Peter Bruegel. As noções do imaginário continuam e vão acompanhando o acordar da personagem com a volta da anestesia e da lentidão ao retorno aos movimentos.

Como se nota, Graciliano constrói todos os passos de uma trajetória do paciente no limite do provável, nos trâmites dos percalços entre a vida e a morte.

[...]

– avultam as pancadas fanhosas do relógio. Som arrastado, encatarroado e descontente, gorgolejo de sufocação. Nunca houve relógio que tocasse de semelhante maneira. Deve ser um mecanismo estragado, velho, friorento, com rodas gastas e desdentadas. Meu avô me repreendia numa fala assim lenta e aborrecida quando me ensinava na cartilha a soletração. Voz autoritária e nasal, costumada a arengar aos pretos da fazenda, em ordens ásperas que um pigarro interrompia. O relógio tem aquele pigarro de tabagista velho, parece que a corda se desconchavou e a máquina decrépita vai descansar.

Bem. Daqui a meia hora não ouvirei as notas roucas e trêmulas.

Vultos amarelos curvam-se sobre a cama, que sobe e desce, levantam-me, enrolam-me em pastas de algodão e ataduras, esforçam-se por salvar os restos deste outro maquinismo arruinado. Um líquido acre molha-me os beiços. Serventes e enfermeiros deslocam-se com movimentos vagarosos e sonâmbulos, a luz esmorece, dá aos rostos feições cadaverosas.

Impossível saber se é esta a primeira noite que passo aqui. Desejo pedir os meus chinelos, mas tenho preguiça, a voz sai-me flácida, incompreensível. E esqueci o nome dos chinelos. Apesar de saber que eles são inúteis, desgosta-me não conseguir pedi-las. Se estivessem ao pé da cama, sentir-me-ia próximo da realidade, as pessoas que me cercam não seriam espectrais e absurdas. Enfadam-me, quero que me deixem.

QUESTÕES INDELÉVEIS DA MORTE

Acontecendo isso, porém, julgar-me-ia abandonado, rebo-lar-me-ei com raiva, pensa rei na enfermeira dos indigentes, no homem que tinha uma grade de esparadrapos na cara.

Silêncio. Por que será que esta gente não fala e o relógio se aquietou? Uma idéia acabrunha-me. Se o relógio parou, com certeza o homem dos esparadrapos morreu. Isto é insuportá-vel. Por que fui abrir os olhos diante da amaldiçoada porta? Um abalo na padiola, uma parada repentina – e a figura sinistra começara a aperrear-me, a boca desgovernada, as órbitas vazias negrejando por detrás da grade alvacenta. Por que se detiveram junto àquela porta? Dois passos aquém, dois passos além – e eu estaria livre da obsessão.

O relógio bate de novo. Tento contar as horas, mas isto é impossível.

Parece que ele tenciona encher a noite com a sua gemedeira irritante.

[...] (RAMOS, 1990, p. 145)

Na passagem, corroborando o que afirmamos sobre o estilo e a visão de Graciliano Ramos, ocorre um fato literário inédito, apesar de o tema ser tão conhecido. Trata-se de um narrador em situação de alta enfermidade e que consegue resgatar várias dimensões holísticas da condição humana, em que a referida enfermidade oscila e domina as partes do corpo e as partes da alma e do cérebro e do que se ausenta e se presentifica no todo e nas partes, no dentro e no fora, como sói ocorrer com uma pessoa em estado de quase debilidade física e psíquica, em que se encontra o nosso protagonista narrador. A conjunção e profusão dos elementos invadem todo o contexto de referência do evento e penetra nos mínimos elementos do estilo da linguagem de Graciliano Ramos. Todos os aspectos se valem das relações reais da enfermaria e das relações ficcionais da mente enferma do paciente que aguça a sua percepção enfraquecida, mas detida nos mínimos elementos alterados por sua aguçada intenção de entendimento quanto ao fluxo do espaço e do tempo marcado pelas tensões entre dimensão espa-cializante e dimensão especializada, interceptadas pelo estado alterado, enfraquecido e pelo tempo marcado pelas batidas roucas do velho relógio, sem que a personagem-narradora tenha condições de contar as batidas e, ao mesmo tempo, essas batidas simbolizando a possível morte de outro paciente, vizinho semicadáver do narrador. Nesse sentido, associamos a bela passagem de vida e de morte com uma excelente crônica do cronista

Rubem Braga denominada *Os sons de antigamente*, em que o relógio se torna, como no conto de Graciliano, o protagonista da narrativa, em cujo final o narrador registra que quando morrer, quer ouvir os sons daquele relógio, soando badaladas que não correspondam à localização dos ponteiros nem à correção das horas marcadas.

É inegável para uma sã consciência a respeito da condição humana que se diga ser possível conhecer o humano. Quando nós olhamos no espelho, dependendo do modo como isso ocorre, a imagem refletida oculta ou desvenda filamentos desconhecidos ou conhecidos do rosto que se olha. Muitas vezes, ao irmos de passagem para olharmo-nos no espelho, isso para verificarmos um fio de cabelo desalinhado ou uma pequena mancha do lado esquerdo da face, ou ainda um pequeno desvio de nossa sobrancelha, acabamos por entender que aquela imagem vista rapidamente é a nossa imagem e que conhecemos o ser que subjaz àquelas formas que entendo como minhas; entretanto, por vezes, ao voltar ao espelho após vir da festa ou do jantar social, mediante o nosso estado de espírito, passamos a ver outro retrato, outra imagem, que nos leva a questionar qual é a verdadeira fisionomia que se apresenta a nós mesmos. A propósito, se ficarmos por muito tempo com o nosso olhar detido naquela imagem, passamos a perceber um estranho ser, que não pode ter a nossa carne, o nosso cheiro, o nosso ventre. Eu denominaria esse ser estranho *otredad*, mas que configura o reflexo de um mim distanciado do eu que olha, do eu que faz, do eu que agita no processo de existir. Quem conduzirá, porém, o preenchimento do construto de minha pessoa será o mim que percebo em mim e é ele que dará o sustentáculo para os movimentos de minha identidade e dos sentimentos que povoarão a minha sanidade psicológica para sempre.

Algumas vezes nos percebemos olhando para uma pessoa que dorme; encontramos nesse sono o simulacro de uma imagem, que é diferente do elemento que nela vive quando acordada. Por mais que saibamos dos impulsos, das vontades, das chantagens de que é capaz aquele ser, ao dormir, o mais facínora ou o mais ignoto parece purificar-se e defrontar-se com o seu verdadeiro reflexo. Por isso, começamos esse texto falando da dificuldade ou quase impossibilidade de conhecer completamente um ser humano, pois quando achamos estarmos próximos de conhecer sua identidade, ocorre um leve deslize como duas folhas sobrepostas em que uma se movimenta por um milímetro o bastante para se tornar impossível afirmarmos de uma perfeita superposição entre as duas.

Isso nos leva a associar a reflexão a um texto de Hannah Arendt, que assim diz:

> Na ação ou no discurso, os homens mostram quem são, revelam ativamente suas identidades pessoais e singulares, e assim apresentam-se ao mundo humano, enquanto suas identidades físicas são reveladas, sem qualquer atividade própria, na conformação singular do corpo, e no som singular da voz. Esta revelação de "quem", em contraposição a "o que" alguém é – os dons, qualidades, talentos e defeitos que alguém pode exibir ou ocultar - está implícita em tudo o que se diz ou faz. Só no completo silêncio e na total passividade pode alguém ocultar quem é; geralmente, porém, não basta o propósito deliberado de fazer tal revelação, como se a pessoa possuísse e pudesse dispor de suas qualidades. Pelo contrário, é quase certo que, embora apareça de modo claro e inconfundível para os outros o "quem" permaneça invisível para a própria pessoa, à semelhança do *daimon*, na religião grega, que seguia atrás de cada homem durante toda a vida, olhando-lhe por cima do ombro, de sorte que só era visível para os que estavam à sua frente. (ARENDT, 2002, p. 192).

O texto implica uma mobilidade de critérios para que encaremos o ziguezaguear da condição humana. Essa obra de Arendt vai ao encontro de outros grandes textos, entre eles a filosofia de Friedrich Nietzsche, em *Assim falava Zaratustra*, ou dos universos arquetípicos de Carl Gustav Jung, sobretudo os seus estudos decisivos sobre individualização e individuação, criando essas duas esferas de quem é o homem, ou do que é o homem, conduzindo-nos a uma dimensão de impossibilidade de desvendamento, como analisa Arendt. Por processo de associação, essas relações de ambiguidade e impossibilidade de reconhecimento, artistas como René Magritte, Max Ernest ou Frida Kahlo, para citar apenas três, conseguem expressar de maneira louvável a condição enigmática daquelas reflexões sobre a inaudita condição humana. O modo como Magritte, por exemplo, trabalha os vidros e espelhos quebrados e deformados basta para que possamos ver e analisar essa questão. A individualização de Jung traz o homem para o seio social, como transeunte de sua própria ubiquidade, que se deixa à mercê de si mesmo. A individualização traz para a consciência do homem todo a gama de sociabilização e com ela os valores sociais que passam a ser congênitos no ato construtivo do ser humano e, como pinta René Magritte em dois quadros fundamentais, temos, em *Meus valores pessoais,* mostra a dimensão hiperbólica de pequenos objetos tais como o sabonete, o pente, o pincel de barbear, que representam seu universo afetivo;

na obra *O terapeuta*, em que uma gaiola ocupa o tórax da figura e traz dois pássaros brancos que apesar da portinhola estar aberta, eles não voam. Isso é o símbolo dos preceitos sociais que conduzem e determinam a individualização do homem, que é diferente do ato de individuação, o "self" do indivíduo, que compreendo como *o si-mesmo* da subjetividade do ser humano.

É com essa introdução que passaremos à leitura do filme *Wit – Uma lição de vida*, dos roteiristas Emma Thompson e Mike Nichols (2001). Dessa forma, daremos continuidade ao desenvolvimento do tema que está dominando as páginas finais sobre a morte. Esse tema significa a construção do paciente; quem é o paciente e o que é o paciente – o ser social do paciente, que passa pelo processo de reificação quando se torna apenas um número dentro do hospital. Prolongando, portanto, as reflexões que abordamos a partir do conto *O relógio do hospital*, de Graciliano Ramos e sobre os demais pacientes-personagem que povoaram até agora as nossas reflexões.

O filme *Wit* se vale de elementos próprios do cinema para conseguir "dar conta" do complexo tema da morte. O fato de se tratar da linguagem fílmica confere ao tema da **vida, morte** e **vida eterna** um caráter de realidade dificilmente encontrado em outro sistema, pois os recursos utilizados promovem a focalização de aspectos tensivos durante todo o desenvolvimento da narrativa. Antes de tudo, esses aspectos tensivos são semioticamente elaborados por meio de recursos do código complexo do cinema que incluem não apenas a imagem, mas o movimento, o som, os jogos de perspectiva, no permanente ir e vir entre o estado do paciente e o estado dos profissionais de saúde. Dessa relação, extrai-se do filme uma permanente construção da ironia amarga, advinda dos elementos contrários e contraditórios entre esses dois universos. A ironia, figura retórica capital do pensamento, tem como fonte de manifestação um "eu" observador que é representado pela protagonista Vivian Bearing (Emma Thompson) e nisso talvez resida a intensa originalidade do filme *Wit*, pois consegue, a partir de um possível registro referencial da fase terminal da doença do câncer no útero da personagem em uma amostragem analítica e crítica por meio de um recurso da linguagem que é a metalinguagem textual e fílmica. Durante todo o filme, a personagem praticamente conversa com o espectador, fazendo uma leitura irônica de cada passo que vai ocorrendo durante as ações das personagens compostas pela equipe de saúde do hospital. Essa equipe é constituída pelo médico-chefe, Dr. Kelekian (Christopher Lloyd), e os médicos residentes. Deve-se assinalar que, entre os residentes, um deles – Jason (Jonathan M. Woodward) – foi aluno de Vivian Bearing durante seu curso de medicina, pois era possível o aluno cursar disciplinas de sua escolha fora da área específica, e o jovem médico optou pelo curso de Literatura sobre John Donne, em quem Vivian era especialista. Temos, aí, uma conexão significativa para entendermos alguns procedimentos por ele conduzidos na sua relação com a professora-paciente.

Aproveitando essa conexão, vale mostrar que essa paciente vivenciará uma gradativa decaída de sua estatura intelectual para ir paulatinamente perdendo os degraus que conquistara, desde que tornada mais um número como paciente do Dr. Kelekian. Há momentos do filme em que o residente que a acompanha mais de perto realiza exames ginecológicos na paciente enquanto faz comentários sobre o seu passado ou com deslizes até de humor por seu modo desequilibrado de agir, levando-nos a momentos de riso e que metalinguisticamente ela volta o rosto e comenta essas cenas absurdas que estão ocorrendo.

Nos quatro primeiros minutos trava-se, em *closes* de primeiro plano, o racional e tenso diálogo entre os dois titãs da erudição: Dr. Kelekian e Prof.ª Dr.ª Vivian Bearing, ele pesquisador na área de Oncologia e ela pesquisadora de poesia e em especial da poesia de John Donne. Desse diálogo marcado pelo rigor das palavras, inicia-se o processo de **despersonalização** e de **reificação** da inteligente paciente que vai se acentuar durante o desenvolvimento do "tratamento".

As tomadas em primeiro plano mesclam a personagem Vivian Bearing com a atriz Emma Thompson em um procedimento que, como já dissemos, denominamos metalinguagem fílmica, em que atuam com comentários críticos durante todo o filme, diretamente com a câmera, a respeito de todo o processo que se desenrola, envolvendo assim o espectador para uma espécie de reconhecimento dele mesmo, de sua própria condição de mortalidade, bem como dos processos de automatização do profissional da saúde, do uso da linguagem vazia, por isso absurda em várias ocasiões.

O filme apresenta dois caminhos ou duas formas de visões do homem que poderão definir suas condições diante da existência e consequentemente diante da questão da morte: a primeira delas mostra a vida no seu sentido natural, com procedimentos explicáveis, marcados pela racionalidade e pelos procedimentos cognitivos. Nesse sentido, a ideia de tratar, cuidar ou curar o humano se assemelha a qualquer outra forma de objeto. No filme se assemelham ao câncer em quarta etapa de evolução e ao poema metafísico com seus jogos paradoxais.

A segunda condição envolve não apenas a vida em sua condição natural, mas em um sentido mais profundo em termos de vivência, em que comportam os sentimentos de amor e de humanidade. Não se baseia nas necessidades mínimas de sobrevivência, mas de experiências simples aparentemente, mas fundamentais para uma completude existencial. É nesse sentido, na dimensão vertical da existência, que está o sentido buscado a duras penas por Vivian, no aprendizado do sofrimento, no gerenciamento da dor, na lenta e difícil evolução sensível da relação de carinho com a enfermeira Suzie, que ocupa papel preponderante em tudo isso atingindo o ponto máximo ao reencontrar Eve (Prof.ª Asheford) no leito do hospital e voltar ao seio materno não mais para ouvir versos paradoxais de Donne, mas ouvir a história *O coelhinho fujão* similar à *Fábula dos coelhinhos atrapalhados* lido com o pai na infância que seria agora o seu soporífero para a vida eterna.

O périplo da paciente Viviam Bearing se inicia quando o médico, olhando-lhe nos olhos, anuncia sobre a sua doença. Já ali, a olho nu, não se percebe tanto o impacto da notícia; entretanto, olhando bem, percebe-se que dentro dela alguma coisa roeu, mas ela tenta levar até onde pode uma postura de uma paciente convicta de sua segurança incapaz de admoestar-se com a questão tão séria que coloca em risco a sua vida.

É chegado o momento em que o médico reafirma a colocação e lhe pergunta como está, e ela se mantém resoluta, mas, de repente, seu ar evasivo conduz o médico a chamar-lhe a atenção, chamando-a pelo nome e insistindo na pergunta do seu estado naquele momento. É um momento em que a questão vem para o expectador que se sente refletido no estado e na imagem da paciente. O filme é, o tempo todo, uma movimentação entre a vivência da personagem como paciente terminal e a condição do espectador. O filme não é catártico e apresenta uma excelência no caráter dialético-didático da representação. O que mais se acentua nesse movimento é se tratar de uma linguagem dialógica em que o protagonista sai de sua condição e passa a comentar ironicamente os procedimentos com ele desenvolvidos pela equipe médica.

São oitos meses de um tratamento e nisso também vale a ironia: a palavra tratamento significa bem mais uma sublimação do estado da paciente que apenas serve de cobaia para experimentações para as pesquisas oncológicas, e Vivian ocupa um lugar de destaque, uma vez que, dadas a sua inteligência e a sua energia pessoal, além de sua vaidade, ela aceita as condições de tratamento de alto nível, atingindo os graus mais intensos de cuidados e não abrindo mão deles. De sua fase natural, em que ela entrou no hospital com ares sociais de uma intelectual inglesa que participou do Oxford Dictionary, dessa condição são alguns passos, durante esses meses, para que ela se torne uma literal enferma, passando por todos os males que a doença exige de maneira inexorável. Assim, nos recortes que a linguagem fílmica apresenta, surgem tomadas, *flashes*, em que Vivian é cuidada por uma série infindável de exames dos quais ela não pode se esvair. Entre eles, já citamos anteriormente aqueles realizados pelo médico residente, que foi seu aluno no passado e que, enquanto a examina, dialoga com a enfermeira Susie (representação elevada das funções de uma enfermeira com sua destreza e função maior como cuidadora da paciente). Portanto, o médico, ao examinar a professora, conversa com a enfermeira, contando sobre quando foi aluno. Apesar de ser uma personagem interessante e simpática, indiretamente ela não se preocupa em alimentar o processo de reificação de Vivian, referindo-se à professora, em alguns momentos, como "ela", enquanto ela está no leito; há alguns microcomentários da enfermeira, achando interessante a relação paciente/professora. Uma prova disso é no momento que Jason, ao deixar Vivian com pernas abertas e elevadas, lembra-se de chamar a Susie, que está fora do quarto, e sai correndo, deixando a professora naquela posição, coberta parcialmente por um lençol. Nessa parte, ela está ainda tolerante com o ex-aluno, que se lembrará de alguns momentos em aula desses instantes, que depois voltarão à professora em instantes de delírios, em estágios mais evoluídos da doença. Nesses estágios, a nossa paciente tem *flashes* de quando ela era um ser social normal e professora famosa de Literatura Inglesa do século XVII, analisando poemas de John Donne.

Nesses *flashes*, a sua memória sensível lhe traz danos irreparáveis que ela provocou como professora aos seus alunos: autoritarismo, arrogância, postura de superioridade intelectual; nessas recordações, surge o rosto do jovem médico assistindo às inconveniências autoritárias que ela realizava com alguns alunos. Essas recordações trazem um abatimento provocado pela tristeza e o quase remorso. Esses elementos são também fundamentais para entendermos a construção de um paciente e seu estado no presente, mediante a inexorabilidade da morte.

Voltando ao quadro do hospital, há algumas cenas que só confirmam as relações muitas vezes absurdas entre profissionais da saúde e pacientes. O primeiro aspecto dessas questões está no automatismo que passa a ocorrer na relação e nele os automatizados são os profissionais, não o paciente. Daí, esses profissionais passarem a ver o paciente como coisa, palavra várias vezes citadas neste livro, que é o processo de reificação do paciente.

No filme, esse processo se dá em várias situações, entre elas se destacam a impessoalidade, a frieza ou o distanciamento que se trava entre os técnicos de exames e a paciente; isso se dá entre os exames, como raio-x, eletrocardiograma, tomografia e outros, quando recebem uma sala vazia – só o técnico e as máquinas – e a paciente é conduzida a essa sala em uma cadeira de rodas, mesmo que tenha pedido, na primeira vez que isso aconteceu, para ir caminhando, pois ainda está muito bem, mas isso não lhe é permitido. A condição de submissão é figurativizada pela ação da cadeira a que ela se submete humildemente; a partir daí, ela sabe que deve obedecer.

Voltando à sala com o técnico, ele lhe faz algumas perguntas objetivas, tais como nome (a que ela responde sem o título de doutora, como de costume), nome do médico e, quando ela falha respondendo sobre si mesma, o técnico a corrige. Esse é um dos exemplos, sem dizer que doutora Vivian sai de sua condição intelectual e social e passa a vestir uma rala camisola azul-clara oferecida pelo hospital, que acompanha a cor dos objetos de seu quarto. Afora esse exemplo, outros são utilizados no filme: um deles, o mais explicitador da reificação (e humilhação do paciente) ocorre nas condições de visita da equipe médica ao quarto de Vivian. O médico-chefe e os residentes fazem um exame clínico da evolução do câncer. Nesse caso, o que vemos no leito é a fotografia do câncer, não uma pessoa, e os alunos podem perguntar, maravilhados, questões a respeito do corpo do paciente que a tudo ouve. É como se fosse uma aula de anatomia em que se disseca o corpo da paciente. Lembra-nos, nesse particular, a pintura de Rembrandt, *Lição de anatomia*.

Já naquela pintura, o pintor holandês cria uma alegoria vibrante e inteligente sobre a expressão do mestre da medicina e os discípulos, todos olhando com afinco e curiosidade para o corpo morto, com os músculos à mostra. Ainda no quadro, o que nos chama a atenção são os olhares perspicazes, curiosos, que nos lembram de expressões teatrais de animais de rapina que sugam com o desejo e a curiosidade o corpo exposto. Em uma dessas cenas, em uma manhã muito clara e alegra, a equipe visita Vivian e entram todos muito animados com suas anotações. Naquele dia, tudo se acentuou mais dentro do absurdo dessas relações entre o profissional de saúde e o paciente. O Dr. Kelekian faz perguntas para ver se os alunos acertam sobre

QUESTÕES INDELÉVEIS DA MORTE

a evolução da doença; perguntas a que os alunos respondem, timidamente, colocando sua percepção à mostra. Mas, então, o médico-professor indaga sobre o índice mais óbvio dessa evolução do câncer, índice esse que está no corpo da paciente; depois, como nenhum responde, ele fala com muita ironia que ninguém notou a queda dos cabelos e então ele puxa uma gargalhada que é acompanhada pelos jovens médicos, e Vivian sempre dando a percepção de entender tudo isso, mas a dor que vai paulatinamente dominando o seu ser é irreversível.

Nessa involução evolutiva, também ocorre na esfera psicológica da paciente e com seu universo espiritual, tomando aí todos os veios de sua personalidade, que a vai conduzindo juntamente à doença para o seu ponto final. Em uma dessas cenas, vamos ter a única visita para a Vivian – sua professora da universidade. Daí aquela situação já comentada sobre sua infância, do livro que a professora leva ao hospital e que havia comprado para o neto. Ela lê para a ex-aluna enquanto Vivian repousa em seu colo. Essa remissão à infância também passa pelo contato de Vivian e o pai. São cenas bem afetivas e que conferem à paciente um retorno ao universo sensível que parece ter abdicado há muitos ambos. Na sua reminiscência como aluna da professora, vem a sua memória o dia em que, ao receber a correção do seu trabalho sobre o soneto de John Donne sobre a morte, a professora tratou-a com autoridade e seriedade, chamando-lhe a atenção para detalhes do poema que ela teria interpretado de maneira equivocada, e que o ponto mais grave, para a professora, foi a interpretação da vírgula no último verso, em que, deslocando a vírgula como o fez Vivian, a palavra morte deixava de ocupar sua função de vocativo, e isso tiraria o aspecto paradoxal do poema. Pediu, no entanto, que Vivian fosse se encontrar com o amigo, divertir-se, uma vez que a jovem era muito obcecada pelos estudos, sendo rigorosa de modo a ser prejudicial a si própria.

Hoje, a professora voltava e vinha atuar como um polo materno para a menina que não aprendeu a lição, pois ficou muito rígida consigo mesma e com os alunos. Temos aí um protótipo de paciente que não se rende às condições de pacientes, mas isso ocorre de maneira sofrida, às duras penas, e esse tipo de paciente não é tão raro assim.

Uma série de fatores interfere no comportamento de Vivian, apesar de seu estado como paciente terminal de câncer no útero. Chama-nos a atenção o fato de não ter recebido, afora a professora, nenhuma visita e quando lhe perguntavam sobre visitas possíveis, ela não alimentava a conversa. Outro caso nesse percurso de afetividade se deu entre a professora e Susie, uma enfermeira consciente de suas funções. Mas Vivian, por muito tempo, era apenas aquela que deveria ser cuidada. A docilidade era uma qualidade muito distante de Vivian. Ela não desenvolveu esse caráter e agora ela era um ser humano, quer queira quer não, em uma condição de carência, o que não lhe era comum, pois de nenhuma carência foi a alguma carência; de alguma carência à total carência, mas disfarçada em um tratamento de parcialidade que ela tentava manter.

Depois de um período em casa, apesar de estar sob os cuidados do hospital, ela foi sozinha ao hospital passando muito mal. Foi a primeira vez que manifestou um lado humano e doente, em uma sofreguidão que a fez tremer. A partir desse ponto, passamos a ter uma total entrega e uma abnegação. Vivian era finalmente dotada de alguns elementos que rompiam com o seu estado de altivez, e foi aí que passou a ocorrer uma aproximação maior entre ela e a enfermeira. Vamos perceber, então, uma atitude de "supremacia cautelosa" de Susie em relação à Vivian. Seria muito interessante analisarmos, se possível, a evolução dos gestos da paciente e da enfermeira naquele leito de hospital. Desses gestos, alguns são comoventes e intrigantes, por exemplo, o momento em que Susie, já em uma relação quase íntima com Vivian, propõe-lhe dividirem um sorvete. Essa cena foi eximiamente escolhida pelo diretor do filme, pois nela se unem vários ingredientes de significação. Primeiro a aproximação e a intimidade entre paciente de alta qualificação intelectual e enfermeira. Isso contraria o que é de praxe ocorrer, que seria a aproximação do profissional de saúde a um paciente. Aqui, a posição da paciente é que criou uma ruptura, aproximan-do-se da enfermeira. Na metalinguagem de Vivian, ela ironiza, mesmo nas suas condições, a proximidade que pareceria ridícula em um afeto piegas da ilustre intelectual com uma enfermeira.

Esse tipo de relação de proximidade vai se intensificar e, agora, sem ironia. O quadro de saúde de Vivian se torna mais complexo, e isso vai ser demonstrado no dia em que Susan, quase impondo sua autoridade, coloca sua mão no ombro de Vivian e lhe faz um pedido-ordem, exigindo que lhe chame caso precise (como as mãos firmes e sadias sobre a frágil omoplata).

O próximo e praticamente último passo desse processo de afetividade entre elas já demonstra a entrega total de Vivian, pois, com voz quase infantil, como se fosse em um processo de remissão à infância, ela pergunta (pedindo) à Susie que não a abandone até o momento final, que era o instante de sua morte. Susan prometeu e cumpriu, tanto é que Vivian assinou o documento dizendo não querer ser reanimada caso tivesse uma parada cardíaca.

Quando chegou nesse ponto e houve a parada, o Dr. Jason tentou usar instrumentos de reanimação, e Susie reagiu violentamente ao gesto do médico, chegando a derrubá-lo e impedindo-o.

Resta dizermos que *Wit – Uma lição de vida* toma-nos, em vários sentidos, diversas vertentes de aprendizagem, não só como conquistar a morte, mas de soerguermos nossa postura de vida em busca de uma aprendizagem que supera todos os mistérios da existência.

O filme *Wit* vem ilustrar e apontar para uma dimensão do humano na sua relação com a ponte entre o que se chama "vida" e o que se chama "morte". É escolhido, nessa arte, um tipo de paciente diferenciado, pois nele a perspicácia, a vitalidade e a inteligência se articulam e se integram de uma maneira exemplar.

A personagem Vivian não poderia ser representada por uma atriz mais definida que Emma Thompson. O interessante é que o soneto de John Donne sobre a morte traz ao filme uma retórica barroca e filosófica que também faz jus a todo o movimento racionalista da obra. Foi com muita sagacidade que um soneto do século XVIII, com as dimensões dele, deu corpo e forma a tudo que é vivenciado e discutido no filme. Que nos conte, é o único soneto em que a morte é desafiada no seu contorno e, o mais interessante, é que ela parece, mesmo que retoricamente, ser vencida; se bem que com um pouco de coragem, diríamos que a poesia barroca de Gregório de Matos, em certos momentos, tende a isso dentro de seu feitio irônico.

No filme, o soneto é um dos trabalhados pela professora doutora Vivian Bearing nos seus momentos áureos de vida e de vivificação de seu modo de pensar. O fato de ela ser especialista em John Donne acaba sendo um aspecto fundamental para compor o seu personagem, como se pudéssemos dizer que, portadora de um câncer de alto nível (ironia amarga), cria-se um fantástico desafio não entre o médico e Vivian, mas o câncer e Vivian. Daí o profundo paradoxo que conduz o poema e que vai conduzir todo o teor desconstrutivo da personagem Vivian.

Esse paradoxo persegue todos os pontos do filme. Todas as relações de sentido do filme trazem, como eixo principal, o paradoxo. Entre esses pontos paradoxais, destaca-se um que surpreendeu a própria paciente, qual seja, o fato de a evolução da doença consistir na multiplicação das células cancerígenas, isso mostrado pelo médico residente como um elemento altamente positivo, que conta à Vivian de modo animado, justificando o teor de sua pesquisa, e isso a deixando acabrunhada e infeliz e, assim, o filme estabelece algumas relações conjuntas que não perdem o seu caráter paradoxal.

Não nos esqueçamos que, enquanto professora, cenas da universidade em que ensinava voltam à mente de Vivian, principalmente quando começa a misturar fantasia e realidade, só posta na realidade quando a enfermeira lhe chama para ir fazer exame de rotina. Nessas cenas, como já adiantamos, Vivian humilha alunos que não conseguem acompanhar o alto nível de suas reflexões e, nesses casos, era inflexível e olhava, do alto, para os seus alunos. Tem-se a impressão de que, nesse caso, dessa personagem, a morte, com sua implacabilidade, vem para dar uma lição tardia de vida.

Devemos dizer que este exemplo se estende a muitas e muitas pessoas no mundo. Vimos trabalhando a questão de procedimentos clínicos ou de relações entre profissionais da saúde e pacientes, elevando a condição do paciente; entretanto temos que compreender casos e casos em que o estatuto do paciente é dotado de certas qualificações que apenas o estado de morte pode atenuar. Por isso, o título em português, *Wit – Uma lição de vida*, é muito adequado para o filme.

Também como adiantamos, do elo entre a professora de Vivian e Vivian como professora, temos que extrair alguns fundamentos como lição, não que a gente aprenda, mas que a gente passe a vivenciar na nossa vida, não querendo assinalar conselhos piegas de humanidade. Algumas condições psicossociais devem ser descartadas progressivamente do nosso mundo para que, nos momentos fatais, soframos menos.

Neste livro, já trabalhamos com alguns pacientes, tais como o Sr. Ilitch, de Tolstói, e sua dificuldade visível em assumir sua doença e, sobretudo, de tornar-se mais humano na Rússia daquele período; ou personagens *sui generis* como Giovanni, pai da personagem morta Andrea, na sua vaidade como psicanalista, não aceitando suas condições diante da morte acidental do filho, e outras personagens às vezes menos arrogantes, que é o caso da personagem de *O relógio de hospital*, de Graciliano Ramos. Esses são alguns casos de personagens com dificuldades de lidar com sua condição diante de situações de doença.

Claro está que devemos reiterar aspectos indiscutíveis e tristes de um paciente na iminência da morte. Ainda no filme, o modo como Vivian vai, às duras penas, atingindo a sua condição de pessoa despida de suas características intelectuais, sociais, deixando de portar uma arrogância ímpar, parecendo acreditar que tudo se volta para a arma que traz da inteligência e de sua conduta, e começa a sentir o impacto de sua fragilidade, tendo de submeter-se aos afetos de sua enfermeira, Susie, e ao rigor da equipe que dela cuida; pior, assumir-se cobaia de um experimento científico que ela assumiu, por orgulho, com o médico chefe quando tudo começou.

A dificuldade que ela tinha de lidar com o afeto faz com que lhe reste apenas o colo de sua professora de Literatura Inglesa, que a visita, contando-lhe historinhas infantis. Essa remissão à infância, como já dito, atuou profundamente no seu universo pessoal.

A imagem de Vivian morta, em posição horizontal na cama, com os olhos fechados, a boca encerrada e a pele cuidada por Susie, reporta-nos à antiga Vivian viva e compõe o último paradoxo visual, desenhado e confirmado na sua cabeça completamente careca pelos efeitos da doença.

Assim como abordamos, o filme *Wit* atua como real dimensão da vida e da morte e conduz-nos a uma reflexão em várias direções. Ficamos pensando, aqui, no dia a dia, que a qualquer momento podemos enfrentar na nossa vida diária, com nós mesmos ou com alguém próximo a nós. Pensemos nas salas de espera para exames clínicos ou exames específicos no Brasil: 20 pessoas sentadas em círculo, muitas com incapacidade motora, encontrando dificuldades e esperando, durante muito tempo, a sua vez. Basta que olhemos para os olhos do outro sem que possamos fazer nada para lermos os mais variados tipos de expressão fisionômica e, com pouca percepção, já notamos histórias tristes que subjazem aqueles rostos. A secretária, ao fundo, quando chama o nome de cada um, indicando sua vez, faz-lhe inúmeras perguntas para preencher o fichário; isso ocorre em alto e bom tom, contendo perguntas invasivas, pessoais, exigindo detalhes que o paciente não tem de pronto. Essa é uma das inúmeras possibilidades por que passa um paciente – e mais: muitos deles sem um plano de saúde ou sem condições cognitivas aliadas à sua fragilidade e fraqueza de corpo e de alma para poder atuar à altura do gesto da secretária.

## HUMANO, DEMASIADO HUMANO

Desse isolamento doentio, do deserto desses anos de experimento, é ainda longo o caminho até a enorme e transbordante certeza e saúde, que não pode dispensar a própria doença como meio e anzol para o conhecimento, até a madura liberdade do espírito, que é também autodomínio e disciplina do coração e permite o acesso a modos de pensar numerosos e contrários — até a amplidão e refinamento interior que vem da abundância, que exclui o perigo de que o espírito porventura se perca e se apaixone pelos próprios caminhos e fique inebriado em algum canto; até o excesso de forças plásticas, curativas, reconstrutoras e restauradoras, que é precisamente a marca da grande saúde, o excesso que dá ao espírito livre o perigoso privilégio de poder viver por experiência e oferecer-se à aventura: o privilégio de mestre do espírito livre! (NIETZSCHE, 1999, p. 10-11).

Decidimos pela inclusão dessa reflexão filosófica de Friedrich Nietzsche mediante a perfeita forma com que ele encaminha os desígnios não da morte, mas da relação entre saúde e doença. Depois de termos descrito, aqueles olhares tristes de pacientes à espera da realização de exames clínicos, diferentemente de outras opiniões sobre saúde, doença e morte, Nietzsche relativiza tudo isso buscando um caminho diferenciado para não o enfrentamento, mas a convivência e a extração de efeitos interessantes desse processo. Nota-se na sua reflexão que estão presentes elementos de sua própria biografia. Vivenciou a questão da doença com maior acuidade nos últimos 11 anos de sua vida, quando em 1900, faleceu. Durante muito tempo, o grande pensador vivenciou as questões das dúvidas e inseguranças sobre seu diagnóstico a tal ponto que passou a criar caminhos alternativos para tentativa de melhoras. Além disso, durante 11 anos, precisou ser acompanhado e cuidado por sua mãe e sua irmã que, se por um lado o ajudaram, por outro sua irmã interferiu seriamente no seu pensamento e na sua vontade. Dentro desse percurso, Nietzsche deixou como legado aspectos fundamentais sobre a relação entre saúde e doença.

ECCE HOMO

Foi a doença que me trouxe à razão. (NIETZSCHE, 1999 p. 37).

A doença libertou-me lentamente: poupou-me qualquer ruptura, qualquer passo violento e chocante. Não perdi então nenhuma benevolência, ganhei muitas mais. A doença deu-me igualmente o direito a uma completa inversão de meus hábitos; ela permitiu, ela me ordenou esquecer; ela me presenteou com a obrigação à quietude, ao ócio, ao esperar e ser paciente..., mas isto significa pensar!... [...] Nunca fui tão feliz comigo mesmo como nas épocas mais doentias e dolorosas de minha vida [...]. (NIETZSCHE, 1999, p. 72).

Na nossa compreensão, essa é a forma singular de percepção dessa relação entre saúde e doença. Não podemos deixar de analisar que nos irmanamos diretamente às reflexões do filósofo alemão sobre o estado de doença. Gostaríamos de assinalar, aqui, dois modos fundamentais de interferência da doença em nossa vida, e se não nos enganamos, também foi apontado por Nietzsche em outras passagens. É o seguinte: se o ser humano for acometido pela dor aguda que fragiliza completamente o seu organismo ou o seu cérebro, torna-se impossível, imponderável, que esse indivíduo se mantenha equilibrado para o exercício do pensamento. Agora, se o ser humano conseguir vivenciar uma doença crônica, que foi o caso de Nietzsche e que pode ser o nosso caso, essa situação, dependendo das condições de inteligência e de crença em um juízo maior, será revertida para um estado de grande concentração mental e criadora, e esse caso será mais intenso que o indivíduo em seu estado de saúde, havendo concentração, duplicação de sua energia vital, mesmo que aqui e acolá, sendo invadido por pequenas obstruções da doença. Nesse contexto, mais ainda, o indivíduo, pela consciência de morte, estará tomado por uma debilitação e fragilidade em relação à morte. A passagem de Nietzsche é sábia, verdadeira e exemplar.

Mais diretamente relacionado ao pensamento de Nietzsche em relação à dor como forma de paulatina obediência do espírito em um processo de evolução e inteireza do ser humano, temos a questão do filme *Wit* representada pela personagem Vivian. Ali, temos a clarividência de uma situação em que o "elevado espírito", por meio do conhecimento intelectual e da absorção e evolução de valores pessoais, torna-se uma enorme barreira para que o ser humano atinja o si-mesmo, a sua condição mais simples, para inclusive assumir e entender a condição da morte.

Nesse sentido, devemos estabelecer a mais profunda relação entre elementos que vimos trabalhando neste exercício de reflexão sobre a morte. Refiro-me às imagens e aos conteúdos dos pequenos e significativos poemas de Fernando Pessoa sob o heterônimo de Alberto Caeiro, comentados na primeira instância deste livro. Aquelas imagens da natureza e das sensações tão belas que mostravam a condição mais pura do homem são elas as mais difíceis para a personagem Vivian, para atingir as condições básicas em um exercício de morte.

Saindo do filme – sem sair – devemos relacionar essa questão à soberba da condição humana, da empáfia do ser humano, que o leva à hipocondria, ou a condições depressivas quando vê que não é possível refrear a dinâmica natural do tempo e da vida, que caminham para a morte. Edvard Munch pinta, em vários de seus quadros, essa condição quase incorrigível da condição humana. No conjunto de suas obras plásticas, o desatino do homem vem como resposta do seu descontrole e de sua insensatez quando acha que o estar vivo se resume à deglutição dos elementos imediatos dos prazeres incongruentes e da vaidade sobre todas as coisas. Munch pinta quadros como *O baile da vida*, que dentro do Expressionismo plástico alegoriza toda a vã e ilusória relação do homem com a vida. Entretanto Munch, ao lado desses quadros de alegoria ilusória, pinta o estado completamente triste e disfórico da morte, como em *Morte no quarto da doente*. Essa relação díspar e excelente do pintor norueguês encontra uma bifurcação trágica na série de quadros *O grito*.

Para finalizar, retomaremos o soneto de John Donne, que sintetiza, em certa medida, as considerações realizadas anteriormente.

> Oh! Morte, que alguns dizem assombrosa
>
> E forte, não te orgulhes, não és assim;
>
> Mesmo aquele a quem visastes o fim,
>
> Não morre; não te vejo vitoriosa.
>
> Vens em sono e repouso disfarçada,
>
> Prazeres para os que tu surpreendes;
>
> E o bom ao conhecer o que pretendes
>
> Descansa o corpo, a alma libertada.
>
> Serves aos reis, ao azar e às agonias,
>
> A ti, doença e guerra se acasalam;
>
> Também os ópios e magias nos embalam,
>
> Como o sono. De que te vanglorias?
>
> Um breve sono que a vida eterna traz,
>
> Golpeia a morte, Morte, morrerás.
>
> (DONNE, 1966, p. 170)

Reiterando alguns elementos já comentados no poema, queremos assinalar a relevância de se tratar de um poema do barroco inglês metafísico composto e realizado, e extremamente modulado, sobre a morte que subverte quaisquer dimensões lógicas conhecidas por uma outra forma barroca. Aqui se trata do primeiro e único poema em que a morte se torna protagonista de uma subversão; a morte, vinda em forma vocativa, é chamada às falas de uma evocação lírica que lhe confere a amplitude a que ela faz jus e, ao mesmo tempo, submete-a a uma inquirição inusitada que é perseguida por uma visão dialética marcada, como dissemos, pela figura do paradoxo, que atinge a dimensão de um oxímoro, por meio de uma estranha e bela imagem da morte da morte, que não significa vida.

O eu lírico questiona a morte, elevando-a às mais profundas dimensões de morte, mostrando a ela que, ao contrário do que passam a lhe conferir ao longo de todo e sempre, ela não é negativa, pois ela tira o homem da sua condição de dor e sofrimento e, assim, a morte se torna o grande bálsamo. Entretanto o que confere intensidade, singularidade e expressividade à morte, nesse poema, é uma forma de linguagem marcada por tipos de lexemas que criam a relação entre o individual e o coletivo e universal, contra o qual a morte, em vez de dominar, é dominada.

A sintaxe do poema se contorce, conduzida pela alta inteligência de John Donne e acaba atingindo a sua esfera máxima nos basilares sinais de pontuação, até atingir a vírgula crucial no último verso do poema.

Nesse sentido, a morte não é representada como um tema revelador de desespero. Ela revela certo alento, certa tranquilidade, não apenas para alguém que está doente, mas na própria linha geral sobre a qual transcorre a vida. Morrer se assemelha um pouco, pelo menos conforme podemos ler nos últimos momentos do filme, com as mãos afetuosas da enfermeira atenciosa que traduzem silêncio e tranquilidade; pode significar a orientadora já velhinha lendo a bela história da criança. Ao morrer, em parte, parece-me que isso é sugerido, ingressamos no reino da inocência e a vida pode transcorrer sem os cuidados e desafios que enfrentamos no turbilhão social. É verdade que o sofrimento e a morte não podem ser reduzidos a uma experiência poética sublime, mas o filme parece indicar claramente que a finitude humana é finita e que, vista desse modo, a própria morte pode representar uma condição de libertação de um sofrimento associado com o fato de sermos finitos. "Descansa o corpo, a alma libertada", diz o soneto de John Donne.

AGUINALDO J. GONÇALVES

\*\*\*\*\*\*\*\*\*\*\*\*\*\*\*\*\*\*\*\*\*\*\*\*\*\*\*\*\*\*\*\*\*\*\*\*\*\*\*\*\*\*\*\*\*\*\*\*\*\*\*\*\*\*\*\*\*\*\*\*\*\*\*\*\*\*\*\*

> Morrer é nada, passado,
>
> Mas a vida inclui viver
>
> A morte multiplicada – sem
>
> O Alívio de morrer.
>
> (DICKINSON, 2000, p. 60)

Neste apêndice a esse capítulo, convidamos Emily Dickinson para trazer seu texto como epígrafe às nossas considerações e recuperar os versos do poema *Consoada*, de Manuel Bandeira, que abriram a primeira instância do presente livro, pois a intenção é assinalar que, se alguns deixam "a mesa posta e cada coisa em seu lugar" antes de a famigerada morte chegar, outros redobram por mil vidas, mesmo que considerem a morte como nada.

Aqui, elegemos algumas mortes de seres que julgamos especiais para brevemente descrever a forma de cada um preparar-se para receber a morte. Começaremos pela descrição das circunstâncias duplas de morte do exímio narrador Marcel Proust e de uma de suas personagens na obra *Em busca do tempo perdido*. Vamos, portanto, primeiramente, à morte de Bergotte, escritor imaginário criado por Proust no romance *A prisioneira*, ocupando lugar de destaque no meio cultural parisiense, morre enquanto visita uma exposição de pintura do clássico Vermeer, em visita a Paris. Ao ver o quadro *Vista de Delft*, e atentar-se para o amarelo de uma marquise de um sobrado, o escritor tem um insight e capta a famosa genialidade do pintor. Diante disso, começa a passar mal, caindo e morrendo na frente do quadro. Enquanto isso ocorre, ele descobre que sua obra era apenas regular, e toma consciência do grau de excelência da verdadeira arte. Funde-se, aí, a angústia de não poder se manifestar diante de sua tomada de consciência; no ato de morrer, essa tomada de consciência lhe mostra a verdadeira natureza artística.

Quanto a Marcel Proust, sua morte acontece enquanto revisa, com a ajuda de seu editor, a última versão de *O tempo redescoberto*, último volume de sua obra. Poder-se-ia dizer que a morte intercepta sua obra concluída, mas não revisada, como se sua mão congelasse um ato literário do *working progress*. Assinalamos, pois, como já fizemos na primeira instância, que a inexorabilidade da morte intercepta rigorosamente quaisquer ações de vida, mesmo que não permitindo atos esperados com ansiedade no fluxo da vida.

É o caso, por exemplo, de dois dos mais geniais e expressivos artistas que devemos reverenciar: Wolfgang Amadeus Mozart (compositor do século XVIII) e Amadeo Modigliani (pintor do início do século XX).

No caso de Mozart, que criava de maneira dinâmica, sem uma ordem pré-estabelecida, ao morrer, deixou inúmeras obras inacabadas, sendo o caso mais representativo a composição de seu *Requiem*, ditando-a, com frenesi e excitação, para que outro compositor fizesse o trabalho já no seu leito de morte. Nesse caso especial, à beleza do gesto se adicionava o seu caráter patético, sobretudo quando entoava, em viva voz, os acordes da composição. Mesmo assim, Mozart não conseguiu completá-la, precisando de outra mão que o fizesse.

Quanto a Modigliani, sua morte foi procedida de distúrbios de saúde que o acometeram, bem como problemas psicológicos que o levaram prematuramente aos 35 anos. E isso ocorreu às vésperas de se revelar o resultado de um concurso muito disputado em que ele seria premiado. Trata-se de situações comoventes que o tempo todo estão atingindo quem vive e que, inexoravelmente, está sem dúvidas entrando para o corredor da morte. Elegemos, aqui, casos de artistas famosos inquestionavelmente elevados por suas produções, independente da vida que tiveram, ainda que levados a uma finalização sem que se pudesse dela esvair.

Seguindo agora para os caminhos da Literatura, a morte segue provocando ameaças, negaceiros ou fatalidades, quando decide se impor com veemência sem dar tempo para que o ser assuma qualquer possibilidade de se esgueirar dela. Quantos não são os casos em que um livrar-se da morte conduz a pessoa a uma vida de riqueza existencial e de produtividade diante de sua sede de viver. Um exemplo desse fenômeno é o caso do escritor russo Fiódor Dostoievski, que na primeira metade do século XIX, esteve frente a frente com a morte. Isso se deu por problemas sociopolíticos devido às suas participações em grupos revolucionários no período czariano da Rússia. Condenado à morte, já se encontrava na fila dos que seriam fuzilados quando veio uma contraordem, substituindo a sua pena por um exílio de trabalhos forçados na Sibéria, onde passou alguns anos. Ao ser libertado, uma outra revolução se operava dentro dele – de uma obra mediana, inicial, que vinha realizando antes de ser preso, transforma-se no início da segunda fase de sua produção, em que suas grandes narrativas seriam desenvolvidas, entre elas *Crime e castigo*, *O idiota*, *Os irmãos Karamazov* e outras, como todos sabemos, que foram produzidas graças a sua vida poupada naquele momento.

Continuando essa reflexão sobre circunstâncias de morte, incluímos aqui Anton Pavlovitch Tchekhov, autor de peças tão significativas pelos espaços criados e pelo modo como trabalhou o silêncio, ao chegar ao ponto extremo de sua curta vida (morto aos 44 anos), refugiou-se com sua esposa para a bela paisagem da Floresta Negra, na Alemanha, e só voltou a Moscou para morrer com serenidade.

Existem mortes que nos reportam com mais clareza aos já aludidos versos de Bandeira. No caso do poeta Carlos Drummond de Andrade, podemos considerar sua morte um fenômeno interessante. Da mesma maneira com que o poeta desenvolveu a sua vida, pelo menos ao que nos chegou por meio de informações biográficas, dessa mesma maneira foi sua morte. Chegada a hora, com os problemas oriundos de sua saúde e de suas condições finais de existência, Drummond teve a tranquilidade de espírito para organizar todas as suas coisas pessoais e sua produção. Deixou sobre a mesa duas pastas: vermelha e azul. Em uma havia o dispositivo de que fosse enviada ao editor imediatamente; a outra, que só fosse enviada postumamente. Sobre sua escrivaninha, ficava a sua máquina de datilografia, que usava para a sua escritura.

Tivemos o prazer e a oportunidade de escrever para a Revista USP sobre seu último livro, Farewell. Foi impressionante, ao ler nos versos de Drummond, a sua consciência expressiva de que se tratava de sua última obra, e isso sem nenhuma projeção biográfica, mas que os graxos e os toques onomatopaicos sensíveis desenhavam a sua ironia amarga, mas uma visão tranquila em relação ao tempo e ao debuxo de sua própria despedida.

> Os rios de um dia
>
> Os rios, de tudo o que existe vivo,
>
> vivem a vida mais definida e clara;
>
> para os rios, viver vale se definir
>
> e definir viver com a língua da água.
>
> O rio corre; e assim viver para o rio
>
> vale não só ser corrido pelo tempo:
>
> o rio corre; e depois que com sua água,

viver vale suicidar-se todo o tempo.

2

Por isso, que ele define com clareza,

o rio aceita e professa, friamente,

e se procuram lhe atar a hemorragia,

ou a vida suicídio, o rio se defende.

O que um rio do Sertão, rio interino,

prova com sua água, curta nas medidas:

ao se correr torrencial, de uma vez,

sobre leitos de hotel, de um só dia;

ao se correr torrencial, de uma vez,

sem alongar seu morrer, pouco a pouco,

sem alongá-lo, em suicídio permanente

ou no que todos, os rios duradouros;

esses rios do Sertão falam tão claro

que induz ao suicídio a pressa deles:

para fugir na morte da vida em poças

que pega quem devagar por tanta sede.

(NETO, 2004, p. 233)

Encerrando essas circunstâncias de morte de artistas de excelência inquestionável, trouxemos uma espécie de epígrafe-homenagem do poeta genuíno João Cabral de Melo Neto. Nada melhor que *Os rios de um dia* para mostrarmos a alegoria da ruína, como a denominou Walter Benjamin (Origem do drama barroco alemão, 1928), construída no poema para desvelar as questões da morte e da vida em uma dimensão dialética em que o poema se insurge com a metáfora do suicídio de algo sem vida – o rio –, no qual se dispõem elementos viventes, como as ervas, os peixes e outros animais. Nesse sentido, o rio se torna um ser-anfíbio que só é rio na sua potência aquática por permanentemente trocar suas águas sem que se possa instaurar uma paralisação, a não ser pelo ressecamento repentino. Assim, o poema, contrariamente ao fluxo de nossa vida, aponta para a vida eterna do rio no seu suicídio permanente.

O poema anteriormente transcrito apenas atua como contraponto à morte real de João Cabral de Melo Neto. Como se trata de um ser humano, o que dominou foi a própria morte do homem que, nos seus últimos segundos de vida, quase cego, de mãos dadas com sua segunda esposa, Marli de Oliveira, orou.

# CAPÍTULO VI

## SEXTA INSTÂNCIA DA MORTE – VIVIFICAÇÃO DO PRESENTE

As esquadrias se dispõem de forma irregular pelas linhas invisíveis do bosque, elas emolduram portas e janelas recobertas por vitrais opacos transparentes, multicoloridos sujeitos à chuva e ao sol. As esquadrias emolduram agoras que se colocam na mesma disposição que a disposição das portas e janelas alinhadas e desalinhadas pela linha do bosque permeado pelos renques de árvores, árvores verdes em pleno outono com poucas folhas secas, o verde resplandece em tons, em matizes do verde-musgo, do verde-água, do verde-verde, do verde-amarelado pelo outono, mas predominantemente verde balançando sobre os agoras, os eternamente agoras que trazem copos e baldes cheios de folhas verdejantes e amarelas sob o sol vibrante e mudo. Mudo como castiçais dispostos na fileira da memória, memória plena de lilases, plena de miosótis, plena de flor das onze horas, do verão que encerrou deixando apenas esses copos, esses baldes cheios de flores. Lírios, tantos lírios, sobre lírios, entre lírios no campo aberto, no campo alagado de águas que ainda a primavera houvera deixado ali em cada um daqueles agoras que oram e olham pelas portas e janelas alinhadas e desalinhadas no torpor do único dia quase findo, do único dia embalsamado em que os gestos de viver se retraem diante dos gestos de morrer.

"Colha o dia", diz o pássaro, o pombo-do-ar, a cotovia e outros pássaros em bando em coral que se ouve no fundo do bosque. Colham o dia!! *Carpe-Diem*, pois este dia é único e turvo e cada agora resta em cada porta e janela que se palinha para dentro do bosque colorido de flores-do-vale, de fios d'água de riachos que entremeiam os finos caracóis dispostos ao chão esperando a lua nova que possa enaltecer o silêncio do dia eterno.

O que se desenha é o instante, é o instante esperado que se fundamenta em um aqui do tempo, do tempo eterno no dia único e quase findo. Olhai os lírios do campo, pois eles povoam todos os pontos, todos os pontos da madrugada para que se respire, se respire e se respire, respire esperando o leite ser jorrado em terra fértil cheia de morangos silvestres plenos de luz neste final de tarde que se iniciou em outro final de tarde para ficar ali aguardando o já que se anuncia.

Plenitude do tempo agora em fim de hora que se enovela novamente em lua nova.

Sofreguidão das paradas impossíveis na morbidez de tudo então que se evapora, de tudo então que segue o movimento do vento para levar as pétalas de flores até o riacho e lá que fiquem como pequenos barcos lançados na água fresca, eternamente fresca que corre passando sempre pelo mesmo ponto e nesse ponto vasculha a terra profunda no veio vertical desse silêncio ainda, ainda, ainda e ela passa e as pétalas passam e vão lentamente se firmando, se amarrando nas curvas do rio, do riacho fresco para prosseguir até a nossa jornada antiga de bosques e de desvios que nos levam para longe e para sempre.

Aqui no instante mora como se demora no vate mergulhar de um pensamento leve, mas eterno, abstrato, mas que morre, mas finda sempre infindamente manso do remanso do agora que paira nas esquadrias e entre elas abre os vitrais, abre os vitrais e de lá o braço se estende para que se colha, para que se colha mais uma pétala de lírio, mais uma pétala de rosa, mais uma pétala de uma flor silvestre, silvestre como o morango que foi colhido no agora para ser comido, saboreado com o leite que jorrou do manso gado.

Olhai os lírios do campo, favorecei a visão do alto de um recanto no encanto de um paraíso perdido aqui tão perto, neste agora que se volta para um raminho de flor para um raminho de uma árvore, de uma nogueira, grande nogueira com ramos finos e as nozes caem de repente, assim, aqui no encontro de tudo. Aqui em cada uma das janelas e portas alinhadas e desalinhadas no remanso desse dia que não cessa, que jorra, que vai em uma alegria, em uma alegria quase vibrante, em uma alegria de êxtase, de êxtase pelo prazer de vivenciar a existência, a existência que erige, que se ergue como nunca trazendo uma árvore de flores grandes quase magnólias entreolham nas vísceras de um dia prestes a amanhecer.

E o dia não se finda ainda de longe se vê as molduras das portas e janelas pelas esquadrias de horas e agoras que renunciam ao torpor do sol e abre os braços para a noite que ameaça entremear as folhas e fremir no escuro ponto do norte de um roçado de onde se vê o já, já, já a voz grita já. O instante é já, mas o já olha por todas as vidraças, por todas, pela vidraça fosca, pela vidraça clara, pela vidraça multicolorida, por todos os vitrais que brilham no entardecer demonstrando por detrás das luzes os desenhos dos portais e os olhos indefinidos de um silêncio profundo.

Olhai, olhai os lírios do campo, eles já não são vistos, mas o arrulho dos pombos se ouve ao longe, o pombo-do-ar com sua pena branca esquerda, seu pescoço curto, sua beleza e seu canto. Agora são os pássaros, os pássaros começam a acontecer no bosque antigo, os pássaros eles possuem a sabedoria de entremear pelos fios, pelos ramos dos ciprestes, pelos ramos do arvoredo e se anunciarem para dentro do tempo em tempo algum. Eles ficam assentados nos fios do tempo e de lá cantam com seu canto belo e mortífero no limite do crepúsculo entre o pôr do sol e o pôr da lua.

Canto aqui todos os agoras desse eterno presente, todos os agoras desse não futuro, desse não passado. Nego aqui o cheiro do saudosismo que vasculha lembrança, não é pela lembrança que a existência perdura. A lembrança é o voo do indefinido de um canto triste e o agora é a alegria profunda. O passado pela lembrança é o reconstituir de um vazio que não tem forma, que traz apenas desgosto da lembrança.

O sonho é em vão, reconstituir o passado na lembrança, lembrar é não acontecer nada, lembrar é apenas lembrar, é irreconciliável com a profundeza do existir.

O que vale no presente é a memória sensível, a memória sensível que domina meu corpo, meu ser nesse presente eterno e que fica ali recostada na margem esquerda do riacho em que as flores todas passam serenamente e se entregam à clareira das águas.

A memória sensível é o bailar do corpo pela percepção do tempo, mas com grandeza no tempo presente advinda de todo essa vontade de ser.

A magnitude da vida está na magnitude do nosso olhar no agora, no *"hic et nunc"*, no aqui e agora. Olhar, devemos olhar, "Olhai os lírios do campo", "Olhai os lírios do campo, vede como florescem", a florescência dos lírios é a perfectividade da hora dentro do nosso sensível, mítico que nos deixa com o corpo tocando a terra e nos dando o frescor da eternidade, esse frescor advém da nossa relação verticalizante com o já do agora de mais um agora que nos resta. A fertilização do corpo entranhado de tempo agora tocando a terra e vislumbrando o azul do céu é tudo, é tudo! Colher o lírio do campo e justapô-lo ao nosso agora é viver eternamente o canto do agora no silêncio eterno.

Olhai os pombos nos ninhos e vede como tecem seu árduo trabalho, sobretudo na tecitura desse ninho, ali está a imortalidade, ali está a superação da própria morte, a tecitura do ninho é a tecitura do seu próprio e perene renascer, é anunciar a continuidade da hora em outro filhote de pombo prestes a nascer, este aqui e agora do ninho e da hora são eles que se colocam o passado e o futuro. Não olhar para o passado é não alimentar a pobreza da lembrança é não alimentar o saudosismo inebriante fruto de uma traição do pensamento e de uma superficialização dos sentimentos frente ao já vivido, porque o já vivido só tem sentido na veridicção do presente. Do mesmo jeito, não olhemos para o futuro, pois nele estão as marcas da esperança, tanto o saudosismo do passado quanto a esperança no futuro é cair do alto de uma ponte, é não reconhecer as passadas desse tempo, desse agora e saltar o tempo na busca da captação do futuro.

Não tenhamos esperança de que breve é o tempo de vida, esperar não é perfurar a terra e lá colocar nossas mãos sentido o frescor da hora. Como nos diz a Bíblia, "Não olheis para o passado nem para o futuro, pois cada dia já nos dá muito trabalho", cada dia, e o dia é constituído de muitos agoras e é com eles que devemos conviver e neles devemos nos entregar para a vivência de um eterno dia e muitos são os obstáculos para esse dia, devemos conferir atenção ao dia para que possamos superar e vencer obstáculos e nos devolver a nós mesmos nesta hora infinita.

### *Os Quatro Quartetos*

*East Coker*

IV

Encurva a lâmina o cirurgião ferido

E com ela interroga a parte lesionada;

Sob as ensanguentadas mãos, sentimos

A compaixão cortante de seu nobre ofício

Esclarecendo o enigma da equação febril.

Nossa única saúde é a doença

Se obedecermos à enfermeira agonizante

Cujo incansável zelo não visa agradar-nos,

## QUESTÕES INDELÉVEIS DA MORTE

Mas recordar-nos que, como o de Adão,

Nosso mal, para curar, precisa antes piorar.

O mundo inteiro só nos vale de hospital,

Último bem do milionário arruinado,

E onde, se tudo andar direito, poderemos

Morrer do absoluto e paternal cuidado

Que a cada instante nos ampara e tiraniza.

Faísca perna acima um calafrio.

A febre zumbe nos canais do cérebro.

Para aquecer-me, devo gelar e tremer

Entre os águidos fogos purgatoriais

Cujas flamas são rosas, e a fumaça sarça.

Nossa bebida é apenas sangue gotejante,

Nosso único alimento carne ensanguentada:

Contudo, alegra-nos pensar que somos

Sadios, carne e sangue elementares — contudo,

Uma outra vez chamamos santa à Sexta-Feira.
(ELIOT, 1999, p. 40).

Essas instâncias simbólicas de Eliot vislumbram para um estar em si do tempo cercado das portas que não se abrem para o jardim imaginário onde todos os mitos penetram no universo de beleza e de irrealidade verossímil nessa confluência cronológica do tempo para o tempo único, o eterno presente. Continuamos com nossas esquadrias e delas portas e janelas se alinham simétricas e dissimetricamente recobertas de vitrais opacos, transparentes, multicoloridos e todas as flores que são cerceadas pelo jardim cercado com altos portões de ferro, trancados, mas não imponderados assim emerge o nosso agora, o nosso eterno agora.

Todo presente está em boa hora, os ecos do tempo não podem ser interrompidos eles atuam no interior das flores dos secos dos tanques, dos matizes de verdes do bosque circundados por rencas de árvores. Só é possível colher o dia mais intenso do que Prosérpina quando foi colhida por Plutão e levada para os ínferos pelo amor de Plutão.

*Carpe diem*, passemos pelo desfiladeiro da memória e sigamos pelo rumo que os pássaros abrem em voláteis voos rasos e elevados voos, altos voos com o pipiar dos pássaros, cânticos nem sempre autoritários como os de Eliot, nem sempre tão libidinosos como os pássaros de Eliot, mas condutores do amanhecer depois de longas horas envolvidos com as plantas silvestres e com o pipiar das cascas de árvores sob a terra fofa, sob a plana terra seca antes da chuva. Desse desfiladeiro com ecos da memória ressurge a alegria, a grande alegria de ser e de existir independentemente de todos os cantos das flores e das rosas contempladas.

Agora colheremos as rosas silvestres, as flores silvestres e não nos esqueçamos dos lírios, não nos esqueçamos dos lírios. Coloquemos nossas mãos na terra fofa para tirar os obstáculos desse dia eterno, desse dia vibrante com o olhar distante, mas que não chegue no futuro, porque o futuro não pode existir, só existe a vida na convergência para o presente, não nos esqueçamos dos versos tempo presente e tempo passado, talvez ambos sejam presente no tempo futuro e o tempo futuro está contido no tempo passado e tudo se torna, portanto, presente.

Nesse movimento que trilhamos restam as vozes do inaudível e os passos do indelével marcado por hieróglifos da nossa visão e da nossa memória. Estamos assim nessa busca do equilíbrio com o presente em busca da vida. A vida é tudo, mas a vida que se quer vida é *vitae*, a conjunção do *mors-amor*, amor e morte para que ela seja, tenha a inteireza do que podemos chamar de vida, claro que a vida fica em eterno estado de sonambulismo, falar de uma vida completamente acordada é conviver com uma ingenuidade que só nos remete ao vazio, só nos remete àquilo que vai ser decepção para nós quando tudo acabar. Só não acaba tudo se já tivermos isso dentro do nosso ser na confiança verdadeira, não na vida, mas na dialética da vida. Ficar absorto em relação à vida é enfiar as mãos, calcar as unhas na terra úmida, tirar elementos impregnados nessa terra e erguê-las com as duas mãos, as mãos cheias de terra e com arbustos, filamentos de arbustos que possam criar a nossa sensação de relação corpórea com a terra e aí então com a vida.

Os elos que se formam entre a natureza crepuscular e a nossa fome de vida são elos intensos e que não podem ser quebrados em nome de uma falsa consciência na vida, não me volto para a vida portanto, integro-me à vida essa é a grande razão fora do fantástico, fora do imaginário estou aqui estando aqui desnudo com o corpo cheio de terra e esperando a mim mesmo na verticalidade com o tempo.

Nessa volatilidade do existir a busca do essencial se adianta a tudo, a busca do essencial integra-me com a minha própria lição de ser. Nas esquadrias dessas horas todas as janelas e portas trazem os agoras que sempre nos restam na vivência de um só dia. A grande angústia está na quase impossibilidade, mas na probabilidade de viver, vivenciar o instante.

> E com uma alegria tão profunda. É uma tal aleluia. Aleluia, grito eu, aleluia que se funde com o mais escuro uivo humano da dor da separação, mas é grito de felicidade diabólica. Porque ninguém me prende mais. Continuo com capacidade de raciocínio - já estudei matemática que é a loucura do raciocínio -quero me alimentar diretamente da placenta. Tenho um pouco de medo: medo ainda de me entregar pois o próximo instante é o desconhecido. O próximo instante é feito por mim? Fazemo-lo juntos com a respiração. E com uma desenvoltura de toureiro na arena.

> Eu te digo: estou tentando captar a quarta dimensão do instante-já que de tão fugidio não é mais porque agora tornou-se um novo instante-já que também não é mais. Cada coisa tem um instante em que ela é. Quero apossar-me do é da coisa. Esses instantes que decorrem no ar que respiro: em fogos de artifício eles espocam mudos no espaço. Quero possuir os átomos do tempo. E quero capturar o presente que pela sua própria natureza me é interdito: o presente me foge, a atualidade me escapa, a atualidade sou eu sempre no já. Só no ato do amor – pela límpida abstração de estrela do que se sente – capta-se a incógnita do instante que é duramente cristalina e vibrante no ar e a vida é esse instante incontável, maior que o acontecimento em si: no amor o instante de impessoal joia refulge no ar, glória estranha de corpo, matéria sensibilizada pelo arrepio dos instantes – e o que se sente é ao mesmo tempo que imaterial tão objetivo que acontece como fora do corpo, faiscante no alto, alegria, alegria é matéria de tempo e é por excelência o instante. E no instante está o é dele mesmo. Quero captar o meu é. E canto aleluia para o ar assim como faz o pássaro. E meu canto é de ninguém. Mas não há paixão sofrida em dor e amor a que não se siga uma aleluia. (LISPECTOR, 2020, p. 33)

Esse texto epifânico, esta visão epifânica que Clarice transmite no seu texto, na verdade perpassa alguns pontos que gostaríamos de comentar e de refletir são os pontos que se voltam para a questão da vida, da vida em si objeto desse nosso momento das instâncias é a instância da vida.

O primeiro ponto gostaríamos de focalizar a questão da alegria, a alegria, o prazer da alegria. A alegria é algo mágico, ela é diferente das outras semânticas que envolvem as palavras à sua volta. A alegria é uma palavra bonita, clara: alegria! Esse "i" de alegria iniciado com o "a" denuncia o seu teor, alegria é um estado de luz, é uma perenidade iluminada e ela é alguns degraus acima de satisfação, poucos degraus acima de contentamento, mas sempre nos eixos semânticos similares. O estado de alegria parece invadir o nosso espírito, parece nos deixar em uma explosão.

O estado de alegria na vida é uma natural e elevada forma de vivenciar o instante, o instante é uma agulha fincada no tecido da existência é a conjunção entre existir e ser em estado ensolarado. Alegria é um estágio equilibrado e ao mesmo tempo eufórico sem euforia, ela não é obscura, não é soturna, estar alegre é existir, é estar completamente instalado na condição física até espiritual da vida. Muita alegria, nós temos no estado uma alegria profunda pode conduzir à felicidade. A felicidade em si é um estado sem palavras, mas não existe a felicidade por si como todos dizem, não existe uma felicidade horizontalizada no plano de existência, a felicidade é um ponto de conquista que ocorre sem que a gente perceba, sem que a gente tenha a clara consciência daquele momento que vai acontecer, é uma evolução da alegria, mas não é permanecente é pontual é como se fosse, como se a felicidade existisse por detrás de uma série de camadas de cortinas que do outro lado vai receber a reação do vento. Primeiro a brisa, depois pequeno vento e num determinado momento o vento abre as camadas da cortina por ter sido mais forte e mais intenso neste movimento das camadas da cortina o vento que surge na parte interior atinge nosso coração e nesse momento nós vivemos a felicidade, vivemos a felicidade, nesse instante nós vivemos a felicidade.

Nós não ficamos, portanto, felizes durante um tempo, a felicidade ela vem como um risco azul em nosso ser com um leve tom no seu final de cinza claro, porque nós temos a intuição, instintivamente nós sabemos que a felicidade é efêmera, então no momento que ela ocorre, nós temos que a vivenciar, sorvê-la com a maior vontade que ela nos dá. A felicidade é um estágio superior, só podemos ficar acima da felicidade em estado de êxtase, um estado que nós perdemos o desci, perdemos o descer em estado de êxtase, nós ficamos estáticos mediante uma enlevação do estado de felicidade. É uma gradação evoluída da alegria. São condições, são estados de ser do nosso espírito que nós devemos abençoá-los e saber, não é saber não precisa de saber nada, a felicidade não exige da pessoa, da gente nada ela só vem e ocorre como algo sobre o que nós não podemos autorizar ou não. A felicidade é assim e nós, o estado de êxtase é um estado de inexplicável redemoinho de que de toda sorte atinge o nosso ser. Por isso não podemos dizer: sou feliz! Minha família é feliz! Não é isso, nós não podemos ter a felicidade nesse estágio de imediatismo, de sentimentos menores, são sentimentos humanos, mas menores, um breve contentamento, uma fantasia a respeito do ato de ser feliz, uma vontade de ser feliz leva as pessoas a um extremismo de uma afirmação equivocada em relação à felicidade.

O texto de Clarice revela a busca da captação de um instante, a busca de um ser em um instante, mas não a consagração desse instante como algo inviolável. "Todo ser tem o instante em que ele é" diz o texto, "Todo ser tem o instante em que ele é", esse "é" é fundamental e o texto diz que quer captar esse "é" do ser, mas ele poderá vir, desde que nós não sigamos atrás dele, de que nós não o vemos como uma escassa que eu vou atingir, que eu vou capturar. Não existe uma forma de procurar o estado de ser, mas existe um jeito de encontrar e ele independe da nossa racionalidade ou da nossa vontade mediante essas coisas todas do mundo existencial.

O fluxo existencial é constituído de uma linha reta que tende a um ponto final. Em relação a essa linha, nós não temos o que fazer, existir é estar ligado a essa linha de uma maneira ou de outra desde que tenha nascido integrado a ela. É a integração do ser, do homem na sua linha existencial, a existência ela é assim, é uma narrativa, por isso que todas as pessoas, todas têm necessidade se serem heroínas em sua existência, é o herói existencial desde que eu existo eu quero contar a minha história, claro que em geral isso acontece com mais fremência quando o ser humano já viveu uma quantidade grande de vida, quer dizer, uma pessoa mais idosa, uma pessoa que tenha já uma dimensão de vida, história para contar, uma pessoa com 70 anos ou com 80 anos tem mais história para contar do que uma pessoa com 20 anos, 30 anos, entretanto se percebe que essas pessoas que ainda não têm histórias para contar, as chamadas mais jovens, marcadas pela jovialidade, querem também contar, têm a vontade de contar e em geral elas se aliam, elas se ligam a uma fantasia, a uma fantasia e querem contar a sua história. Claro que os mais velhos têm uma carência e se apegam a lembranças, se apegam às suas histórias do passado, ao tempo passado contrariando Eliot pela lembrança figura divisada em fatos vividos hoje já alterados pelo fluxo da sua fonte narradora, entretanto, essa necessidade de contar é que determina e justifica o fato de as pessoas existirem sendo heroínas da usa própria história, entretanto, esses elementos são comuns, todos os têm e colocam em prática, mas se acaba a lembrança, se acaba o fluxo a pessoa perece. Ela vai se alimentar de um vazio que vai levá-la a uma tristeza, a um sentido de vazio, de depressão, por isso que é fundamental nós pensarmos naquela linha assintótica da matemática do eixo cartesiano, a linha assintótica que vem como hipérbole e tangencia a reta quase tocando-a sem verdadeiramente tocá-la. É nessa linha que o homem fica dependurado ao longo de sua existência em alguns momentos cruzam em uma conexão, em um nó entre uma linha e outra. São esses nós de cruzamento que são as fricções do plano da vida, são as fricções entre o ser e o existir são esses elementos determinantes que vão criar verticalizações na linha reta, verticalizações e que nós não podemos definir quando e como são esses que nós denominaríamos de agoras.

Os agoras são fatais, bifurcações entre a horizontalidade da existência e a verticalidade da essência, aí é que o homem vai ter uma experiência existencial e isso não acontece por meio de lembranças, mas de vivências reais de nós, de vida com existência e essência, daí o desenho da vida, diagrama da vida de cada um e principalmente daqueles que conseguem viver isso e levar a um nível de fabricação até artística a partir dessa experiência de nós, isso é vida, isso é vida que é aquela marcada pela vivência que vai além do ato de existir.

Nesses agoras estão as marcas do prazer e o prazer existe advindo daquela profunda alegria a que aludimos, que comentamos, mas, segundo o poeta simbolista francês Paul Valéry, há o prazer e o prazer. Existe o primeiro prazer, é aquele marcado pelos sentidos, nossos sentidos prazer no primeiro plano que todos sentimos mediante coisas mundanas e que os nossos sentidos apreendem: o tomar um licor, o ouvir uma música, o dançar, realizar algo prazeroso dentro dos sentidos que nós temos. Para Valéry existe o outro prazer, que é a consciência do prazer, que é aquele prazer advindo depois do primeiro passar por uma transubstanciação da nossa inteligência, da nossa relação com a inteligência, daí é diferente. A consciência do primeiro prazer se torna o segundo prazer, que é acometido por uma densidade relacional entre os sentidos e a nossa psiquê, a nossa inteligência. Esse segundo é o prazer criador, pelo menos é o prazer que

QUESTÕES INDELÉVEIS DA MORTE

deve sentir um artista, aquele artista, o prazer que o pintor vivencia, todo artista vivencia, mas tomemos aqui o pintor que não apenas recobre a tela, o fundo da tela com uma paisagem, aquele, como diria Charles Baudelaire, que começa fazer a sua pintura na grande tela da esquerda para direita e que vai preenchendo a sua tela por uma paisagem, por um desenho qualquer, este não vivencia um prazer real, porque ele não tem consciência. A verdadeira pintura vai fabricar de dentro para fora e de fora para dentro um universo novo, como se fosse uma organização do mundo de uma outra maneira, porque Deus propõe uma forma e o artista a dispõe segundo esse grau de prazer.

É importante que se perceba que essa forma de prazer que denominamos como o verdadeiro viver justifica o fato de todas as pessoas uma hora ou outra na vida terem a vontade de criar, criar é interessante porque não é só a vontade de ser o herói de sua existência, como eu dissera, mas a criação é exatamente por esses momentos que estamos colocando, por essas situações em que há uma transcendência em relação ao imediatamente vivido. Então nós temos essa noção de criar que faz com que as pessoas brilhem os olhos, é tanta vontade e poucos são aqueles que chegam lá, que realmente conseguem a criação artística. A criação imediatista, artesanal, esta é mais frequente às pessoas com habilidade, desenvolvendo essa habilidade ela consegue, mas não adianta desenvolver habilidade para a grande criação artística na pintura, na poesia, na música, na relação que aquilo que a existência propõe e a pessoa conseguir se exercitar no gesto da elevação dos nós da vida, elevação do plano horizontal da existência e o vertical da essência bifurcados para vivenciar os agoras de nossa vida.

São esses agoras na verdade que colocamos metaforicamente no início desta reflexão, colocamos metaforicamente ao falarmos das molduras, das esquadrias, as várias esquadrias do já, do instante único, do presente. As esquadrias com vitrais de vários tipos, esses vitrais são importantíssimos, como tudo é importante para mostrar a relevância da diferença de visões, os vitrais são visões diferentes. Vitral opaco, transparente, pluricromático, são os vitrais que vão determinar os olhares de cada ser ou os olhares diferentes no mesmo ser na variação de instantes. Assinalando esse dado, nós podemos ter vários olhares, várias visões, mas podemos ter uma pluralidade de visões no mesmo olhar, dependendo de instantes, das circunstâncias do instante que determina cada uma dessas esquadrias, por isso que elas são importantes, variadas e relevantes e todas elas estão ligadas à memória criadora. Se negamos a lembrança como estatuto do pequeno, da pequenez, elevamos a memória sensível, a memória criadora, elevamos, pois ela é fundamental na visão real, na visão teorizada por Henri Bergson, desenvolvida na obra de Marcel Proust a questão da memória involuntária, da memória criadora, sensível que fica em conexão profunda com o tempo vertical ou a suspensão temporal, o que é muito importante, a suspensão temporal para a vivência do tempo em uma dimensão ímpar em profundidade. Essas relações são genuínas para justificar a vida, mas na sua dimensão de *mors-mortis*, de *mors-mortis, mors-amor, mors-amor,* para que nós preparemos com mais delicadeza, com mais tranquilidade nas águas cristalinas daquele riacho a que aludi como forma de nós entendermos a morte.

Na vida nós estamos sempre aliados à morte, é uma ingenuidade profunda não percebermos isso. Apesar de elevarmos a vida na sua condição de vida, neste capítulo como "Sexta instância da morte", devemos salientar que as grandes obras literárias, teatrais, as grandes obras artísticas não têm e nunca tiveram o perfil eufórico, elas são disfóricas, as grandes obras de arte têm um teor disfórico, é porque tem a consciência na verdade dessa relação dúbia, ambígua, conjugada entre vida e morte, criando a condição de *vitae*. Portanto, se nós formos tomar por exemplo a obra de Thomas Mann, nós temos tanto em *Morte em Veneza* quanto na *A Montanha Mágica* obras em que a vida vem engatada à morte, são faces da mesma moeda intrinsecamente articuladas, então, em *A Montanha Mágica*, aquele centro de tratamento de problemas pulmonares, é um núcleo inteligentíssimo por parte de Thomas Mann, que faz dali um reduto de um exercício de vida, em que a morte é permanentemente suscitada, sugerida, então nós temos Thomas Mann como grande exemplo de trabalhar dubiamente essa questão tensa, dialética da vida e da morte.

Essa crespa forma de representar a morte nas grandes obras de arte é o elemento que predomina e determina as grandes obras de arte, como eu disse em *A Montanha Mágica* de Thomas Mann, a vida é apresentada em tensão máxima, em uma clínica de tratamento de saúde, e as relações internas entre as personagens durante anos são relações que chegam a se esquecer do tratamento de saúde em nome de outras relações reflexivas e de tensões externas declaradas e subliminares entre todas as personagens.

A vida acaba pulsando por meio do entremeio da morte, da mesma maneira em *Morte em Veneza*, nós temos uma elevação e enlevação da vida por meio da captação do belo e da apreensão da beleza em reflexão sobre a arte, mas fundida ao medo da morte que assola Veneza ao atingir o objeto de Aschenbach que é Tadzio e ele, o próprio Aschenbach é que vai contemplando o belo à distância na praia, vai morrer, contraiu a doença que assolava Veneza. Dentro da sua profunda reflexão estética, atingindo a beleza, a vida no belo, a morte lhe colhe, toma-o nesse processo de contemplação e de reflexão sobre a vida. Assim nós vamos ter obras fundamentais da Literatura Ocidental marcadas por esse embevecimento antitético ou em forma de oxímoro mesmo entre a vida, mas parece que alicerçada pelo delineio da morte.

Se na Literatura isso é permanente, em outras artes acontece do mesmo jeito, penso aqui nas obras plásticas de artistas como Edvard Munch retratando o desespero no quadro *O Grito*, mas outros quadros desse pintor do expressionismo alemão vão revelar a agonia da morte ou a morte retratada das maneiras mais realistas, genuínas, como a *Morte no Quarto da Doente* ou as suas mulheres tão bem retratadas na morte. Mas outros e outros pintores vão trabalhar essa questão também.

Há o processo disfórico em Van Gogh também na pintura, até mesmo naqueles quadros em que a vida seria a pulsação, se fossemos considerar tematicamente se ele fosse um pintor menor, nós temos os famosos *Girassóis*, que trabalha com profundidade, por um lado, o elã da euforia, mas se sobrepõe a isso todos os graus de disforia no seu pincel e na sua genialidade manifestada no conjunto desses quadros e em outras obras como *Trigal com Corvos* ou *Quarto em Arles* de Van Gogh. São muitos quadros desse artista que vão retratar essa disforia por meio da morte em quadros em que ainda pulsa a vida, a vida vem alinhada a essas condições. Essa conjunção dialética perpassa as grandes obras de arte.

Abrindo uma das janelas torneadas de esquadrias de madeira nobre, vasculho a vida pelos seus interstícios, pelos seus miolos ocultos, até soterrados nas trilhas aquosas do que se pode chamar de vida. Busco aqui os fios condutores desse elemento inviolável e ao mesmo tempo sorrateiro que se chama vida. O alicerce desse fenômeno está na nossa consciência e está em cada gesto que realizamos, em cada ponto que focamos, em todas as ações por menor que seja que nos demove para esse fluxo existencial. Essa condição envolve tantas coisas e mobiliza o homem desde a sua origem na face da terra.

Os olhos são representações daqueles vitrais dentro das esquadrias. O homem tem três elementos de expressão que lhe confere a dimensão de homem e de vida, são eles: as mãos, os olhos e a boca. O ser humano é contendedor de energias que espargem por todos os cantos do seu lado vivente por meio dessas três formas de expressão, é muito bonito olhar para o homem e o homem olhar para o outro e para si mesmo e para nós, é muito vital ver olhos, não só do homem, mas de seres viventes, os olhos do gato, os terríveis olhos do gato, o olho humanizado do cão, os olhos vítreos da onça, os olhos, como se diz, falam por si mesmos, mas nos do homem transitam uma expressividade por pior que seja ele, o espécime, transita uma expressividade humana, que recupera a nossa condição de ser gente. Da mesma forma o olhar e o ver, ver o objeto olhado que nos dá a impressão de sermos vistos por ele. Do mesmo jeito a boca, jeito, que tem a sua expressão, um frêmito de saber dizer, saber morder, de saber comer, de saber se silenciar, se calar e gritar, é outra expressão que demove ao homem a sua condição de ser homem. Finalmente as mãos, mãos que se movem, as mãos adiantam no homem palavras ou contrariam palavras que ele não disse, as mãos dizem por si desde que postas em liberdade no ato de viver, as mãos parecem redizer dentro do nosso compromisso com o mundo e com o outro.

Esse recorte que estou fazendo é de focalizar o homem em si mesmo vivendo, o homem diante de si mesmo, mas o homem diante de outro homem, porque existe uma consciência natural do homem que é se colocar e se ajustar humildemente diante do outro por mais orgulhoso, por mais arrogantes que determinados espécimes sejam, é chegado o momento em que o homem se despe dessas contingências sociais e olha como qualquer homem olha, e toca como qualquer homem toca e movimenta os lábios das mais variadas formas.

Viver é esse ir por entre quaisquer coisas e se movimentar e se dirigir e se entregar nas vicissitudes de tudo que se move. O homem é um movimento, parece que acima de todos, porque ele tem aquela inteligência, aquela consciência.

Quando penetramos no interior de uma grande floresta temos ali um universo indescritível de vida. Uma vida marcada pelo silêncio, o enorme silêncio que impregna todas as árvores, o sombreado das árvores, a umidade da terra, o frescor das flores naturais da terra. A natureza oferece uma vida, a vida plena de silêncio e de sabedoria. Vejo galhos entrecortados, troncos, caules que se erguem cobrindo o próprio sol cujos raios por frias trinchas leves de toques em forma de quase som, no silêncio da floresta que parece apenas se apresentar, apenas se explicitar como se fosse eis-me aqui. Essa vida, esse universo silencioso da floresta, mostra uma vida em solilóquio, é como se fosse um monólogo do silêncio e da beleza, da íngreme pujança da beleza em linhas espessas, em ramos meticulosos e prismados do som e do sentido, sinestesia natural da vida na indizível floresta que suspende o tempo, mas não cessa o caminhar do sol que inexoravelmente denuncia a passagem do dia.

Horas invisíveis denunciadas por um relógio invisível. Nesse universo o homem que ali pisa infla seu peito e emudece, e no meio de tudo, flores do pequeno arbusto diferentes ainda não nomeadas estão ali, abertas e em ciclo vital, algumas pétalas já mescladas às folhas secas, flores estranhas, flores abauladas, cromáticas, elas têm cor e perfume entrecruzados com combinatórias completamente inusitadas advindas da própria mãe natureza. Isso é vida respeitando seu fluxo natural sem extensões, sem as crises, sem tudo aquilo que o homem consegue inserir e consegue obstruir no fluxo da existência.

Tudo na natureza é absorvido com uma intensidade, uma naturalidade adjetivada porque nós adjetivamos, a natureza não precisa de adjetivação, os seus elementos se interagem sem os epítetos que nossa retórica coloca. Nós tentamos nomear com uma linguagem e na verdade uma linguagem que para esse caso não leva a nada.

Na verdade, a natureza sem dizer nada é a alegorização mais perfeita para que se compreenda o homem, o seu silêncio nos auxilia a compreender a alma humana. O homem, esse bicho perigoso, inteligente, sensível que conjuga os cinco sentidos e a mente indo para um plano superior de sensibilidade que Kant denominava de *sensibilité* em um plano superior maiúsculo, basta que ele olhe para que tudo aconteça.

A arte sabe apreender essas relações complexas da humanidade, daríamos exemplos de várias situações, como nosso escritor maior, Machado de Assis, ele soube ver na mulher o reduto da complexidade humana, Machado leu vários autores realistas de outros séculos e leu do exterior, ele leu Xavier de Maistre, Stendhal, Flaubert e outros e leu os nossos escritores românticos, como foi o caso do mediano José de Alencar, que tinha a obsessão de escrever por meio de personagens femininas, mas sempre de maneira muito simples, adocicada, José de Alencar era um escritor mediano. Machado de Assis leu suas personagens e, mediante essas leituras, tudo o que leu transformou-as completamente em grandes personagens femininas com características muito próprias e fecundas, nós temos Virgília, temos Capitu e outras que conseguiram impor o seu universo diante dos leitores. Temos outros artistas como Dostoiévski, que vasculhou a condição humana mostrando a grandiosidade dessa condição de ser humano em altos níveis de tensão, Tolstói, citado no primeiro capítulo deste livro, que escreveu obras fantásticas. Todas essas personagens desses grandes autores parecem mimetizar as nuanças da natureza, transformá-las, metamorfoseá-las mediante seu engenho. As veredas naturais são fontes de perquirição da alma humana, por isso são alegorias naturais da condição humana.

Volto a salientar Ingmar Bergman pelo seu grau de inventividade e de amostragem dialética da alma humana nos seus filmes. Nesse caso nós temos que considerar que no primeiro capítulo nos valemos do filme *O Sétimo Selo* para mostrar a tensão dialética entre vida e morte, entre amor e morte, resumindo em *vitae*, Bergman conseguiu interseccionar, criar um fusionismo estilístico dos gêneros. Nesse filme ele consegue tomadas ou consegue plasmar aos nossos olhos o teatro e a pintura, coisa muito difícil e rara e só possível para quem conseguia trilhar com maestria por esses campos e conhecendo muito as técnicas e mais, conhecendo muito da condição humana que ele representa. Há momentos, se nós paralisarmos a cena, em que temos belos quadros medievais, belos quadros ainda de época no suplício da procissão dos doentes no filme que ficamos entre o horror, a tragédia e o drama, nós temos tomadas que nos reportam ao teatro com perfeição e ao mesmo tempo há quadros plásticos da pintura trabalhada no grotesco e no drama maior da condição humana. Dali, não há como esconder as dimensões mais impenetráveis do ser humano.

Da mesma forma nós temos *Morangos Silvestres*, um filme também diferente do *O Sétimo Selo*, mas um filme também em branco e preto, mostrando a condição humana, há toda uma narrativa do médico que é o protagonista do filme que é o que vai conduzir as ações do filme, em um trabalho de memória e de uma narrativa que ele vai desenvolver voltando-se para o seu passado por meio da memória sensível.

O que gostaríamos de assinalar são os morangos silvestres, a metáfora que parece que não tem nada a ver com o filme, esses morangos que na Suécia existem em árvores grandes, então nós temos ali morangos como se fossem grandes amoras tornadas vivas, *vitae*, vidas estranhas, e que vão se contrapor, contracenar com o protagonista na sua relação com a natureza, mais uma vez a natureza é importantíssima e ele usou uma metáfora só, mas ela foi decisiva para que se resgatasse sincreticamente todo o procedimento metafórico narrativo do filme. Assim, perseguiríamos outros filmes em

QUESTÕES INDELÉVEIS DA MORTE

Ingmar Bergman dentro dessa linha rápida, mas decisiva para amostragem, para mostrar o modo de relação das personagens, da complexidade da alma humana, como *Gritos e Sussurros*, indiscutivelmente para mim o filme mais complexo desse cineasta, no qual os obstáculos interiores da alma humana se manifestam e se proliferam de fora pra dentro e de dentro pra fora na personagem Agnes e nas demais personagens do filme, as suas duas irmãs que atacam e recuam no processo de interação, de medo, de culpa, de contensão, de violência, até e a criada que a compreende e a ira das irmãs por perceberem que a criada compreende Agnes, que há uma compreensão entre elas. Filme em que o tempo se desajusta em várias relações, em vários desencontros dos ponteiros e das badaladas, horas que não se encontram, que se desajustam como uma forma resumida de metáfora nesse filme, que nos leva a tentar compreender os índices de vermelho no filme, os detalhes todos, Agnes morrendo, aquela questão da morte entrecruzada de desespero, de antivida.

A vida ali fica retratada na antivida dos elementos vitais das personagens. Nós temos nesse filme uma relação de obsessão, vi e assisti 11 vezes ao filme para tentar compreender essas gamas soterradas de gritos e sussurros. Nós temos aqui a vida como uma inelutável construção de um nervoso vazio, de um choro que o ser humano parece trazer dentro de si, que por quaisquer possibilidades, quaisquer situações inauditas vão se manifestar e nós temos em Bergman. Só estou dando alguns exemplos, mas para mostrar o grau de elevação e de competência artística desse cineasta e a sua relação sutil com a natureza, mas que é muitas vezes decisiva.

A natureza na verdade não está desenhada no filme *Sonata de Outono*, com Liv Ullmann e Ingrid Bergman, são duas atrizes que devem ser citadas, que é de uma violência artística, de uma grandeza, de um grau de competência que nos é comovente, ali a vida vai para dentro, ali a vida empoça a vida, a vida deglute a vida. É um breve período, uma noite, mas que parece uma eternidade, quer dizer os gritos e sussurros metaforizados no filme *Gritos e Sussurros* vão ocorrer, vão ser deglutidos no pseudosilêncio de *Sonata de Outono*. É um filme que possui na sua estrutura a redução de tempo e espaço, ele possui a estrutura de um conto complexo. O conto possui as famigeradas três unidades: unidade de tempo, unidade de espaço e unidade de ação. Em geral, no cinema norte-americano, os filmes tradicionais têm no romance a cópia de sua estrutura, que é o gênero das pluralidades, há grandes filmes que se baseiam na estrutura do conto e no cinema isso fica, quando bem realizado, esplêndido, nós temos no Sonata de Outono um tête-à-tête, um confronto psicológico humano entre mãe e filha, é uma das relações mais difíceis que nós temos, que é essa relação quando é para descortinar-se em universos soterrados.

Esses são os filmes que nos atraem para esse tema que estamos discutindo de vida e morte, mas *Fanny e Alexander*, um dos últimos, *O Ninho da Serpente* ou então em obras escritas, como é o caso de *Lanterna Mágica*, são obras também que não podem ser olvidadas nessa nossa reflexão. Com isso estamos querendo assinalar essa vivecência, essa permanecência das batidas, das ladainhas que gritam dentro de nós todos nesta vida. A vida é permeada desses elementos psicológicos, psicossociais, nós somos muito aprisionados e quantos no mundo vivem um sem saída da sua existência, são enclausurados em si mesmos e essa é a nossa condição de vida.

Vamos recuar no tempo e depois dessa louvação a Ingmar Bergman, na construção dialética da vida, nosso trajeto naturalmente pediu para retroceder, vamos para o final do século XIX, seriam muitos artistas, mas precisamos de focalizar um em que esse dissídio vida/morte está espraiado em toda a sua pintura, refiro-me ao conhecidíssimo artista Vincent van Gogh, pois nele o filete doído da vida está em cada traço por ele desenhado e sobretudo pintado, Van Gogh não é um desenhista apenas, mas é sobretudo pintor, e é naquela cor holandesa que ele redescobre um mundo ou mostra o homem para o homem mesmo. Essa amostragem, essa demonstração frente a frente leva a sua obra a ser tão respeitada e admirada mesmo que as pessoas não entendam o que aconteceu ali, porque que ela fica fixada, olhando, pois a pintura de Van Gogh não permite um tom de contemplação, ela em si não é contemplativa, mas ela trabalha com signos, signos plásticos, semissímbolos cromáticos que desvelam pela sua possibilidade de valer, ou validade, acabam desvelando uma verdade e é por ai que falaremos de dois ou três de seus quadros. comentaremos rapidamente, mas assinalando para o leitor a forte necessidade que essas obras sejam vistas e outras obras sejam vistas desse pintor holandês para que a gente se reconheça gente, não no sentido harmônico do termo, mas dentro de elevadíssimo plano de contenção e de contensão, faço questão de dizer com "ç" e com "s", as duas palavras denunciam na verdade essa pintura de Van Gogh, é um jogo, um jogo sem intenção de Van Gogh jogar, mas acaba criando um jogo permanente entre euforia e disforia, por meio delas o homem olha, a alma humana se expõe por essa competência quase divina de Van Gogh de fazer isso.

QUESTÕES INDELÉVEIS DA MORTE

Assim sendo, eu penso em *Os Girassóis*, Van Gogh pintou vários quadros, por volta de oito ou nove quadros *Girassóis*, mas ele assinou que me conste três quadros, cuja assinatura vem incrustrada em algum objeto da tela, não é a assinatura em baixo, é uma atitude que Joan Miró no futuro faria também, a obra de Miró tem seu nome gravados no quadro e Van Gogh faz isso, iniciou esse grande feito na assinatura plástica, que o nome, a assinatura acaba sendo signo da própria conjunção artística. Então nós temos *Os Girassóis*, de 13 girassóis, que está em um museu de Amsterdã, e *Os Girassóis*, de 14 girassóis, o maior, que está no Museu Nacional de Londres, nós temos aí esses dois quadros e neles a natureza é mimetizada, mas o homem é que está incrustrado no quadro pelo ciclo vital que essas obras denunciam é a pintura do ciclo vital da condição humana. Nós vemos no *Os Girassóis* de treze girassóis as quatro estações plasmadas na relação dos antigirassóis, Van Gogh faz antigirassóis, ele desobjetiva o girassol da natureza e o transforma em um signo de girassol e cada um deles apresenta uma nuança altamente relevante para a significação da condição humana do seu ciclo vital. Têm-se em uma gradação infinita de amarelos os matizes de amarelos, que, em vez de serem eufóricos, porque o amarelo é uma cor quente, são disfóricos, é uma excelência de amarelos que nos levam a um procedimento disfórico, nos quadros em que muito bem articulam, captam o essencial da vida, essa vida desmaiada e não vida porque é vida, mas plasmada pelo filete da morte na obra de Van Gogh, mesmo outros quadros me vêm à mente como *Quarto em Arles*, é um quadro que finge ser ingênuo, mas é um dos mais intempestivos quadros de Van Gogh pela poética que ele instaura entre tudo, a temporalidade e a espacialidade se fundem de uma maneira elevadíssima, um pequeno quarto de pensão, uma cama, um cobertor vermelho dobrado, uma mesinha, cadeiras, elementos mínimos, na parede quadros em desalinho, um assoalho que é tomado do fundo para frente dando a ideia de continuidade para a caminhada, uma janela vista pelos vitrais, pelos vidros fechados, ameaça da natureza lá fora. Com isso Van Gogh conseguiu realizar uma das suas melhores obras de arte em que a vida, no seu sentido básico, é figurativizada por meio de seus pincéis. O quarto de Airles nos lembra muito um poema do poeta brasileiro Manuel Bandeira chamado *Poema só para Jaime Ovalle*:

Quando hoje acordei, ainda fazia escuro
(Embora a manhã já estivesse avançada).

> Chovia.
>
> Chovia uma triste chuva de resignação
>
> Como contraste e consolo ao calor tempestuoso da noite.
>
> Então me levantei,
>
> Bebi o café que eu mesmo preparei,
>
> Depois me deitei novamente, acendi um cigarro e fiquei pensando...
>
> – Humildemente pensando na vida e nas mulheres que amei. BANDEIRA, 2020, p. 305).

Se tivéssemos condições aqui mostraríamos as íntimas relações entre as duas obras, mas vale para que o leitor veja o quadro e leia esse poema depois com mais atenção. Nós estamos com um objetivo claro, que é denunciar neste capítulo os fundamentos de vida e a vida humana, que não é simétrica, pois se caracteriza pela dissimetria, e assim nós estamos trilhando tendo Van Gogh como fio condutor agora, pensando em quadros dele como *Trigal com Corvos*. Esse quadro nós aconselhamos que seja visto, visto e detidamente visto para que se entenda o que nós viemos refletindo e discutindo sobre vida, nunca vi um quadro em que vida e morte sejam tão decisivamente plasmado, uma obra em que o amarelo e o azul são manchados pelas pintas pretas que representam corvos e que a vida está ali, essa representação plástica, vitoriosa da vida e da morte.

Mesmo em quadros como *A Noite Estrelada de Arles*, em que há tanta estrela no céu, uma tristeza profunda invade o universo da obra e assim é toda a obra de Vincent van Gogh. Há tanta intensidade que Van Gogh tentou se suicidar, não nos interessa aqui os motivos, não faz parte dessa composição, mas de uma coisa se tem certeza, foi a intensidade de seus sentidos, considerados até demência por alguns, mas não era intensidade dos seus sentidos com a mesma intensidade que vivenciou Hölderlin, o grande poeta alemão. São assim intensidades que levam a uma coragem, chega ao momento que se atinge um pico e uma destituição do si mesmo diante de tanta energia.

Em contraposição a esse teor disfórico da pintura de Van Gogh, seguindo a linha de que as grandes obras de arte possuem uma natureza disfórica, um tom sombrio dentro da dialética em que a vida é sombreada

QUESTÕES INDELÉVEIS DA MORTE

pela morte, inclusive ilustrando no caso de Van Gogh, não só toda a sua obra, mas sua própria vida que o levou ao suicídio, passemos a considerar para mostrar a dimensão de euforia na obra de arte alguns comentários sobre a pintura de Joan Miró, pintor genuíno catalão nascido em Maiorca, mas depois foi para Paris e ficou lá por longo tempo da sua vida.

Miró fala por si é um ponto inquestionável da pintura ocidental e da pintura espanhola em particular, desde o início da sua produção, Joan Miró trabalhou efetivamente expressando a vida em todas as suas dimensões e uma dimensão mais eufórica da vida. Nesse sentido, desde os primeiros quadros trabalhando as terras de Maiorca, o ruralismo, seus quadros tem cheiro de terra, de vida e depois, conforme foi se desenvolvendo, Miró foi trabalhando um estilo muito próprio que não se deixou entregar pelos fascínios do surrealismo, apesar de assediado pelos grandes criadores e realizadores da pintura surrealista, Miró se manteve desenvolvendo cada vez mais o seu próprio estilo, que é difícil de definir, eu diria que o que encanta o que nos chama a atenção em um grande período da vida de Joan Miró dos anos de 1930 até década de 1960 são seus quadros alegóricos, uma pintura alegórica, colorida, alegre, nós temos quadros, muitos quadros, em que ele criou um ícone que não é figurativizado, não é retrato de algum elemento existente no mundo, são altamente estilizados, são seres que não são reconhecíveis, são figurativos e abstratos ao mesmo tempo, pois eles buscam um delineamento vivo, para Miró, falando nisso, ele pinta o movimento, Miró é o pintor do movimento, todas as suas obras trazem um ritmo, próximo ao ritmo musical que chegou a estimular músicos no seu jazz, a sua pintura estimulando a música, isso é muito interessante, Dave Brubeck tem uma obra baseada nas pinturas de Joan Miró, então nós temos uma pintura em movimento, coloridíssima, as ruas de Barcelona onde o pintor tem um grande peso da sua vida e onde tem o grande Museu Joan Miró, nós temos a sua pintura nos painéis, não só no museu como nas ruas de Barcelona, o que dá uma alegria incontestável.

As marcas de Miró são inquestionáveis, incomparáveis, como eu dizia ele desenvolve elementos, figuras que não são retratos, é um elemento muito *sui generis* e trabalhou muito com o ideário infantil, isso lhe propiciou tomar a vida na sua fonte inicial, na sua pureza, ele pinta a ingenuidade infantil por meio de adereços, de alegorias muito interessantes, daí pintar quadros com a figura da mulher, da criança, do pássaro, da estrela são alguns de seus elementos. A criança jogando pedra no pássaro, a mulher enlaçada pelos voos de um pássaro, elementos assim dessa natureza que são altamente interessantes, xilogravuras muito ricas como é o caso de *A menininha*, e nós só pensamos em comparar Miró com a poesia elevada, por exemplo nós temos quadros de Miró, a maioria, ele teve um trabalho fundamental com a moldura, Miró rompe com os limites da moldura e os seus desenhos parecem querer ultrapassar esses limites que a moldura impõe. São quadros que nem permitem que se coloque a moldura externa, a moldura que o emoldurador coloca na obra de arte, seus quadros são livres, a liberdade é um foco determinante na pintura de Miró, pintura extremamente poética.

Miró desenvolveu por meio de sua obra possibilidades de atingir a dimensão poética que para ele só a poesia poderia ter e ele buscou isso por meio de aproximação de grandes artistas, dos simbolistas Saint-Pol-Roux, de poesia simbolista, Mallarmé foi um dos pintores que ele "parodiou", faz a sua pintura à luz de quadros de Mallarmé, da poesia quase concreta de Apollinaire feitas de ícones, de desenhos e assim muitos pintores vão auxiliar, iluminar os gestos plásticos desse pintor catalão, chega ao gesto máximo na construção da metáfora e a metáfora vai ser o grande mote no conjunto de sua obra, metáfora, mesmo assim, as carrancas, os elementos estranhos a que ele atingiu já para o final da sua obra são muito coloridos e isso faz com que a gente não perca essa dimensão vital na obra desse grande artista plástico. Estou assinalando aqui a dimensão vida sob o ponto de vista eufórico, a razão vida expressada por uma movimentação do gesto pela cromaticidade deste pintor catalão.

Interessante perceber que esta que estamos denominando de alegria, essa dimensão eufórica, positivamente eufórica na pintura de Joan Miró, se justifica pelo caminho que ele trilhou na sua pintura, como levantamos anteriormente os temas, o paradigma temático na sua pintura conduz a essa visão, elementos altamente positivos e sadios na condição humana que nem sempre são desenvolvidos, valorizados, como os temas constitutivos da alegria estão muito aliados à infância, à noção infantil ou à infantilidade semântica que é o melhor lado da condição humana, mesmo quando já estamos em idade avançada, parece que o elemento mais positivo em nós é o que restou em nós da infância, da infantilidade, não da infância, mas da infantilidade internalizada por nós. Do mesmo jeito ele trabalha o mito e o mito é atemporal, ele restaura também a essência do homem, a essência humana.

Infantilidade e mito vêm unidos ao lúdico, a obra de Joan Miró é lúdica em vários aspectos de ludismo, o jogo, a brincadeira, o movimento, o tênue fio, as cores ingênuas, aparentemente ingênuas, muitas vezes nos remetendo à pintura da criança, claro que sem a consciência do grande artista, quer dizer com a consciência do grande artista a criança não faria o que Miró faz, mas de qualquer maneira nos lembra aquele teor elevado da criança perpassada por um gênio como é o caso do pintor catalão. Nisso tudo nós entendemos como o seu teor lúdico, o ludismo nesse pintor. Na verdade, aqui nos reportamos a Baudelaire nos seus comentários na obra *O Pintor da Vida Moderna* falando sobre a modernidade, Baudelaire vai comentar que a questão da arte para ele é o elemento aliado entre a criança e o convalescente, a criança e o velho convalescente em uma dimensão dócil de fragilidade e saber que conjuntamente resume a competência do grande artista. Entendemos que no caso de Miró isso é fundamental, ele é o exemplo desse artista, até nas suas escolhas, escolhas de material, escolhas do papel, muitas vezes ninguém daria crédito a um papel que Miró escolhia, ele tinha lindos papéis chineses importados, mas ele também tinha fascínio por papéis de padaria, papéis menores, papéis rasgados, ele sabia por bricolagem reconstruir esse material e realizar grandes obras em material dessa natureza. Miró é o pintor dos sonhos, do imaginário satisfeito sem mutilações, não é pintor das mutilações, dos engodos, dos fracassos, desses pesos valorados e alimentados pelo ser comum. Miró pinta a vida na sua essência.

Nesse fluxo de reflexão em que a infância ou o teor da infantilidade determina um dos intensos caminhos que exalta o louvor à vida, a vida sem interpretações esdrúxulas, a vida, pura vida de luz do sol, de pureza das plantas, de regozijo da forma de saudar o belo, saudar as puras relações entre o ser vivente e na existência de que ele já faz parte, mas já naquelas linhas verticalizantes que já apontei neste livro em que se dão os nós, as bifurcações entre a horizontalidade existencial e a verticalidade dos agoras que preenchem os nossos retângulos e quadrados emoldurados que aludimos no início deste texto, nós temos aí uma fonte, uma raiz, uma fonte de produção daquilo mais, como um nascimento, o nascimento do ser humano é um regozijo dar à luz, a expressão já diz "dar à luz" e dada a luz ao ser vai crescendo e vai se defrontando com a temporalidade cronológica e é nesse fluxo dependendo da forma de enquanto for possível que se conduz a luminosidade da vida.

Assim, nós temos como fonte de manutenção de estudo o olhar da criança já crescendo, já recebendo a energização que lhe é atribuída ou que lhe é recebida, já a criança vai tendo as relações com as sensações oriundas de tudo que com ela convive e integra. A criança pode não fazer altas reflexões, mas ela sabe olhar para o vívido e desenvolver suas sensações positivas da vida.

A vida tem o seu lado soturno, mas vida sem nenhum empecilho de conduta a vida é vida, a vida não tem adjetivação, as relações mais puras entre o homem e a natureza, entre os elementos da natureza e o fluxo existencial humano se dão de maneira perene.

Passaremos aqui a fazer essa louvação que encontramos já na arte de Joan Miró a que aludi, que se encontra lastreada na vida, encontra-se fora da obra de arte, mas ao mesmo tempo expressada, manifestada pela obra de arte apesar disso, existir no dia a dia, cada dia que que vivenciamos. Uma criança acorda já olhando para o teto, para a bola colorida, para a rede que se movimenta, para o brinquedo que a espera, por isso que a criança tem brinquedos, pois é para que ela vivencie o seu movimento construtivo de amor e de tranquilidade, afeto, relação profunda de afeto em que nada, por isso que a criança quando acontece algo adverso ela chora tanto, pode-se observar quando uma criança é admoestada o choque é muito grande e o adulto sabe disso, pois o seu choro é a revelação do contrário, seu choro é a revelação quase que do pecado original, a criança muitas vezes depois que chorou muito por uma pequena coisa de que ela não gostou ela vai para um canto qualquer, fica ali no canto chorando, seu choro vai se acabando aos poucos, se extenuando aos poucos e chega uma hora em que a criança soluça baixinho e tem-se essa impressão que ela nem sabe mais porque que ela estava chorando, porque criança esquece, qualquer elemento de vida devolve-a para a vida. Mas se nós perguntarmos para ela por que que ela chorou, ela pode se lembrar como ela pode já não se dar conta mais, porque a sua vida é viver, a sua existência é mantida pelo ato de viver, de brincar, de modular os seus prazeres primeiros, então o choro baixinho de uma criança depois de um ato negativo é interessantíssimo de ser notado, pois não é isso o que ela espera da vida. O que se tem impressão é que esse choro, esse soluço da criança é muito antigo, tem-se a impressão que o choro da criança é um elemento muito antigo que vem de séculos atrás, que ela carrega dentro de si como uma herança de um elo perdido, como uma herança de algo nefasto que ela não saberia explicar, por isso se é grave maltratar qualquer ser humano na vida, mais grave ainda é maltratar uma criança, maltratar uma criança é maltratar a essência da vida e é da vida que estamos tratando neste capítulo.

Nós temos na relação de afeto entre uma pequena mão e outra mão todo um universo de apoio e de embasamento humano para ser vivenciado. Nós vamos apresentar para o leitor um texto literário que iconiza todo esse processo de reflexão que estamos desenvolvendo, iconiza todo esse gesto.

A Literatura tem essa função magistral de tornar verdadeiro o que está na vida, se ficar na vida fica registrado, mas desaparece, fica registrado no momento, no instante, mas depois se perde no vasculhar de tantas coisas que o dia a dia oferece, por isso existe a arte, como apontamos a pintura de Joan Miró e no outro sentido apontamos a pintura de Van Gogh, o cinema de Bergman e assim grandes trabalhos artísticos que trazem a verticalização das complexidades vitais.

No entanto temos com mais dificuldade obras que fazem um salva à vida, poucos são os artistas que sabem escrever dentro da Literatura sob o ponto de vista da criança, e é esse texto que nós agora apresentamos para dele extrair esses núcleos de reflexões e corroborar as ideias que estamos desenvolvendo.

O conto citado é *As Margens da Alegria*, note-se que se trata de um caso raro, mas que vale a pena colocarmos, nele nós vamos ter a saudação à alegria, a louvação à alegria advinda do coração de uma criança, do estado de espírito de uma criança e na mais pura relação de perenidade que nós pudermos encontrar.

*As Margens da Alegria* consiste em uma história, "Esta é a estória" é assim que se inicia o conto, uma história de um menino com muita alegria que vai viajar pela primeira vez de avião levado pelos tios que tomam muito bem conta dele, os pais permitiram e o menino irá com os tios viajar por duas horas e pouco, de avião, para visitar um lugar distante, entendemos que o tio é engenheiro e que vai visitar uma grande obra no interior do Brasil na construção de uma cidade. Na nossa fantasia chegamos a imaginar que na referência poder-se-ia pensar em Brasília, mas não temos o dado referencial e não é importante para entendermos o que se passa de essencial no conto.

É importante, passaremos aqui a ler trechos do conto:

> Esta é a estória.
>
> Ia um menino, com os tios, passar dias no lugar onde se construía a grande cidade. Era uma viagem inventada no feliz; para ele, produzia-se em caso de sonho. Saíam ainda com o escuro, o ar fino de cheiros desconhecidos. A mãe e o pai vinham trazê-lo ao aeroporto. A tia e o tio tomavam conta dele, justínhamente. Sorria-se, saudava-se, todos se ouviam e falavam. O avião era da companhia, especial, de quatro lugares. Respondiam-lhe a todas as perguntas, até o piloto conversou com ele. O voo ia ser pouco mais de duas horas. O menino fremia no acorçoo, alegre de se rir para

> si, confortavelzinho, com um jeito de folha a cair. A vida podia às vezes ralar numa verdade extraordinária. Mesmo o afivelarem-lhe o cinto de segurança virava forte afago, de proteção, e logo novo senso de esperança: ao não-sabido, ao mais. Assim um crescer e desconter-se – certo como o ato de respirar – o de fugir para o espaço em branco. O menino. E as coisas vinham docemente de repente, seguindo harmonia prévia, benfazeja, em movimentos concordantes: as satisfações antes da consciência das necessidades. Davam-lhe balas, chicles, à escolha. Solicito de bem-humorado o tio ensinava-lhe como era reclinável o assento bastando a gente premer manivela. Seu lugar era o da janelinha, para o amável mundo. (ROSA, 2020, p. 160).

Como podemos ler e perceber no conto o estado descrito por Guimarães Rosa, criado por Guimarães Rosa, é um estado de êxtase. O estado de êxtase revela um grau de alegria, a alegria em grau superior a alegria que raramente pode ser descrita. O olhar do menino a volta em todos os detalhes transpassa de alegria, esse grau extremo é muito difícil de ser descrito, poucos são os escritores que conseguem esse efeito expressivo como o leitor pode notar quando o menino entra no avião e toma o seu assento na janelinha, os próprios objetos circundantes do menino se transformam em elementos mágicos, até mesmo o cinto de segurança parece que é perpassado por um alo de extrema sensação de alegria que tende à felicidade.

> Entregavam-lhe revistas, de folhear, quantas quisesse, até um mapa, nele mostravam os pontos em que ora e ora se estava, por cima de onde. O menino deixava-as, fartamente, sobre os joelhos, e espiava: as nuvens de amontoada amabilidade, o azul de só ar, aquela claridade à larga, o chão plano em visão cartográfica, repartido de roças e campos, o verde que se ia a amarelos e vermelhos e a pardo e a verde; e, além, baixa, a montanha. Se homens, meninos, cavalos e bois — assim insetos? Voavam supremamente. O menino, agora, vivia; sua alegria despedindo todos os raios. Sentava-se, inteiro, dentro do macio rumor do avião: o bom brinquedo trabalhoso.
>
> Ainda nem notara que, de fato, teria vontade de comer, quando a tia já lhe oferecia sanduíches. E prometia-lhe o tio as muitas coisas que ia brincar e ver, e fazer e passear, tanto que chegassem. O menino tinha tudo de uma vez, e nada, ante a mente. A luz e a longa-longa-longa nuvem.
>
> Chegavam. (ROSA, 2020, p. 160)

É um estado que tende à felicidade, o menino sai da sua condição normal de vida e passa para esse estágio que se diria mítico de relação com tudo o que o circunda, tudo, mesmo o cinto de segurança, os tratamentos, a poltrona, o modo que o tio lhe ensina a reclinar a poltrona, o próprio entremeio do avião, o fato do avião voar, estar em pleno ar indo para um lugar desconhecido na área em que haverá o encontro do tio com construtores da cidade, vai se erguer, erigir uma grande cidade, isso também é mágico, são excessos de elementos, é um absurdo de excessos de tanta alegria que circunda o menino e o toma sem que lhe peça licença. Quando ele mal pensa, ele sente fome já lhe é servido o sanduíche delicioso que a tia lhe oferece.

Esse estado de plenilúnio, apesar de não lunar, se intensifica com o estágio de enlevação e do que é possível, do que é capaz uma alma em estado de graça, em estado de profunda glorificação do bem, do belo, do altivo, do presente, do eflúvio, do ser, da pessoa. São sensações que no caso até o piloto conversou com ele, deu atenção ao menino, porque era uma viagem muito especial para aquele pequeno humano.

Entendemos que as sensações que existem nos demais participantes do voo que são adultos, o tio, a tia, o piloto são sensações humanas e tudo estava na dimensão do positivo, era uma coisa muito positiva e os objetivos da viagem para o tio, mas são elementos da vida do adulto, um certo pragmatismo ou não ser a primeira vez, outros elementos constituem aquela viagem que não correspondem a totalidade do prazer que dominava o pequeno infante, o pequeno jovenzinho que estava munido desse estado focalizado pelo narrador.

E o modo de narrar também é um modo interessantíssimo, pois ele é todo recortado, como são recortadas as falas do discurso de João Guimarães Rosa. As sensações vêm aliadas a tudo que circunda, mas não discursivamente mostrados, e sim por fragmentos metonímicos que constroem todo o texto.

É a louvação à alegria, por isso em estado de êxtase, e isso estamos dizendo porque é um estado raro. Percebemos aqui a glorificação do instante, aquela captação descrita por Clarice Lispector: "Todo ser tem o instante em que ele é, e eu quero captar o é desse instante" (LISPECTOR, 2020, p. 40). Sendo assim, nós temos aqui uma quadrangular noção de instante, instante já.

Guimarães Rosa fez o texto com tanta perfeição que o tempo cronológico da viagem que seria um pouco mais de duas horas, nós não percebemos esse tempo passar. Primeiro não corresponde o tempo cronológico ao tempo psicológico e também não corresponde o tempo psicológico ao tempo mítico da viagem, o conto se constrói de uma maneira que o elemento que vence, que se impõe a todo universo textual é o tempo mítico, nós ficamos fora da cronologia, da dimensão cronológica do tempo, dá impressão que o avião subiu, o essencial pairou e o avião desceu, nós não temos o delongar de uma viagem porque é a natureza mítica da criança é sob o olhar da criança, para os adultos, talvez o tempo cronológico, claro tenha existido com mais evidência, mas o conto é narrado sob o ponto de vista do menino e esse tempo não existiu é uma plasmação do tempo mítico.

O menino transmite exatamente a sensação da vida em sua essência, é uma espécie de caráter essencial da vida, o menino não vivencia a dimensão cronológica do tempo, pois seu estado é suspenso no tempo ou seu estado suspende o tempo como eu disse. Ele vive a mais viva forma de viver, assim o mundo apresentasse a nós mais instantes que pudessem lembrar o universo prismático do menino dito o conto de Guimarães Rosa.

Uma coisa que eu quero salientar é que não se focalizou nessa alegria profunda o lado mecânico da alegria, isto é, o fato de o menino estar voando, estar em um avião pela primeira vez, esse enfoque já está na própria constelação da alegria, mas parece que o que mais toma a alegria do menino é ele se sentir irmanado a uma liberdade profunda, irmanado a um excessivo prazer tendo suas permutas todas respondidas instantaneamente até pelo piloto ou pelos tios, a curiosidade alia-se à própria vivência atual de uma situação, ele está à janelinha do avião e isso o favorece a uma captação do bailar das nuvens e de uma respiração profunda que ele tem, é o melhor gesto do ato de viver nesse conto, uma profunda respiração, dentro do avião ele respira a pura magia, o puro encantatório de um estado que ele não saberia descrever, pois ele o vivencia, ele é permanentemente invadido por essa profunda sensação de prazer, de encanto, de harmonia, de preenchimento do seu ser, do azul do céu, do baixo das nuvens por entre as quais ele passa, pelo sanduíche, pela poltrona reclinada, por coisas das mais diferentes naturezas que o invadem. Não existe um se não, um pequeno detalhe que não esteja em comunhão com o todo de seu ser.

O menino nessa trajetória que não é trajetória, nesse estado de suspensão do tempo e do espaço é levado a uma condição sem palavras, sem denominação é a vida mais pura vida vivida tangenciando a felicidade.

É claro que a viagem quando não se percebia por não vivenciar diretamente o tempo cronológico chega ao seu destino, mas as condições do estado do menino continuam, continuam na terra ele permanece em estado de graça. O texto mal delineia a história, os recortes são perfeitamente realizados para mostrar o barracão, o lugar, a casa que não é casa para onde eles seguem o tio, a tia e o menino e fora do espaço e do tempo, é um espaço entre próximo da construção da cidade, mas nós não temos declaradamente a visualização, porque não é isso que interessa ao conto, ao narrador, mas sim o estado do menino nessas condições, como ele se encontra com o mundo novo. É aí que o fenômeno se instaura porque ele vai ouvindo os adultos comentarem e é por esse prisma de fragmentação do que houve que ele ainda não sabe descrever, entrando em contato com muitas palavras novas, com situações novas na descrição do lugar que ele vai passando a informação sobre os objetivos mais realistas da história, mas nesse clima quando ele sai para o pequeno quintal, porque o quintal é pequeno, mas o arvoredo é enorme, o arvoredo é gigantesco é muito grande, onde vem todo aquele cheiro de floresta ainda íngreme, de árvores a serem derrubadas, fato que o chama a atenção e o assusta frente a essa nova situação de desmatamento e é aí nesse pequeno quintal que aparece o grande peru.

> Senhor! Quando avistou o peru, no centro do terreiro, entre a casa e as árvores da mata. O peru, imperial, dava-lhe as costas, para receber sua admiração. Estalara a cauda, e se entufou, fazendo roda: o rapar das asas no chão brusco, rijo se proclamara.
>
> Grugulejou, sacudindo o abotoado grosso de bagas rubras; e a cabeça possuía laivos de um azul-claro, raro, de céu e sanhaços; e ele, completo, torneado, redondoso, todo em esferas e planos, com reflexos de verdes metais em azul-e-preto — o peru para sempre. (ROSA, 2020, p. 165)

Este ponto é um ponto importante do conto é como se fosse uma hipérbole para o olhar do menino, uma hipérbole porque é uma grande ave. O peru é uma grande ave, muito grande belíssimo, é o peru imperial, as cores das penas, a coroa, todos os elementos constituem que podemos ler no texto acima, todos os elementos que constroem aquele animal fantástico que para o menino é alguma coisa completamente surpreendente, a elegância do peru, a grandeza do peru, a maestria do peru que parece exibir sua beleza abrindo as asas e o rabo em leque que formam aquele estar enorme dominando todo terreno, dominando todo espaço e o menino se sente apropriando-se daquela ave enorme que faz gluglu, uma onomatopeia interessante que é o vozeamento do peru. Então o menino recheia o seu estado de êxtase com a presença desta ave maravilhosa que não estava no seu roteiro.

Por necessidades próprias da viagem ele tem de deixar o quintal e acompanhar os tios num passeio e o tio faz aniversário, ou vai fazer aniversário e daí se inicia uma diagonal disfórica no conto *As Margens da Alegria*, porque vai haver, eu chamo de diagonal porque ele se inicia com um estado de êxtase, esse estado de êxtase se prolonga por todo tempo até que o menino vai com os tios dar a volta na região com os outros engenheiros e é chegado o momento que ele retorna, essa passagem é muito rápida no conto, no fio narrativo do conto, porque é a técnica magistral, excelente de Guimarães Rosa que o que interessa aqui para a narrativa é o peru que cumpria a ansiedade do menino para voltar, para a pequena casa, para o lugar onde estavam e eles voltam, mas ao voltarem ele vai sentir falta do peru.

> Só um pouco, para não gastar fora de hora o quente daquela lembrança, do mais importante, que estava guardado para ele, no terreirinho das árvores bravas. Só pudera tê-lo um instante, ligeiro, grande, demoroso. Haveria um, assim, em cada casa, e de pessoa?

> Tinham fome, servido o almoço, tomava-se cerveja. O tio, a tia, os engenheiros. Da sala, não se escutava o galhardo ralhar dele, seu grugulejo? (ROSA, 2020, p. 167).

Percebe, entretanto, no quintal um peru menor e esse peru menor é um peru, mas que ele nota que não é, não tem a maestria, a grandiosidade, o tom imperial do outro que sumiu.

> Nem ele sabia bem. Seu pensamentozinho estava ainda na fase hieroglífica. Mas foi, depois do jantar. E – a nem espetaculosa surpresa – viu-o, suave inesperado: o peru, ali estava! Oh, não. Não era o mesmo. Menor, menos muito. Tinha o coral, a arrecauda, a escova, o grugulhar grufo, mas faltava em sua penosa elegância o recacho, o englobo, a beleza esticada do primeiro. Sua chegada e presença, em todo o caso, um pouco consolavam. (ROSA, 2020, p. 167).

O menino vai tendo uma gradação de decepção em relação ao que ele estava assistindo, porque na verdade o aniversário, o jantar, a cachaça entre outros elementos que ele havia notado indiciavam disforicamente que o peru tinha sido morto para alimentar o jantar com convidados para o aniversário do tio.

> Tudo perdia a eternidade e a certeza; num lufo, num átimo, da gente as mais belas coisas se roubavam. Como podiam? Por que tão de repente? Soubesse que ia acontecer assim, ao menos teria olhado mais o peru aquele. O peru-seu desapa-

recer no espaço. Só no grão nulo de um minuto, o menino recebia em si um miligrama de morte.

Já o buscavam:

— Vamos aonde a grande cidade vai ser, o lago... (ROSA, 2020, p. 169).

A indignação do menino foi profunda, ele não sabia se encontrar em si mesmo diante daquele ocorrido e do outro peru, de repente ele percebe que o outro peru bicava e a cabeça degolada do grande peru que ele havia conhecido, aquilo ainda foi um estado inebriante e completamente desbaratado dentro da alma do menino. É a isso que nós chamamos de diagonal às avessas, que vai no início do texto na ambiência do êxtase da infância por tudo que já discutimos e apresentamos até a morte, o confronto com a morte representada na morte do peru.

Em termos de humanos todos viviam, mas a morte do peru era uma morte real, mas que passou para o menino creio eu, a ser uma morte simbólica porque a descaída foi muito profunda, avassaladora nessa dimensão de crueldade para ele, de total desacato à vida.

Leiamos agora a última parte do texto:

Mas o peru se adiantava até a beira da mata. Ali adivinhara o quê? Mal dava para se ver, no escurecendo. E era a cabeça degolada do outro, atirada ao monturo. O menino se doía e se entusiasmava.

Mas: não. Não por simpatia companheira e sentida o peru até ali viera, certo, atraído. Movia-o um ódio. Pegava de bicar, feroz, aquela outra cabeça. O menino não entendia. A mata, as mais negras árvores, eram um montão demais; o mundo.

Trevava.

Voava, porém, a luzinha verde, vindo mesmo da mata, o primeiro vagalume. Sim, o vagalume, sim, era lindo! — tão pequenino, no ar, um instante só, alto, distante, indo-se. Era, outra vez em quando, a alegria. (ROSA, 2020, p. 169).

Como podemos notar, essa situação é muito bem trabalhada por João Guimarães Rosa, o que salvou a dimensão da relação vida/morte foi a presença do vagalume, o vagalume com a luzinha verde já aparecendo no meio do arvoredo era lindo, era um sinal de vida e isso foi crucial, crucial para a redenção que o menino vai ter em relação à decepção que ele teve em relação à morte presentificada no texto e assim o texto se encerra.

Consideramos aqui, portanto, voltando ao nosso tema, ao tema da vida no flagrante estado de morte que é praticamente impossível na condição do mundo, do homem uma existência unilateral da vida, impossível. A vida não é maniqueísta, não adianta pensarmos na vida dentro de um sistema maniqueísta, ela não tem só um lado, o filete de morte parece vir finíssimo compondo o estado de vida, mesmo nessa alegria em êxtase de uma criança nós vamos ter esse filete de morte auxiliando na composição, na construção de um estado de vida.

1.

A terra lauta da Mata produz e exibe

um amarelo rico (se não o dos metais):

o amarelo do maracujá e os da manga,

o do oiti-da-praia, do caju e do cajá;

amarelo vegetal, alegre de sol livre,

beirando o estridente, de tão alegre,

e que o sol eleva de vegetal a mineral,

polindo-o, até um aceso metal de pele.

Só que fere a vista um amarelo outro,

e a fere embora baço (sol não o acende):

amarelo aquém do vegetal, e se animal,

de um animal cobre: pobre, podremente.

2.

Só que fere a vista um amarelo outro:

se animal, de homem: de corpo humano;

de corpo e vida; de tudo o que segrega

(sarro ou suor, bile íntima ou ranho),

ou sofre (o amarelo de sentir triste,

de ser analfabeto, de existir aguado):

amarelo que no homem dali se adiciona

o que há em ser pântano, ser-se fardo.

Embora comum ali, esse amarelo humano

ainda dá na vista (mais pelo prodígio):

pelo que tardam a secar, e ao sol dali,

tais poças de amarelo, de escarro vivo.

(CABRAL, 2020, p. 233)

Nessa linha de considerações sobre a vida delineada pela morte, temos que concluir por meio desse belíssimo poema de João Cabral de Melo Neto, que traz na medida os elementos necessários para que possamos bem compreender a dialética relação vida e morte, vida e morte são mostrados de maneira ímpar, de maneira singular, interessante que mais do que considerações teóricas vale apresentarmos na obra de arte a forma com que o artista acaba por instrumentalizar o nosso pensamento e a nossa vontade de compreender essa temática tão importante e difícil. Interessante que vida e morte são as condições fundamentais, é uma condição *sine qua non* para que possamos dar passos à nossa existência e elas é que são tão difíceis para serem compreendidas. Na verdade, a visão que nos dão desde que nascemos é uma visão maniqueísta, maniqueísta e meio pragmática de algo que está longe de ser isso. Já disse várias vezes neste livro e reafirmo essa condição didático dialética para abordarmos tal questão, por isso nos apegamos às obras de arte, estamos saindo do conto *As Margens da Alegria* de Guimarães Rosa, em que com maestria que lhe é peculiar, o êxtase da vida foi realizado pelo menino até o final de sua viagem e de sua estada na casa para que se defrontasse com o peru que lhe traria consequentemente um desajuste com a plenitude da alegria que durou todo conto. A morte do peru chocou o menino, com razão e não nos esqueçamos que ele ficou muito ensimesmado ao ver o peru menor brincar, bicar a cabeça do magistral peru que ele conheceu, a seguir o conto se encerra com o verde, a luz verde do vagalume que veio do meio da noite devolver de certa maneira a alegria para o menino.

Neste momento que vamos passar para a última parte deste capítulo de vida, claro que torneada pela morte, mas o lugar seria da vida dentro deste livro todo blindado pela morte e tentaremos mostrar da melhor maneira nesta leitura não tão profunda por ser temática, mas tentar mostrar esta dupla relação vida/morte no poema sem dúvida exemplar de João Cabral de Melo Neto.

O poema anteriormente transcrito vai ser retomado aqui em um clima de paráfrase para que possamos indicar os elementos que lhe são pertinentes. O poema apresenta duas estrofes e isso é fundamental, elas são intimamente relacionadas de maneira conjuntiva e disjuntiva no processo de composição, realização e modulação do poema.

A primeira estrofe conduz o leitor à leitura, à compreensão do texto, a primeira estrofe se realiza sob o signo da vida, isso a olho nu, em um primeiro momento de leitura e compreensão do texto. Todo o poema mostrado a partir da cor amarela que é uma cor eufórica, uma cor forte, quente são matizes fortes de amarelo que compõe a primeira estrofe e isso cria um regozijo para os olhos no primeiro momento, mas a seguir nós temos um sombreamento desse amarelo e explicaremos porque, por enquanto, vale a pena retomar o poema mostrando a sua sonoridade, o poema é trabalhado, é realizado e modulado em uma extrema conjunção entre som e sentido, som, sentido e cor. A cor do poema é nos matizes de amarelo, as cores são claras. A primeira estrofe é muito clara, muito lumi-noso, o poema é pura luz, todo constituído de fonemas claros o [a], [e], [o], com muita intensidade na sua maioria, mas basta que você observe, logo na primeira estrofe e segunda: "A Terra lauta da Mata produz e exibe/ Um amarelo rico (se não o dos metais):" começa assim, "O amarelo do maracujá e os da manga,/ O do oiti-da-praia, do caju e do cajá", observe esses são os reinos do amarelo vibráteis com todos os seus tons fortes, então seria a vida, a vida pungente, a vida eufórica condizente ao que nós estamos tratando aqui de vida, entretanto o poeta subverte essa noção e logo no começo se você fizer uma leitura anagramática do poema, uma leitura subliminar e perceber os signos que se ocultam entre outros signos logo no começo nós já encontramos a morte, pois o poema diz, basta que se some o som pelas assonâncias "**A Te**rra **lau**ta **da Ma**ta" nós temos anagramas fortíssimos no primeiro verso. Primeiro encher a boca para emitir os fonemas "**A Terra lau**ta **da Mata**" e temos aí fortemente a palavra "Mata" no final do verso e o mata claro que referencialmente se dirige a terra da Malta no Nordeste, na região de Recife, Pernambuco, mas pelo caráter temático do poema esse "Mata" se refere muito mais às condições de vida do homem dali, as con-dições de morte do homem dali que sofre a força do mandatário, do chefe, do rico, do dono das terras que tem a sua mesa farta, lauta então a terra lauta não o homem dali que sofre para ele não é lauta a mesa ai você soma o "A" com "Terra" da aterra, aterrar, a terra lauta, terra lauta, que parece mais um arroto do mandatário "lauta", então nós temos uma intensidade semântica que emerge do interior dos sons que nossa boca mal consegue soletrar sem confundir e criar outras palavras como: aterrar, matar e criar o ícone do arroto do mandatário, portanto já podemos aqui então mostrar que existe uma contraposição da noção de riqueza, da noção de fartura, da noção do amarelo cor do ouro, esse amarelo que domina a estrofe e escondido sob tudo isso vem o matar, o aterrar, contrariando nós temos a morte presente nos anagramas, nas palavras escondidas desse belíssimo poema de João Cabral.

Uma questão social seríssima está aí mostrada que acaba por adiantar a hora da morte dos moradores dali, dos subescravos que vivem no Nordeste, melhor hoje, mas na época do poema 1965, isso ainda era bastante pungente. Nós vamos notar que a morte está da pior forma mascarada num poema de vida, num poema de euforia, total disforia se coloca. Sem dizer que o amarelo advém da cor de frutas todas em "as", a assonância em "as" que dá uma alegria, uma claridade na verdade produz e exibe um amarelo rico, o produzir e exibir como se fosse um teatro de fantoches, produzir e exibir, com sibilantes: "produz e exibe/ um amarelo rico". O amarelo é rico e a realidade é pobre, paupérrima, então nós temos aí um jogo de contrários e de contraditórios na estrutura fundamental do poema, produz e exibe o amarelo do maracujá, da manga, do oiti-da-praia, do caju e do cajá, muito interessante porque ele escolheu as frutas exibidas no poema são lexemas todas com claridade e todas amarelas, amarelas luzidias, mas elas todas eu chamo estranhamente de frutas dialéticas porque o exterior se contrapõe ao interior de cada uma delas. São frutas de aparência lisa, eufóricas, amarelas – vida, mas que por dentro elas são complexas, elas são difíceis, elas são como diria quase que contaminadas por uma dimensão de oposição ao seu sentido aparente, todas se observarmos são frutas difíceis de comer, todas, todas. A manga com fiapos, o caju que aperta, o maracujá com sementinhas, todas são assim, o cajá com espinhos, o cajá se nós formos morder com facilidade machuca os dentes, a gengiva.

A noção de contradição ou de forte disjunção está presente até nos lexemas escolhidos, então mais uma vez onde pulsa a vida, que são as frutas que compõe os versos do poema na verdade, são frutas complexas e difíceis de comer, também mais uma vez é o amarelo externo que é traído pela complexidade interna no poema.

O que queremos dizer é que vida e morte vêm completamente integradas nesse poema, é uma realidade própria, parece que nos lembra a condição da alegoria barroca de Walter Benjamin, é uma espécie de dialética da ruína mostrada pelos focos que aparentemente são ornamentais e que na realidade são completamente tensos, é um poema tenso na sua elucidação enquanto poema, enquanto realidade, a realidade mostrada pelo poema é que é heterodoxa. O poema é em si um oxímoro, um oxímoro dilacerante porque vai ao encontro da nossa realidade de vida, sem dar trégua a essa vida toda ela permeada por uma morte imposta, por uma forma de morrer em vida pela tristeza do homem dali, e o final da primeira estrofe mostra isso, vai piorar a condição porque vai dizer nesta questão do amarelo vai mostrar o seu contrário, mas pairam ali "um amarelo outro", um amarelo pobre, cobre, podremente essas três palavras elas são cruciais no poema, olhe só o grau de assonância e a degradação de tudo que já era degradado, mas era falseado na primeira estrofe agora é explícito, um amarelo pobre o [o] vem no pobre, pobre/podre/ podremente, cobre/ pobre/ podremente é uma mistura de sons para mostrar o sombreio total introduzindo a segunda estrofe.

Assim da segunda estrofe do poema construído intencionalmente como projeto de reversão em relação à primeira estrofe, passamos a enxergar um poema obscurecido em que os fonemas vão ficando mais apagados e existe uma intensa utilização do fonema [i], esse [i] que é tão significativo mediante as condições morte/vida, vida/morte que o poema apresenta.

Se na primeira estrofe o amarelo intenso trazia uma disforia no seu plano de realização ocultando todo um universo de sofrimento conduzido pelo signo "mata" e pelo signo "aterra" e pela forma espinhosa ou difícil dos frutos escolhidos e dos lexemas reveladores de uma claridade traiçoeira, se a primeira estrofe revela isso, a segunda é mais explícita e nós vamos ter a morte anunciada, a morte anunciada em uma realidade podre, em uma sociedade absurdamente usurpadora, injusta e os amarelos da segunda estrofe são os amarelos do homem nordestino que na verdade é uma metonímia do homem brasileiro sem qualificação que sofre. É o amarelo que não é nada salutar, é o amarelo da doença, é o amarelo da pele é o amarelo que o sol não o acende, nós vamos ter então a tensão reveladora nos signos trabalhados pelo poema, os semissímbolos queremos dizer os micros fonemas vão criando o desenho disforme de uma realidade que está ai e fazendo do Brasil um país tão injusto de tanta injustiça social, sem dizer que o homem dali não precisamos de nos esforçar para entendermos que é um negro, um mulato, um mestiço não se reporta aos poucos ricos mandatários aos moradores que vivem bem na cidade grande, aos poucos moradores.

QUESTÕES INDELÉVEIS DA MORTE

Nós temos uma estrofe que é um retrato triste do Brasil e o poema vai levar a um grau máximo essa degenerescência. O que nos deixa assustados diante de tudo isso é que se nós viemos durante todo livro refletindo sobre as questões que envolvem a morte, as questões do medo, do medo da morte, da inexorabilidade da morte, do luto de todas as paixões inebriantes que nos sacodem diante da realidade da morte, essa inexorabilidade pintada pelos grandes artistas do mundo, todos eles, Tolstói, Dostoiévski e outros grandes artistas, nós estamos aqui diante do poema de João Cabral assistindo a uma realidade que diríamos mais cruel que a própria morte. Falamos também neste livro sobre morte simbólica em vários níveis, mas essa morte ela não chega a ser simbólica é a morte anunciada da pior forma, é a morte do desterrar em vida a mínima condição de alegria que é a alegria de viver.

Não sei como nas vidas que se desenham nessa segunda estrofe poderia se retirar ou extrair uma condição de vida em que a alegria, vida existe pobremente, mas existe, mas como vamos captar uma dimensão de alegria no pouco que resta desse ser humano. "O amarelo de se sentir triste,/ de ser analfabeto, de existir aguado", olha o amarelo de sentir triste, a palavra triste é em si triste esse som [i], essa sibilante, essa língua dental e esse [i] final é uma palavra disfórica em si, "se sentir" com esses "is" todos, não nos esqueçamos de que o fonema [i] tem um densidade de interiorizar o sentimento "i", não é "a", não é "o", não é "u", é "i", "si sintir tristi" como eu disse e viver aguado acho que não tem nada mais sem clima de vida do que "existir aguado", aguado, uma coisa aguada é uma coisa que a gente joga fora, uma abóbora aguada não dá pra comer, o aguado também é um signo fundamental ainda mais quando é determinante do verbo existir, porque existir assim, existir aguado, então nós temos ai uma crueldade com o modo de existir, o "ser analfabeto" são todos signos disfóricos porque o ser analfabeto é outro tipo de ausência que confere ao homem uma tristeza mental, o analfabetismo gera um não poder ler o mundo, o não poder decodificar o mundo.

Depois a segunda estrofe conduz a expressões mais fortes onde a doença é o que conduz o homem dali, esse dali que é tão representativo, a doença, quer dizer o "escarro vivo" é a pior expressão do poema e então você terá o "ranho", o homem vai apodrecendo, vai atingindo uma dimensão que não vai lhe restando nada a não ser o nojo, são palavras nojentas, pois essa perversidade que se desenha é uma estranha dimensão icônica de um anti-homem ou de um homem num estado violento de degenerescência.

Dessa forma, realizando as considerações até aqui, este capítulo de vida veio o tempo todo tricotando uma movimentação entre elementos, índices que tentaram fazer jus à epígrafe do capítulo:

Olhai os lírios do campo e vede como florescem, olhai os pombos nos ninhos e vede como tecem seu árduo trabalho. Não olheis para o passado e nem para o futuro, pois cada dia já nos dá muito trabalho.

A epígrafe é inteira pertinente nessa descrição bíblica e o aspecto que mais nos chama a atenção é o seu final, "Não olheis para o passado". Volto a dizer, pois o saudosismo não conduz a nada, a lembrança ainda é pior. A memória sensível é relevante, mas desde que ela venha no eixo da inventividade do presente. O futuro, se é bom ter um porvir, ter uma dimensão de esperança na verdade ela também não leva a nada porque dentro da ponte da vida nada vale a pena. Viver como esse escamotear a terra fértil, o instante de verticalização do homem no mundo, um enfiar as unhas na terra e descobrir o seu cheiro e a sua umidade, retirar as pedras e buscar os seixos luminosos, retirar as ervas daninhas e verter vida para os nossos movimentos de existir para que o existir tenha sentido, mas que esse sentido seja extraído do presente, do aqui e agora e sempre estarmos atentos para a noção clara de que tudo se acaba, tudo se acaba.

O cheiro instantâneo da terra com o sabor genuíno de morangos silvestres, diria Bergman, ou o talo verde que ao se quebrar verte leite, isso é vida, isso é vida. E sentir as sensações disso tudo dura pouco, pois breve é o tempo de vida diria Horácio para alimentarmos grandes esperanças.

# CAPÍTULO VII

## A ETERNA LUTA ENTRE CHAOS E THANATOS: NÃO HÁ NEM HAVERÁ UMA INSTÂNCIA FINAL

*Moacir Fernandes de Godoy*[1]

Como afirmado por Richard Dawkins (*O Gene Egoísta*), "nós somos máquinas de sobrevivência", e não somente nós, os pouco mais que 7 bilhões de humanos viventes na Terra, mas nós como elementos de um conjunto global de seres vivos, cada qual com suas próprias aparências, externas e internas, e composto de humanos, animais, plantas e bactérias, todos carregando seus próprios replicadores, as moléculas de DNA.

Mora e colaboradores em trabalho publicado na revista *Plos Biology*, em 2011, apresentaram uma estimativa aplicada a todos os domínios da vida, chegando a uma possibilidade de existência de 8,7±1,3 milhões de espécies eucarióticas no mundo, das quais 2,2±0,18 milhões de espécies seriam marinhas e as demais terrestres.

É relevante citar que, embora haja essa enorme diversidade, a composição química da matéria de um ser vivo é extremamente simples, sendo este constituído em 99,9% apenas com quatro elementos, a saber, o carbono, o hidrogênio, o oxigênio e o nitrogênio (DAMINELI; DAMINEKI, 2007).

Vale ressaltar que algumas espécies podem ser compostas por alguns milhões de elementos individuais, como os insetos, isso sem mencionar as bactérias. Só por essa informação se percebe a imensidão do que seja o processo denominado "vida".

Apesar de tudo isso, pouquíssimo se sabe sobre o que ela é, como começou e qual o entrelaçamento entre a vida e seu aparente oponente, a morte.

Para discutir um pouco sobre o assunto vida, voltemos ao passado, mais exatamente ao século VIII a.C. em busca de Hesíodo, poeta grego, que em seu poema mitológico intitulado *Teogonia*, composto de 1022 versos, descreveu sua visão sobre a genealogia dos deuses primordiais ou Protogónos (Protogenoi).

---

[1] **Moacir Fernandes de Godoy, autor do último capítulo deste livro**, é médico e professor universitário na Faculdade de Medicina de São José do Rio Preto – FAMERP; é, também, livre-docente em Cardiologia por essa instituição.

Sim bem primeiro nasceu Caos, depois também

Terra de amplo seio, de todos sede irresvalá-
vel sempre,

dos imortais que têm a cabeça do Olimpo nevado,

e Tártaro nevoento no fundo do chão de
amplas vias,

e Eros: o mais belo entre Deuses imortais,

solta-membros, dos Deuses todos e dos
homens todos

ele doma no peito o espírito e a prudente vontade.

Do Caos Érebos e Noite negra nasceram.

Da Noite aliás Éter e Dia nasceram,

gerou-os fecundada unida a Érebos em amor.

Terra primeiro pariu igual a si mesma

Céu constelado, para cercá-la toda ao redor

e ser aos Deuses venturosos sede irresvalá-
vel sempre.

Pariu altas Montanhas, belos abrigos das Deusas

ninfas que moram nas montanhas frondosas.

E pariu a infecunda planície impetuosa de ondas

o Mar, sem o desejoso amor. Depois pariu

do coito com Céu: Oceano de fundos remoinhos

e Coios e Crios e Hipérion e Jápeto

e Teia e Réia e Têmis e Memória

e Febe de áurea coroa e Tétis amorosa.

E após com ótimas armas Crono de curvo pensar,

filho o mais terrível: detestou o florescente pai.
(HESÍODO, 1979, p. 75).

QUESTÕES INDELÉVEIS DA MORTE

Só mais adiante, quando são descritos os filhos de Nix (a Noite), aparece entre eles a Morte (Thanatos), que é relativa à morte não violenta sendo, curiosamente, irmã de Hypnos, o Sonho.

Noite pariu hediondo Lote, Sorte negra

e Morte, pariu Sono e pariu a grei de Sonhos.

A seguir Escárnio e Miséria cheia de dor.

Com nenhum conúbio divina pariu-os Noite trevosa.

As Hespérides que vigiam além do ínclito Oceano

belas maçãs de ouro e as árvores frutiferantes

pariu e as Partes e as Sortes que punem sem dó:

Fiandeira, Distributriz e Inflexível que aos mortais

tão logo nascidos dão os haveres de bem e de mal,

elas perseguem transgressões de homens e Deuses

e jamais repousam as Deusas da terrível cólera

até que dêem com o olho maligno naquele que erra.

Pariu ainda Nêmesis ruína dos perecíveis mortais

a Noite funérea. Depois pariu Engano e Amor

e Velhice funesta e pariu Éris de ânimo cruel

Éris hedionda pariu Fadiga cheia de dor,

Olvido, Fome e Dores cheias de lágrimas,

Batalhas, Combates, Massacres e Homicídios,

Litígios, Mentiras, Falas e Disputas,

Desordem e Derrota conviventes uma da outra,

e Juramento, que aos sobreterrâneos homens

muito arruína quando alguém adrede perjura. (HESÍODO, 1979, p. 77)

Uma tentativa de representação gráfica de alguns dos elementos destacados pode ser vista nos gráficos a seguir:

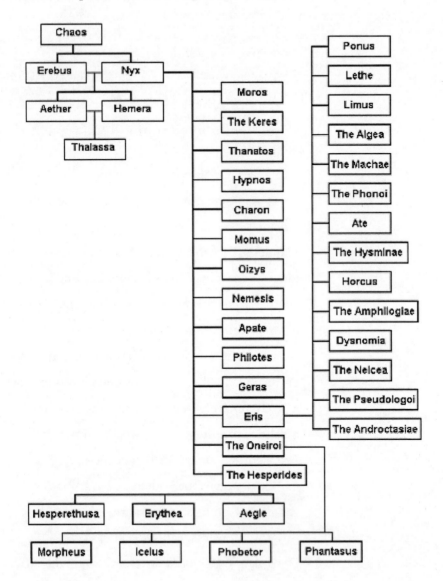

Fica claro nesse cenário mitológico o aparecimento da Vida (Caos) como manifestação inicial e somente mais adiante a representação da Morte, e também a Velhice, Fadiga e Dores, na descendência de Nix, a Noite Negra, a qual por sua vez havia sido gerada do Caos, por meio de cissiparidade.

QUESTÕES INDELÉVEIS DA MORTE

É ainda digna de nota a menção do Caos como sendo gerador e não destruidor, uma vez que aparece como elemento inicial de tudo que se segue.

O termo Caos, porém, no uso habitual da Língua Portuguesa, costuma receber uma conotação negativa, como estando ligado a desordem, confusão, desorganização, mal funcionamento, desarmonia etc.

No sentido contrário dessa interpretação, procuraremos abordar o Caos, ao longo deste texto, como algo criador e organizador e como verdadeiro e adequado processo de manutenção da vida. Como já disse o Nobel de Literatura José Saramago, por meio de um dos personagens do seu livro *O Homem Duplicado* (2018, p. 58), "o caos é uma ordem por decifrar".

Aprofundemo-nos então um pouco mais sobre isso, discutindo primeiramente a conceituação de sistemas.

Sistemas são conjuntos de várias partes que visam a um fim comum. Podem ser classificados em abertos, quando trocam matéria e energia com o ambiente circundante, fechados, quando trocam apenas energia, e isolados, quando não trocam nem matéria nem energia com o ambiente circundante. Assim sendo, um aparelho eletrônico é um sistema, um automóvel é um sistema, uma escola é um sistema, um hospital é um sistema e o organismo humano, assim como todos os demais seres vivos são sistemas biológicos, tudo e todos constituindo um sistema maior que é a Terra.

Poderíamos expandir isso considerando a Terra como parte do sistema solar que é parte de um sistema galáctico, a via Láctea, a qual se junta a milhões de outras galáxias constituindo, ao final, o Universo. A existência de universos paralelos ou multiuniversos fica para o terreno especulativo e não é empecilho para nosso foco de estudo.

As partes de um sistema interagem entre si, sistemas interagem com outros sistemas, conjuntos de sistemas interagem com outros conjuntos de sistemas, em uma espiral crescente que se retorce ao longo do tempo e, apesar da apenas aparente desordem, tudo se comporta de forma harmônica e funcional.

Uma característica marcante é que a grande maioria dos sistemas naturais tem comportamento não linear. Se atentarmos para as coisas naturais que nos cercam, veremos facilmente que a natureza não faz retas. Praticamente tudo que tem formas geométricas convencionais, conhecidas pela denominação de geometria euclidiana, como quadrados, triângulos, retângulos, círculos etc., é fruto da construção pelo homem. As coisas naturais têm o que o genial matemático Benoit Mandelbrot chamou de geometria fractal, ou geometria quebrada.

Do ponto de vista funcional, nas condições de não linearidade, apesar de existirem as causas de cada acontecimento, a previsibilidade para ocorrência desses acontecimentos é muito baixa, justamente porque existem muitas variáveis envolvidas e, também, porque pequenos acontecimentos em um determinado momento podem levar a enormes consequências em um momento mais adiante, que é o que se convencionou chamar de efeito borboleta. Uma gota de vacina não recebida na infância pode levar à aquisição de uma grave doença tempos depois. Uma pequena bactéria introduzida acidentalmente na corrente sanguínea poderá causar uma grave infecção generalizada. Na vida social, um minuto de atraso para conseguir ter acesso a um ônibus ou avião pode significar a perda de uma grande oportunidade ou até mesmo evitar uma morte, caso viesse a ocorrer um acidente grave com aquele meio de transporte.

Esse conjunto de elementos formado por sistemas que se modificam ao longo do tempo, complexos, com comportamento não linear e com sensível dependência de condições iniciais caracteriza os denominados Sistemas Caóticos.

Resumindo, o Caos como cientificamente conceituado comanda as ações de sistemas abertos, dinâmicos, determinísticos, não lineares e com sensível dependência das condições iniciais.

Aqui cabe um comentário a respeito do determinismo. É comum a confusão entre determinismo e previsibilidade. Conforme bem explicam Otero-Siliceo e Arriada-Mendicoa no artigo *Is it healthy to be chaotic?*, o determinismo se relaciona a como a natureza se comporta e a previsibilidade se relaciona com o que os humanos são capazes de ver, analisar e computar. Em outras palavras, se alguém aceita o fato de que certos fenômenos físicos obedecem às leis do determinismo, deverá também aceitar o fato de que alguns fenômenos físicos, embora determinísticos, não são previsíveis, seja por motivos circunstanciais ou acidentais.

Os sistemas caóticos têm, em suma, a característica de serem concomitantemente dinâmicos (sofrem variações ao longo do tempo), determinísticos (todo efeito tem necessariamente uma causa, porém a previsibilidade da ocorrência desse efeito pode ser extremamente baixa), não lineares e, por fim, apresentam sensível dependência às condições iniciais (pequenas causas podem levar a grandes consequências, que é o chamado efeito borboleta).

O organismo humano atende a todas essas condições e, em vista disso, pode ser avaliado com base na Teoria do Caos. Importante ressaltar a diferença entre caótico e aleatório.

No organismo humano já foram detectados vários componentes que se comportam, fisiologicamente, com padrão caótico enquanto nas condições de doença ou desarmonia funcional, o comportamento passa a ser linear e com maiores taxas de previsibilidade. Cria-se então a implicação de que os conceitos relacionados à Teoria do Caos podem ser estendidos aos binômios Saúde-Doença, em senso estrito e a Vida-Morte em senso lato. Nessa visão, o Caos teria conotação positiva ao indicar que o sistema organismo humano estaria preparado para enfrentar e responder adequadamente às agressões impostas pelo meio ambiente e, por outro lado, uma vez perdida a situação de Caos, pela ação crescente da entropia, sobreviriam as doenças e em estado final, o equilíbrio ou Morte.

Onde estamos então neste momento? Patamar 1:

a. Existe Vida e existe Morte.

b. A Vida precedeu à Morte.

c. Caos se relaciona com Ordem e Vida e, consequentemente, Saúde.

d. Sistemas vivos são sistemas necessariamente complexos, em constante fuga da linearidade e do estado de equilíbrio, que é a Morte.

## Mas o que é Vida?

Do ponto de vista funcional, o ser vivo seria aquele que reúne as quatro particularidades a seguir:

- compõe-se fundamentalmente de proteína e ácido nucleico;

- é capaz de se reproduzir;

- nesse processo de reproduções sucessivas podem ocorrer mudanças genéticas ou mutações

- e, finalmente, essas mutações podem levar ao que é conhecido como evolução (FREIRE-MAIA, 1988, p. 35).

Vale considerar que, apesar da enorme distância existente entre um vírus e um ser humano, os vírus podem ser igualmente enquadrados como sendo seres vivos, pois, embora não sejam elementos celulares e, portanto, não tenham metabolismo próprio, são sim compostos fundamentalmente por proteínas e ácido nucleico, apresentam a capacidade de se reproduzir às custas do maquinário específico da célula hospedeira, sofrem eventuais mutações e, nesse sentido, evoluem respondendo às interações com o ambiente.

Dentro dessa visão das quatro particularidades indicadas por Freire, pode-se então inferir que metabolismo e genética se constituem nos dois pilares centrais que sustentam a vida, visto que todo ser vivo necessita, para se manter como tal, utilizar fontes externas de matéria e energia em sua luta constante contra a desordem, o equilíbrio e a morte (PERETÓ, 2005).

Esses fatores (matéria e energia) são utilizados pela unidade básica viva, que é a célula, tanto nos micro-organismos como nos vegetais e nos animais *sensu latu* (incluindo-se aqui o Homem), para que ela exerça suas funções metabólicas e genéticas tornando-se uma entidade separada ou autônoma em relação ao ambiente.

A vida aparentemente se iniciou aqui na Terra há cerca de 3,6 GyA (giga-anos), ou seja 3,6 bilhões de anos. A humanidade como tal apareceu no cenário há cerca de 1 milhão de anos.

O bioquímico italiano Pier Luigi Luisi (1998) já comentava que pelo fato de existirem muito pesquisadores trabalhando nos campos da vida pré-biótica, da vida artificial e com modelos celulares ou alternativos, deveriam existir muitas referências relacionadas à definição de vida, mas curiosamente, ocorre justamente o contrário, ou seja, "as definições de vida são raras" (LUISI, 1998).

Esse mesmo autor, em extensa publicação, discorre sobre a transição para a vida, desde a química pré-biótica até a biologia sintética discutindo os estágios sucessivos de auto-organização, emergência, autorreplicação, autopoiese, compartimentos sintéticos e construção de modelos celulares indicando o caminho percorrido desde a matéria inanimada até a primeira forma celular viva.

Pode ser notada aqui nessa conceituação científica uma associação de termos já mencionados, tais como organização e complexidade, na origem do processo vida, ponto de partida até chegar às 8,7 milhões de espécies, da estimativa recente.

O conceito vernacular de vida pouco nos ajuda. Em consulta aos dicionários brasileiros clássicos, encontra-se que vida é:

> Conjunto de propriedades e qualidades graças às quais animais e plantas, ao contrário dos organismos mortos ou da matéria bruta, se mantêm em contínua atividade, manifestada em funções orgânicas tais como o metabolismo, o crescimento, a reação a estímulos, a adaptação ao meio e a reprodução (AURÉLIO, 1989, p. 400).

> Propriedade que caracteriza os organismos cuja existência evolui do nascimento até a morte [como os animais e os vegetais]; um sistema capacitado a submeter-se ao processo de evolução por seleção natural (que envolve replicação, mutação e replicação de mutações); conjunto de atividades e funções orgânicas que constituem a qualidade que distingue o corpo vivo do morto (DICIO, s/d).

Para Marie-François Xavier Bichat, anatomista e fisiologista francês (1771-1802), a vida seria "o conjunto de funções que resistem à morte" (MARGULIS; SAGAN, 2002, p. 70).

Um conceito extremamente interessante nos é dado por Isaac Asimov no seu livro *Vida e Energia*. Logo no capítulo inicial ele nos ensina que aquilo que distingue a vida da ausência de vida é a "capacidade de realizar um esforço" ou, de acordo com a conotação que os físicos dão ao termo esforço, seria a "capacidade de realizar trabalho". Uma pedra, diferentemente de uma semente, de um lagarto ou de um ser humano não tem a capacidade intencional de realizar um esforço ou trabalho e, portanto, não teria em si o componente vida. Para que uma coisa viva possa ser capaz de realizar um esforço ou trabalho é necessária a presença de energia, sendo denominada de potência a velocidade com que essa energia é gasta (ASIMOV, 1965, p. 40).

Obviamente são definições com elevado componente tautológico ou então com inferências de função e que não atingem o âmago da questão.

Desde a teoria da abiogênese, pela qual a origem da vida teria se dado a partir de matéria não viva, passando no outro extremo para os experimentos de Louis Pasteur que concluiu que todo ser vivo necessariamente deriva de outro ser vivo, embora não tenha conseguido explicar a origem do primeiro ser vivo que existiu, muitas sugestões, hipóteses e teorias surgiram. Prevalece na atualidade a ideia de que a vida primordial tenha realmente se iniciado após um conjunto de reações químicas favoráveis. Diferentes linhas de evidência da Ciência Moderna suportam a ideia de que a vida emergiu na história remota da Terra e rapidamente se expandiu por meio dos diferentes meios, desde os mais amenos até aos mais extremos (SOLÉ; GOODWIN, 2000).

Um dos autores mais destacados nessa linha de pensamento foi Aleksandr Ivanovich Oparin, biólogo e bioquímico russo, nascido em Uglitch (1894) tendo falecido em Moscou (1980), poucas semanas antes da participação que teria no *Proceedings of the Third ISSOL Meeting and the Sixth ICOL Meeting*, em Jerusalém. Oparin, em 1928, escreveu seu famoso livro *The Origin of Life*, no qual propunha que moléculas biológicas modernas tinham origem abiológica no passado remoto e que a vida na Terra foi precedida por um longo período de evolução molecular abiogênica. No congresso ele apresentaria na sessão de abertura a palestra *Natural Selection: A Leading Factor in Transition from the Non-Living Matter to Life*. Em face de sua morte essa conferência, obviamente, deixou de ser apresentada. Eis aqui a Morte, alegoricamente se antagonizando com a Vida, ponto-chave de motivação deste livro.

Bem, mas independentemente de como tenha surgido a vida, o fato é que ela existe e segue inexoravelmente seu curso.

As características pertinentes a um ser vivo descritas pelo próprio Oparin incluem seis propriedades: a) capacidade de troca de materiais com o meio ao redor; b) capacidade de crescimento; c) capacidade de multiplicação; d) capacidade de autorreprodução; e) capacidade de movimento; e f) capacidade de ser excitável. Propriedades adicionais incluem a existência de membranas e a interdependência do meio. Como é possível perceber, aparece aqui, bem claramente, a necessidade de existência de esforço ou trabalho intencional para a manifestação da vida, como mencionado por Asimov.

Ressalta-se que os aspectos mencionados se referem a características atribuíveis a um ser vivo, mas continuamos ainda sem uma conceituação do que é propriamente Vida.

Uma abordagem interessante relativa a isso nos foi dada pelo prêmio Nobel de Física Erwin Schrödinger (1887-1961), no seu famoso livro *What is Life? The Physical Aspect of the Living Cell*, baseado em palestras realizadas sob os auspícios do *Dublin Institute for Advanced Studies* e no *Trinity College* de Dublin, em fevereiro de 1943.

Na ocasião, Schrödinger levantou a hipótese de que a parte mais essencial de uma célula viva — o gene ou talvez toda a fibra cromossômica — pudesse ser chamado de cristal aperiódico, o qual seria o carreador ou transportador da vida. Na física, conhecia-se até então apenas os cristais periódicos. Em comparação com o cristal aperiódico, os cristais periódicos são bastante simples e opacos. A diferença na estrutura seria do mesmo tipo que

> [...] aquela entre um papel de parede comum em que o mesmo padrão é repetido várias vezes em periodicidade regular e uma obra-prima de bordado, digamos uma tapeçaria de Rafael, que não mostra repetições maçantes, mas um elaborado, coerente e significativo design traçado do pelo grande mestre. (SCHRÖDINGER, 2007, p. 67)

O pesquisador israelense Daniel Shechtman, em estudos de cristalografia descobriu para sua própria surpresa a existência real de cristais aperiódicos, os quais receberam a denominação de quasicristais. Em seu caderno de notas se confirma o registro do inesperado achado.

Como essa conformação era, até então, considerada impossível, Shechtman foi ridicularizado, inclusive por eminentes cientistas da época chegando a ser expulso de seu grupo de pesquisa, na Universidade de Haifa, em abril de 1982.

Shechtman não desanimou e acabou convencendo outros cientistas da área de que suas descobertas eram reais. Somente quando esses cientistas viram os dados e aceitaram assinar o artigo científico junto com ele é que seu trabalho foi publicado. E, merecidamente, em 2011, ele recebeu o Prêmio Nobel de Química 2011 pela sua descoberta.

A descoberta do DNA (Ácido Desoxirribonucleico) ocorreu em 1869 e foi feita pelo bioquímico alemão Johann Friedrich Miescher (1844-1895), quando analisava os núcleos de glóbulos brancos presentes no pus contido em ataduras usadas em ferimentos. Apesar do reconhecimento da importância do DNA na transmissão de informações, sua estrutura química não era conhecida. Deve-se a James D. Watson e Francis Crick o mérito dessa proeza.

Watson, no livro *DNA o segredo da Vida*, conta detalhadamente todo esse processo de descoberta, em 1953. Refere que tanto ele quanto Crick estavam cientes de que o DNA continha a chave da natureza das coisas vivas, armazenando as informações hereditárias que são passadas de uma geração à outra.

Trabalhando com simples modelos de papelão representando a moléculas de adenina, timina, citosina e guanina, os quatro elementos básicos do DNA, Watson e Crick decifraram a estrutura tridimensional, o modelo de dupla hélice, a arquitetura da molécula que, jocosamente, diziam conter "o segredo da vida". O resultado desse trabalho foi publicado na revista *Nature* de 25 de abril de 1953, com o título de *Molecular Structure of Nucleic Acids – A Structure for Desoxyribose Nucleic Acid.*

E, agora, podemos fazer a junção dos últimos fatos citados.

Miescher em 1869 descobre o DNA, Schrödinger em 1943 sugere que os elementos da Vida estariam armazenados em um cristal aperiódico, Watson e Crick em 1953 estabelecem definitivamente a estrutura química do DNA como uma dupla hélice possibilitando infinitas combinações sequenciais de adenina, timina, citosina e guanina, e Shechtman em 1984 sacramenta em publicação a existência real dos quasicristais.

Vejam que até agora andamos bastante, mas continuamos por meio de idas e vindas falando de seres vivos em lugar propriamente de vida. Os seres vivos comprovadamente possuem o DNA compondo os genes, montados em cromossomos e hermeticamente armazenado em estruturas equivalentes a quasicristais e é isso que mantem a continuidade de mais de 8 milhões de espécies estimadas na Terra.

Mas e a Vida? Seria uma forma de energia? Uma inteligência? Um elemento sutil sobrenatural? Uma transferência divina incognoscível?

Margulis e Sagan, no livro homônimo ao de Schrödinger *O que é Vida?*, anotam que a vida se distingue não por seus componentes químicos, mas pelo comportamento desses componentes e, assim sendo, a pergunta "o que é vida?" seria uma armadilha linguística, ou seja, não representada por um substantivo, mas por um verbo, por ser algo que conserta, sustenta, recria e supera a si mesma (MARGULIS; SAGAN, 2002).

Em relação à falta de uma conceituação científica segura, cremos que haja aqui espaço, também, para uma abordagem menos convencional.

Já foi muito bem demonstrado por Pasteur que há sempre um precedente ou predecessor para cada elemento vivo que se conhece. De forma mais generalizada, sabemos que uma determinada massa é formada de moléculas; moléculas são formadas de átomos; átomos são compostos de elétrons e o núcleo; o núcleo de prótons e neutros precedidos pelos quarks, pelos neutrinos e segue-se a espiral rumo ao desconhecido.

O senso comum nos leva a aceitar quase que de forma obrigatória a presença de alguma origem, um ponto inicial em tempo ignoto. Mas nem mesmo isso seria a vida, que à guisa de outro nome poderíamos aqui chamar de Força Vital. E aqui chegaríamos a uma linha intransponível além da qual precisaríamos admitir uma "Vontade Inicial" por si mesma incognoscível.

Contraponho aqui palavras de Schrödinger:

> Com tudo o que aprendemos sobre a natureza da matéria viva, temos que estar prontos para descobrir que ela opera de uma forma não redutível às leis comuns da Física. Não porque exista uma "nova força", ou seja lá o que for, direcionando o comportamento dos átomos em um organismo vivo, mas porque a construção dessa matéria é diferente de tudo o que já testamos em um laboratório de Física. (SCHRÖDINGER, 1967 *apud* GOULD, 1997, p. 60).

Seja a Vida substantivo ou verbo, seja material ou não, seja energia ou sopro divino, é fato consumado que os seres vivos de todas as espécies, em escalas de tempo diferenciadas, em um determinado momento morrem. A vida que animava aquele sistema deixa de se manifestar. Se se extingue, se há transferência para um novo arcabouço material, se é misturada a um outro caldo primordial, se retorna à sua transcendental origem, ainda não sabemos.

Onde estamos então neste momento? Patamar 2:

a. A vida em si ainda é um elemento inexplicável.

b. É possível, porém, caracterizar o que seja um sistema vivo.

c. Sistemas vivos são sistemas necessariamente complexos, em constante fuga da linearidade ou do estado de equilíbrio, que é a Morte.

d. A ocorrência da morte é inexorável.

## Mas o que é Morte?

Ao que tudo indica, a morte é uma preocupação restrita aos seres vivos humanos. Não há evidências de que outros seres vivos sejam eles vegetais, bactérias, insetos, peixes, aves ou mesmo os outros primatas que não o Homem, manifestem alguma preocupação direta com o fato.

Segundo Daisaku Ikeda (2010), a morte poderia ser chamada de mãe da Filosofia ou mesmo mãe da Ciência, uma vez que grande parte de toda a investigação científica tem como objetivo o prolongamento da expectativa de vida. Como ponto central, os benefícios resultantes das pesquisas médicas teriam como razão fundamental, o medo da morte.

Discutamos alguns princípios relacionados com a ocorrência da morte e que são aparentemente contraditórios.

Charles R. Darwin (1809-1882) afirmava a existência de crescente complexidade, especialização e organização nos sistemas biológicos ao longo do tempo. Os sistemas vivos buscariam constantemente o afastamento da Desordem e do Equilíbrio.

Ludwig E. Boltzmann (1844-1896), por sua vez, propunha a existência de degeneração da Natureza em direção à morte e à crescente e inevitável desordem aleatória, caracterizando a Segunda Lei da Termodinâmica, pela qual os sistemas sempre tenderiam ao equilíbrio.

Ressalto que, assim como devemos evitar o uso do termo Caos como sendo relacionado à desordem, devemos também desassociar o termo equilíbrio como sendo benéfico do ponto de vista fisiológico. Já mencionamos o termo equilíbrio anteriormente, mas o discutiremos agora mais detalhadamente.

Tudo que entra em equilíbrio denota que deixou de haver interação entre as partes de um determinado sistema. Não há mais troca de matéria e/ou energia entre os componentes do sistema. Isso é bastante evidente quando se pensa em uma solução com duas substâncias químicas em equilíbrio. Portanto, no contexto da presente discussão, o termo equilíbrio está definitivamente relacionado à Morte.

Erwin Schrödinger também se preocupou com a dicotomia entre ordem e desordem e propôs uma conciliação indicando que há tanto Ordem a partir da Ordem quanto Ordem a partir da Desordem. Para ele, a Ordem a partir da Ordem estaria a cargo do DNA nos genes em sua formação estrutural como cristal aperiódico. Já a Ordem a partir da Desordem se daria pelo contínuo combate à Entropia, realizado pelos sistemas vivos. Schrödinger ressaltou que os seres vivos manteriam sua ordem interna criando a desordem no meio externo.

A primeira Lei da Termodinâmica diz que "Em todo processo natural, a energia do universo se conserva". Porém, é também conhecido que a Energia varia na sua qualidade ou capacidade de realizar trabalho útil. Durante qualquer processo químico ou físico, a qualidade ou capacidade da energia de realizar trabalho é irremediavelmente perdida.

A Energia é a medida da capacidade máxima de um sistema energético de realizar trabalho útil enquanto prossegue em direção ao equilíbrio com o ambiente. Como a Energia é sempre constante, quando se reduz a Energia, aumenta a Entropia (SCHNEIDER; KAY, 1994).

Fazendo-se uma associação com o pensamento de Isaac Asimov, de que a manifestação da vida se dá pela utilização de energia para realização de esforço ou trabalho enquanto houver energia disponível em quantidade suficiente, o conceito clínico que se refere a essa condição de manutenção das condições de estabilidade é a Alostasia. Por meio da alostasia se mantém a Homeostase.

Então para que, por exemplo, o organismo humano se mantenha vivo e saudável, é fundamental que continuamente seja combatida a Entropia que se forma no sistema. A Entropia é uma medida da desordem de um sistema ou seu grau de aleatoriedade. A Entropia sempre aumenta à medida que o tempo passa. Sabe-se que a energia disponível após uma reação química é menor do que a existente ao início da reação; as conversões de energia não são 100% eficientes. É enorme a quantidade de reações químicas que ocorrem no organismo na atividade metabólica. Isso explica por que, não somente nos seres humanos, mas em todos os seres vivos, ocorrerá inevitavelmente a morte, quando se esgotarem todas as reservas necessárias para contraposição.

É clássica a frase de Schrödinger: "A única maneira de um sistema vivo permanecer vivo, longe da entropia máxima ou da morte é retirando continuamente entropia negativa [Neguentropia] de seu ambiente".

Quando nos alimentamos, ingerimos água, respiramos ou mesmo quando ficamos deitados descansadamente sob o sol, estamos repondo nossa energia, ou seja, reduzindo a nossa entropia, em busca de manutenção do organismo vivo. Mas em contrapartida, tudo que compõe o ambiente onde nosso organismo se localiza, cede a energia útil para essa reposição.

Obviamente, para que esses elementos externos por sua vez se recomponham, têm que necessariamente retirar energia útil de outros sistemas e assim sucessivamente. Fica fácil entender que aqui no nosso *habitat* Terra, em última análise é o Sol, o grande provedor para manutenção da vida. E ele, ao que se saiba, não tem como repor a própria energia que se esvai. Como tudo caminha inevitavelmente para a morte, um dia, ainda bem longínquo, o sol também se extinguirá.

Então respondendo à pergunta "O que é Morte?", podemos concluir que nada mais é que o esgotamento total da energia útil de um sistema vivo, ou em outras palavras, a presença de máxima entropia, ou a entrada em um estado de equilíbrio.

Neste momento aproveitamos para mais uma vez retomar aqui a importância de bem caracterizar o conceito de equilíbrio como sendo na verdade oposto ao de estabilidade, harmonia ou homeostase.

A palavra homeostase é extremamente relevante no presente contexto pois esta sim está relacionada com a manutenção da vida e da saúde. O termo foi criado por Walter Bradford Cannon, e aparece bem definida no seu livro *A Sabedoria do Corpo* (*The Wisdom of the Body*), publicado em 1932.

Parafraseando Cannon (1932), as condições constantes, mantidas no corpo, poderiam receber a denominação de equilíbrio. Esse termo, entretanto, tem um significado adequado quando aplicado a estados físico-químicos relativamente simples, em sistemas fechados, em que as forças são balanceadas. Os processos fisiológicos coordenados que mantêm o estado estável no organismo são tão complexos e tão peculiares aos seres vivos, que eu sugiro uma designação especial para esses estados: "**homeostase**".

Essa palavra não implica algo que esteja imóvel ou estagnado. Significa sim uma condição que pode variar, mas que é relativamente constante.

A qual nível chegamos agora? Patamar 3

a. A vida, em si mesma inexplicável, precisa de energia na forma de energia para se manifestar e se manter.

b. A utilização dessa energia permite a execução do esforço ou trabalho.

c. Pela constante realização de trabalho intencional (alostasia) se procura manter o organismo estável (homeostase, saúde, caos).

d. A morte se caracteriza pelo estado de equilíbrio em um sistema. Não há mais interação com o ambiente ou presença de esforço intencional no sistema.

## Mas existe um real antagonismo entre Vida e Morte?

Metabolismo e genética se constituem nos dois pilares centrais que sustentam a vida, visto que todo ser vivo necessita, para se manter como tal, utilizar fontes externas de matéria e energia em sua luta constante contra a desordem, o equilíbrio e a morte (PERETÓ, 2005).

A quantidade de células existentes no corpo humano é extraordinariamente grande. Um estudo feito por Eva Bianconi com colaboradores da Itália, Grécia e Espanha (BIANCONI, 2013) concluiu pelo número de $3,72\pm0,81\times10^{13}$ ou, aproximadamente, 37 trilhões de células. Nessas células as funções metabólicas se relacionam ao processo autopoiético, ou seja, de autoconstrução ou de síntese de seus próprios componentes enquanto as funções genéticas se ligam especificamente ao componente da hereditariedade (PERETÓ, 2005). A ordem a partir da ordem proposta por Schrödinger se traduz pelo componente genético (DNA, cristal aperiódico). A ordem a partir da desordem acontece via produção de trabalho (energia, alostasia, homeostase, neguentropia), causando entropia (desordem, equilíbrio) no ambiente.

E agora entramos em um terreno interessante, e pouco considerado ou conhecido, pelas pessoas em geral.

A morte não é o componente antagônico da vida.

A morte não tem como meta a destruição da vida. A vida, por sua vez, em várias situações depende da morte para que continue ativa. Existe analogia nesse aspecto com o comportamento do sistema nervoso autônomo. Embora o componente simpático esteja relacionado com funções de aceleramento e contração e o parassimpático com funções repouso e relaxamento, eles atuam em sinergia e buscando um resultado harmônico e de adequada homeostase.

Quando ocorre a morte de um familiar, de um amigo, de um pequeno animal de estimação vemos aquele momento como único, definitivo e irreversível. Mas se a morte for analisada por uma angular mais ampla veremos que há outros fatos a considerar.

Como já mencionado anteriormente, o corpo de um ser humano adulto contém cerca de 37 trilhões de células. Estamos acostumados a pensar que a morte seja a perda total da função, simultaneamente, desse macroconjunto de células e que ocorra em um momento bem determinado coincidente com os chamados, na linguagem popular, "últimos suspiros". Aliás, é isso que fica registrado burocraticamente nos relatórios médicos e atestados de óbito dos humanos, ou seja, a data e hora exatas do falecimento.

Mas essa é apenas uma das condições de morte. Existem variações como descreveremos a seguir.

Para que haja manutenção da saúde, da estabilidade, da homeostase, enfim, da vida, necessariamente deve ocorrer uma frequente substituição de células danificadas ou envelhecidas, por novas células com capacidade plena. Pode aqui ser feita uma analogia com alguma máquina como um automóvel ou um computador, nos quais para que continuem funcionando perfeitamente precisemos substituir algum componente mecânico ou elétrico deteriorado.

Existe já uma estimativa da quantidade de células que precisam ser removidos diariamente em um adulto humano saudável, buscando a manutenção da estabilidade do organismo. Esse número tinge o valor extraordinário de 150 bilhões de células por dia! Se lembrarmos que a quantidade total de células é de 37,2 trilhões aproximadamente, chegamos à conclusão que, por dia, um indivíduo humano saudável perde 0,4% de sua massa celular (BIANCONI, 2013).

A grande maioria dessas células havia deixado de se manter viva por um processo denominado de apoptose ou morte celular programada. O processo de exclusão dessas células apoptóticas é denominado de eferocitose e é considerado altamente eficaz nesse sentido. Um fato impressionante indicando a enorme inteligência oculta no processo Vida, é que células em degradação exibem na sua superfície sinalizadores para que sejam reconhecidas e fagocitadas (*eat-me signals*) e existem também as células que, estando em plena função, exibem na superfície marcadores de viabilidade, ou seja, sinais para que não sejam atacadas (*don't-eat-me signals*) (ELLIOTT; RAVICHANDRAN, 2016).

É possivel então dizermos que o processo de morte não é tão somente o que consideramos como sendo o de exclusão da vida. Na verdade existem condições, ocorrendo diuturnamente em nosso organismo, justamente para que a vida continue se manifestando plenamente.

No filme *Wit – Uma lição de Vida*, há uma interessante diálogo entre dois personagens, a professora Vivian Bearing, então ainda pós-graduanda, e sua rigorosa orientadora discutem sobre um poema escrito por John Donne no século XVII e assunto da tese da aluna.

> *One short sleep past, we live eternally,*
>
> *And death shall be no more: Death, thou shalt die!*
>
> (DONNE, 1990, p. 14)
>
> **[Depois de um breve sono, vivemos eternamente,**
>
> **E a morte não existirá mais: Morte, tu morrerás!]**

A professora recomenda uma outra tradução na qual o texto separa vida e morte apenas por uma virgula e a morte aparece escrita em letra minúscula

> *One short sleep past, we wake eternally,*
>
> *And death shall be no more, death thou shalt die*

QUESTÕES INDELÉVEIS DA MORTE

(DONNE, 1990)

[Depois de um breve sono, nós acordamos eternamente,

E a morte não existirá mais, a morte deverá morrer]

Sim, me parece mais coerente que a separação entre uma e outra seja extremamente sutil.

# CONSIDERAÇÕES FINAIS

Percorremos um longo caminho, mas ao fim e ao cabo não foi possível chegar a uma definição categórica de Vida. Tampouco foi possível dizer que a Morte seja o fim da Vida, uma vez que existem estados de morte mesmo em sistemas vivos e frequentemente vida e morte se entrelaçam em espirais contínuas.

Fica, então, uma proposta de conclusão:

Não há, nem haverá, uma instância final.

A pretensa luta entre Caos e Thanatos, essa pretensa luta entre a Ordem que é a Vida, contra a Desordem que é a Morte, não é luta nem é guerra. Entre a Vida e a Morte existe apenas uma vírgula.

Na verdade, no Universo tudo se entrelaça, como uma mágica teia em harmonia cósmica que, por certo, terá duração infinita!

# REFERÊNCIAS

ARENDT, H. **A Condição Humana**. São Paulo: Forense Universitária, 2002.

ASIMOV, I. **Vida e energia**. São Paulo: Editora Bestseller Importadora de Livros, 1965.

BANDEIRA, M. **Estrela da vida inteira**. Rio de Janeiro: Nova Fronteira, 1993.

DAMINELI, A.; DAMINEKI, D. S. C. Origens da Vida. **Estudos avançados**, [s. l.], v. 21, n. 59, 2007.

DAWKINS, R. **The Selfish Gene**. Oxford: Oxford University Press, 1989.

DICKINSON, E. **The Complete Poems of Emily Dickinson**. Organização de Thomas H. Johnson. Boston: Back Bay Books, 1976.

DONNE, J. **The complete English poems**. (Introduction and notes by A. J. Smith). England: Penguin Books, 1971.

DRUMMOND, C. **Carlos Drummond de Andrade:** Poesia Completa. Editora Nova Aguiar, Rio de Janeiro, 2006.

GODOY, M. F. A teoria do Caos e a Medicina. **Revista Ser Médico**, [s. l.], n. 29, out./nov./dez. 2004.

HESÍODO. **Teogonia**: a origem dos deuses. Estudo e tradução de Jaa Torrano. 7. ed. São Paulo: Iluminuras, 2007.

IKEDA, D. **Vida**. Um enigma, uma joia preciosa. São Paulo: Brasil Seikyo, 2010.

JAKOBSON, R. **Essais de linguistique générale**. Paris: Ed. de Minuit, 1963.

LISPECTOR, C. **Laços de Família**. Rio de Janeiro: Rocco, 2020.

LUISI, P. L. **Origins of Life and Evolution of the Biosphere**. [S. l.: s. n.], 1998, p. 613-622.

LUISI, P. L. **The Emergence of Life**. From Chemical Origins to Synthetic Biology. Oxford: Cambridge University Press, 2006.

MARGULIS, L.; SAGAN, D. **O que é Vida?** Rio de Janeiro: Jorge Zahar Editor, 2002.

MORA, C. *et al.* How Many Species Are There on Earth and in the Ocean? **PLoS Biol**, v. 9, n. 8, 2011.

OTERO-SILICEO, E.; ARRIADA-MENDICOA, N. Is it healthy to be chaotic? **Med Hypotheses**, [*s. l.*], v. 60, n. 2, p. 233-6, 2003.

PESSOA, F. **Obra poética**. Seleção e organização de Maria Aliete Galhoz. Rio de Janeiro: Nova Aguilar, 1981.

ROSA, J. G. **Corpo de baile**. 2. ed. Rio de Janeiro: J. Olympio, 1960.

ROSA, J. G. **Grande sertão:** veredas. 2. ed. Rio de Janeiro: J. Olympio, 1958.

SCHNEIDER E. D.; KAY J. J. Life as a Manifestation of the Second Law of Thermodynamics. **Mathematical and Computer Modelling**, [*s. l.*], v. 19, n. 6-8, p. 25-48, 1994. Disponível em: http://www.ler.esalq.usp.br/aulas/lce1302/life_as_a_manifestation.pdf. Acesso em: nov. 2021.

SCHRÖDINGER, E. **What is Life?** The Physical Aspect of the Living Cell. Oxford: Cambridge University Press, 1967.

SOLÉ, R.; GOODWIN, B. **Signs of Life**. How Complexity pervades Biology. [*S. l.*]: Basic Books, 2000.

TOLSTÓI, L. **Ana Karenina**. Rio de Janeiro: Tecnoprint, 1985.

TOLSTÓI, L. **A Sonata a Kreutzer**. São Paulo: Editora 34, 2010.

TOLSTÓI, L. **A felicidade conjugal, seguido de O diabo**. Porto Alegre: L&PM, 2012.

WATSON, J. D. **DNA** – o segredo da vida. São Paulo: Companhia das Letras, 2005.

WEISSTEIN, U. **Comparative Literature and Literary Theory:** Survey and Introduction. Bloomington: Indiana University Press, 1973.